うかる！

第2版

行政書士

民法・行政法
解法スキル
完全マスター

平林 勉／伊藤塾編

日本経済新聞出版

第2版　はしがき

　本書の初版が刊行されてから3年が経ちました。

　今までの行政書士試験対策書には，必要な条文・判例の解説や過去問題・解説の類が存在するのみであり，**問題を解く過程そのもの**を説明するものはありませんでした。
　本書のコンセプトは，「問題が解ける人の頭の中は，一体どうなっているのだろう」という疑問を解き明かすことにあります。このようなコンセプトが受験生のニーズに合っていたようで，多方面から予想外の好評をいただき，改訂版を送り出すことになりました。

　今回の改訂版では，2017（平成29）年度から2019（令和元）年度までの本試験問題の中から，解法手順を確立するうえで参考となる過去問を新たに追加しました。
　また，平成29年5月26日，民法の一部を改正する法律（平成29年法律第44号）が成立しましたので（同年6月2日公布），この改正にも完全対応させ，**新しい民法**における解法の鉄則も示しています。

　本書が，受験生の試験合格の一助となれば，これほど幸いなことはありません。ぜひ，本書を有効に活用し，試験合格を目指してください。

2020年8月

伊藤塾行政書士試験科講師
平林　勉

はしがき（初版）

　問題が解ける人の頭の中は，一体どうなっているのだろう。
本書は、そのような疑問から生まれました。

　テキストの内容はある程度理解できているのに，問題になるとわからなくなる
──このような悩みは，多くの受験生に共通するものです。
　本書には，その解決の糸口を可能な限り盛り込みました。その意味で，本書
は，『うかる！行政書士 総合テキスト』と『うかる！ 行政書士 総合問題集』
（日本経済新聞出版社）のブリッジ教材としての役割を果たしています。

　まずは，『総合テキスト』をしっかりと読み，合格に必要な知識を学ぶように
してください。そのうえで，本書の該当範囲を読み込み，**知識を使うイメージを**
持つようにしましょう。問題文の**どこに着眼点を置いて読み，何を想起し，どの**
ように解答しているかをしっかりと感じ取っていくこと。これが何よりも重要で
す。

　本書を通じて，問題文の読み方を習得していけば，未知の問題に対しても常に
一定のアプローチを取ることができます。そうすれば，本試験がどのような出題
をしてこようと，合格点を捻りだすことができるはずです。

　今年の行政書士試験に必ず合格しなければならない。そんな気持ちに支配され
てしまうと，どうしても固くなってしまいます。堂々と，今までの学習の成果を
発揮していく。そんな心意気で，行政書士試験の本番に臨めるように応援してお
ります。

　2017年8月

伊藤塾行政書士試験科講師
平林　勉

目　次

民　法

第①編
総　則

第②編
物　権

行政法

第 4 編

行政事件訴訟法

第 5 編

国家賠償法

第 6 編

地方自治法

・ 本書は2020年8月1日時点の現行法令に準じて作成されています。

・ 刊行後の法改正などの新情報は、伊藤塾ホームページに掲載いたします。
　https://www.itojuku.co.jp/shiken/gyosei/index.html

ガイダンス

本 書 の 特 長

1 インプットとアウトプットの橋渡し

　本書は，伊藤塾で開講している行政書士中上級講座の「解法技術完全マスター講義」から，**民法及び行政法の点数をアップさせるのに欠かせない重要なテーマ**を選定し，書籍化したものです。

　伊藤塾に限らず多くの受験指導校の講座は，法学の知識を学ぶためのインプット講義が中心で，問題を解く（＝アウトプット）訓練は，演習講座や模擬試験で行います。つまり，インプット講義で知識をつけた後は，自分の力で問題を解く能力を磨いていく必要があります。

　「解法技術完全マスター講義」では，このインプットとアウトプットの橋渡しを行っています。具体的には，

　　①テーマごとに，どのようなことを想定しておくとよいか

　　②問題文のどこに着眼点を置いて，学んだ知識の何を思い出すべきか

　　③自分の学んできた知識から，いかに未知の問題に対応するか

という実践的な解法の訓練を行っています。

　本書においても，（**解法の鉄則**）を最初に掲げ，**何を，どの順序で検討していくべきかを明確にしていきます。** その後，説問として実際の過去問を取り上げて検討することで，**問題文のキーワードを見つけて適確に反応し，問題を解くために必要なことを想起できるように**訓練していきます。

2 知識を確実なものにする

　インプットとアウトプットの橋渡しとは，「うかる！ 行政書士」シリーズ（日本経済新聞出版）のうち，『うかる！ 行政書士 総合テキスト』（＝インプット用教材）と『うかる！ 行政書士 総合問題集』（＝アウトプット用教材）の**橋渡しをする教材**ということです。そのため，各分野の冒頭に，この2冊がリンクしているChapterを表示しています。まだ知識が不十分であったり，本書の細部が理解できなかったりする場合は，『うかる！ 行政書士 総合テキスト』の該当す

るChapterを参照して，**知識を確実なもの**にしてください。

　また，各テーマの**解法のスキルが身についたかどうか試す**ためにも，『うかる！ 行政書士 総合問題集』の該当するChapterの過去問にチャレンジしてみてください。

　これらと本書を徹底的に活用し，合格を勝ち取ってほしいと思います。

3 解法スキルをマスターする

　本書は，本試験において配点が高い民法（択一式36点，記述式40点）及び行政法（択一式76点，多肢選択式16点，記述式20点）において，確実に得点できるようにするために，解法のスキルをマスターすることを目的としています。

　過去問を中心に解法のスキルを学ぶため，インプットした知識が少ない場合であっても，**本試験では何が問われているのかのみならず，どんな知識が必要なのかも効率よく，実践を通して学べ**ます。

　また，本書はその一番の特長として，インプットした知識が演習や模擬試験などのアウトプットとなると十分に活かせないという受験生であっても，**問題文のキーワードにしっかりと反応し，必要な知識や方法をスムーズに思い出せるようにする手法を身につける**ことができます。

　さらに，本書の各所に配置した図や表は，各分野のテーマに沿った**知識を整理**したものです。試験直前期には，これらの図や表で知識の定着を図って知識を確実なものとし，更に 解法の鉄則 で解法のスキルを復習することで，盤石な力をつけることにつながります。この知識部分は，**試験直前期のまとめノート**としても役立ちます。

　そして，本書では，現在の試験制度になってからの**記述式過去問題のうち，行政法は全問を，民法は今後の参考となる多数の問題を掲載**しています。記述式問題の得点配分は高いため，記述式問題を解く技術もしっかりと学べば一層高得点に近づくことでしょう。

4 高配点科目を得意にする

　行政書士試験の試験科目は，法令等科目（基礎法学・憲法・行政法・民法・商法）と一般知識等科目ですが，行政書士試験に確実に合格するためには，配点や試験科目の特性を考えたうえで，各科目をメリハリをつけて効率よく学習していく必要があります。

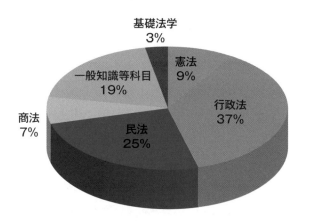

　このグラフは，行政書士試験の試験科目の配点を円グラフにしたものです。これを見ればわかるように，行政書士試験は，行政法（37%），民法（25%），一般知識等（19%）の3科目で全体の約81%を占める試験です。

　本書では，上記の配点を考え，特に民法と行政法とに絞って，その解法を学んでいきます。もっとも，ここで学んだ解法は，民法と行政法に特有のものではなく，他の科目にも応用が効くことが少なからずあります。そのため，全体的な得点アップにもつながることでしょう。

本 書 の 使 い 方

　本書は，インプットした知識をどのように活かして正解にたどり着くかという解法のスキルを身につけるものです。そのため，効果的に学習ができるように，次のような構成になっています。

1．テーマの構造をつかもう

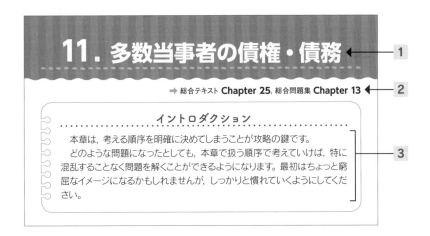

1 　この章で学習するテーマです。まずは，頭の整理のためにも，全体の分野のどこを学習するのかを確認しましょう。

2 　『うかる！ 行政書士 総合テキスト』（「総合テキスト」と表示）と『うかる！ 行政書士 総合問題集』（「総合問題集」と表示）における該当するテーマのChapter等を記載しています。

　まだ知識に不安があったり，このテーマの細部が理解できなかったりする場合は，『総合テキスト』を参照しましょう。

　このテーマを学習し終えたら，『総合問題集』の該当箇所の過去問題で，解法のスキルが身についたかどうか，試しましょう。

3 　これから学習するテーマのポイントや学習指針を記載しています。

　イントロダクションに目を通して，どのように学習していけばよいのかをイメージしてから当該テーマの学習を始めましょう。

2. 解法の流れを確認しよう

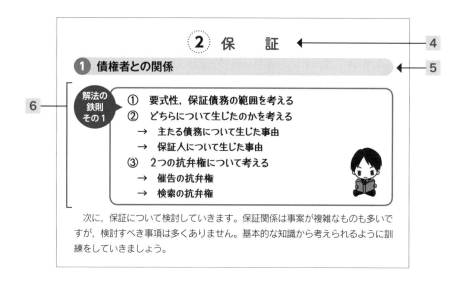

2 保　証　◀—— 4

1 債権者との関係　◀—— 5

解法の
鉄則
その1
6 ——
① 要式性，保証債務の範囲を考える
② どちらについて生じたのかを考える
→ 主たる債務について生じた事由
→ 保証人について生じた事由
③ 2つの抗弁権について考える
→ 催告の抗弁権
→ 検索の抗弁権

　次に，保証について検討していきます。保証関係は事案が複雑なものも多いですが，検討すべき事項は多くありません。基本的な知識から考えられるように訓練をしていきましょう。

4 　当該テーマの中の大見出しです。
　　細分化する項目がある場合に限り大見出しがあります。
5 　当該テーマの中の小見出しです。
　　主な内容が一見してわかるようなタイトルになっています。
6 　**解法の鉄則** では，インプットした知識を使い，解答にたどり着くための思考の順序を記載しています。素早く問題を解くためには，問題文のどこに着眼点を置いて，何を考えていけばよいのかを確認していきましょう。

3.「一問一答」の順序を意識しよう

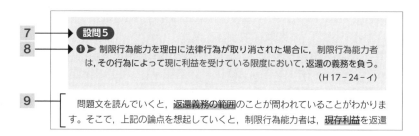

7 ——▶ **設問5**
8 ——▶ ❶▶ 制限行為能力を理由に法律行為が取り消された場合に，制限行為能力者は，その行為によって現に利益を受けている限度において，返還の義務を負う。
（H 17 - 24 - イ）

9 ——　問題文を読んでいくと，返還義務の範囲のことが問われていることがわかります。そこで，上記の論点を想起していくと，制限行為能力者は，現存利益を返還

7 （設問）は，行政書士試験の過去問題を中心に問題を掲載しています。
当該テーマに沿った問題で，より確実な力をつけるために，行政書士試験の過去問題以外に，司法試験（「司法」と表示），旧司法試験（「旧司法」と表示），司法書士試験（「司書」と表示），国家公務員Ⅱ種試験（「国Ⅱ」と表示），オリジナル問題を加えています。
なお，記述式問題には 🏷 がついています。記述式問題は高配点のため，確実に解答できるように訓練していきましょう。

8 （解法の鉄則）に沿って，続けて学習したほうが解法スキルをマスターしやすい問題を❶，❷……と細分化しています。

9 問題の解説では，（解法の鉄則）を実際にあてはめて，解答を導き出すまでの思考過程を丁寧に記載しました。この部分を熟読し，**問題の正解にたどり着ける人の頭の中を追体験**してください。

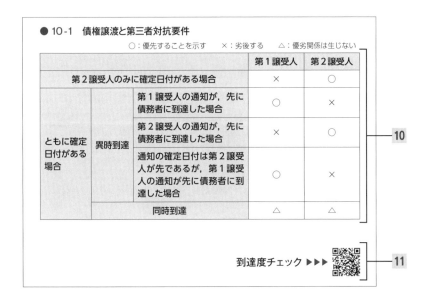

● 10-1　債権譲渡と第三者対抗要件

○：優先することを示す　×：劣後する　△：優劣関係は生じない

			第1譲受人	第2譲受人
第2譲受人のみに確定日付がある場合			×	○
ともに確定日付がある場合	異時到達	第1譲受人の通知が，先に債務者に到達した場合	○	×
		第2譲受人の通知が，先に債務者に到達した場合	×	○
		通知の確定日付は第2譲受人が先であるが，第1譲受人の通知が先に債務者に到達した場合	○	×
	同時到達		△	△

10

到達度チェック ▶▶▶

11

10 図表は，各項目に沿った知識を整理したものです。
試験前の知識の確認にも役立ちます。

11 「到達度チェック」のリンク先には，伊藤塾のWeb上で一問一答形式の問題を掲載しています。要所要所で復習用ドリルとして利用し，力を試してください。

4. 総合問題に挑戦しよう

各テーマの末尾には，当該テーマに関する5肢択一式問題があります。実際に問いてみて，解答に至るまでの考え方が習得できているかを確認する素材として使ってください。

総合問題に　挑戦

問題　AはBに金銭を貸し付け，この貸金債権を担保するためにB所有の土地の上に建っているB所有の建物に抵当権の設定を受けて，その登記を備えた。この場合に関する次の記述のうち，民法の規定および判例に照らし，誤っているものはどれか。

1　Aの抵当権が実行された場合，抵当権設定時に建物内に置いていたB所有の家電製品のテレビには抵当権の効力は及ばない。

2　抵当権設定時にB所有の土地の登記名義はCであった場合でも，抵当権実行により買受人Dのために法定地上権が成立する。

3　抵当権設定登記後にBが同抵当建物をEに賃貸した場合，BのAに対する債務不履行後に生じた賃料について抵当権の効力が及ぶので，抵当権の実行としてAはこの賃料から優先的に弁済を受けることができる。

4　抵当権設定登記後にBが同抵当建物をFに賃貸した場合，対抗要件を備えた短期の賃貸借であっても，賃借人Fは抵当権実行による買受人Gに対抗できない。

5　抵当権設定登記後にBが同抵当建物をHに賃貸してHがその旨の登記を備えた場合，抵当権実行による買受人Iからの明渡請求に対して，賃借人Hは，明渡しまでの使用の対価を支払うことなく，6ヶ月の明渡猶予期間を与えられる。

(H 20-31)

おわりに

本書は，インプットとアウトプットの橋渡し教材です。もっとも，単なる橋渡し教材ではないことは，本書で学習をし終えたときにわかると思います。ただ持っているだけでは解法スキルは身につきません。学習し，実践し，復習して，一日も早くマスターしてください。そうすれば，合格者に名前を連ねる日も遠くないはずです。

もっと**合格力**をつけたい人のための
学習ガイド

1 合格に役立つ講義を聴いてみよう！

➤YouTube 伊藤塾チャンネル

　科目別の学習テクニックや重要な論点の解説，本試験の出題ポイントなど，定期的に伊藤塾講師陣が合格に役立つ講義を配信しています。また，伊藤塾出身の合格者や行政書士実務家のインタビューを多数掲載し，受験期間中のモチベーションアップ・維持にお役立ていただいています。知識補充，理解の向上のみならず，モチベーションコントロールのために，どうぞ有効活用してください。

初めてでもわかる民法　ワンポイント講義

行政書士試験必勝戦略①〜短期合格者が持ったった1つの発想と3つのキーワードとは？〜

行政書士試験　根本から理解しよう！民法　公示の原則と公信の原則

一般知識等科目で確実に6問とる方法＆『社会』重要テーマミニ講義

配信コンテンツの例

- 初めてでもわかる民法　ワンポイント講義
- 行政書士試験必勝戦略
- 行政書士試験　根本から理解しよう！　民法
- 一般知識等科目で確実に6問とる方法＆『社会』重要テーマミニ講義

etc

今すぐチェック ▶▶▶

2 合格に役立つテクニックを手に入れよう！

➤ 伊藤塾　行政書士試験科公式メールマガジン「かなえ～る」

　全国の行政書士試験受験生の夢を"かなえる"ために"エール"を贈る。それが，メールマガジン「かなえ～る」です。a

　毎回，伊藤塾講師陣が，合格に役立つ学習テクニックや弱点克服法，問題の解き方から科目別対策，勉強のやり方まで持てるノウハウを出し惜しみなくお届けしています。

　合格者や受験生から大変好評をいただいているメールマガジンです。登録は無料です。どうぞ，この機会にご登録ください。

毎週配信

内容の一例

● 平林講師の「思考と体系の館」セレクト ver
● 熱血！　森先生の「モリエール」
● 岡講師の「社会人のための合格れしぴ」
● 中村瞳の「行政書士試験一発ＫＯ！」
● 一般知識等，HOT けないもん（問）！
● パーソナルトレーナー講師遠山利行の「合格者の習慣」etc

今すぐチェック ▶▶▶　

➤ 伊藤塾 行政書士試験科Twitter

　Twitter でも学習に役立つ内容から，試験情報，イベント情報など，役立つ情報を随時発信しています！　この機会に，ぜひフォローしてください！

@itojuku_kameusa

3 伊藤塾講師陣の講義を体験してみよう！

➤ 無料公開講座等

　毎月，その時期に応じたガイダンスや公開講座を開催し，行政書士受験生を直接応援しています。同じ目標を持つ仲間と交流して，情報交換することで，学習に弾みをつけましょう！

	2019 年実施の無料公開イベントの一例
7月	実力診断ハーフ模試＆試験まで残り 100 日間の過ごし方
10月	秋桜会・受験生応援イベント
11月	行政書士本試験分析会

今すぐチェック ▶▶▶

4 あなたに合ったベストプランを相談しよう！

➤ 講師カウンセリング制度

　伊藤塾は，良質な講義に加えて，一人ひとりの学習進捗に合わせて行う**個別指導**を大切にしています。

　その個別指導の１つとして，講師によるカウンセリング制度があり，あなたの学習環境や可処分時間に合わせて具体的で明確な解決方法を提案しています。

　受講生以外でもご利用いただけますので，勉強方法などお悩みのときはお気軽にご活用ください。

今すぐチェック ▶▶▶

資料の請求(無料送付)・お問い合わせは　伊藤塾　在宅校(コールセンター)
TEL　03-3476-5580
月〜金　14：00 〜19：00，土・日・祝　12：00 〜17：00

民法

民法

第 編

総則

1. 制限行為能力者制度

⇒ 総合テキスト **Chapter 3**，総合問題集 **Chapter 1**

> ### イントロダクション
> ‥‥‥‥‥‥‥‥‥‥‥‥‥‥‥‥‥‥‥‥‥‥‥‥‥‥‥‥‥‥‥‥‥‥
> 　権利の主体と客体は，制限行為能力者制度を中心に解法パターンをマスターしておきましょう。
> 　法人については会社法を学習する際に，物については抵当権を学習する際に，関連づけて学習しておけば十分です。

1 審判開始段階

> **解法の鉄則その1**
> ① 類型が一致しているか否かをチェック
> ② 開始の審判がされているか否かをチェック

審判開始段階について考えていきましょう。

　この段階で注意することは，<mark>要件</mark>を満たしているか，<mark>開始の審判がなされているか</mark>です。

　例えば，<mark>保佐開始</mark>の審判が問題となっているにもかかわらず，<mark>事理を弁識する能力を欠く常況</mark>となっていれば，それだけで誤りであることがわかります。これを前提に次の設問を読んでみてください。

> **設問1**
> 　成年後見は，精神上の障害により事理を弁識する能力が著しく不十分である者について，家庭裁判所の審判によって開始する。　　　　　　（H30-35-3）

　成年後見の開始原因は，<mark>事理を弁識する能力を欠く常況にある者</mark>です。事理を弁識する能力が著しく不十分であるというのは，被保佐人の開始原因なので，本問は誤りという判断をしましょう。

　制限行為能力者については，次（1-1）のように整理して，押さえておいてください。

　あとは，当然のことですが，請求権者から審判が請求され，実際に開始の審判があることが要件です。ここの検討も忘れてはいけません。定義に該当している

からといって，当然に制限行為能力者になるわけではないのです。

● 1-1　各制限行為能力者の定義

未 成 年 者	成年に達していない者をいう。20歳*をもって成年とすると定めているため（4条），20歳未満の者が，未成年者にあたる
成年被後見人	精神上の障害により事理を弁識する能力を欠く常況にある者で，家庭裁判所から後見開始の審判を受けた者をいう（7条）
被 保 佐 人	精神上の障害により事理を弁識する能力が著しく不十分な者で，家庭裁判所から保佐開始の審判を受けた者をいう（11条）
被 補 助 人	精神上の障害により事理を弁識する能力が不十分な者で，家庭裁判所から補助開始の審判を受けた者をいう（15条1項）

＊　成年年齢は，2022年4月1日より18歳となる。

設問2

❶▶ AがBに対してA所有の動産を譲渡する旨の意思表示をした。Aが，精神上の障害により事理を弁識する能力を欠く常況にある場合，Aは当然に成年被後見人であるから，制限行為能力者であることを理由として当該意思表示に基づく譲渡契約を取り消すことができる。　　　　　　　（H22-27-1）

　まず，成年被後見人と要件が一致しているかどうかを確認します。本問では，「事理を弁識する能力を欠く常況」となっていますから，ここは問題ないですね。
　次に，審判がなされているかを検討します。本問では，「当然に」とされているため，成年後見開始の審判がありません。したがって，本問は誤りであると判断しましょう。

❷▶ 契約を締結した成年者がその後に後見開始の審判を受けたとき，成年被後見人は，その契約の当時，既にその成年者につき後見開始の事由が存在していたことを証明して，その成年者のした契約を取り消すことができる。

（司法H24-2-2）

　同じ知識が，違う角度から問われています。審判開始がされていなければ，当時，後見開始の事由が存在していたとしても，制限行為能力者であることを理由に取り消すことはできません。したがって，本問は誤りです。

到達度チェック ▶▶▶

② 制限行為能力者のなす法律行為

 解法の鉄則 その2 ①制限行為能力者の類型の確定　→　②類型ごとの原則的な結論　→　③例外事由の検討

　次に，各制限行為能力者がなした法律行為の取扱いについて，原則・例外を捉えていきます。慣れないうちは，**解法の鉄則その2** の順番どおりに，丁寧に検討していくようにしてください。また，次（1-2）のように整理をしたうえで，正確に記憶をすることが求められます。

● 1-2　制限行為能力者のなした法律行為の効果等

	原　則	例　外
未成年者	未成年者が法律行為をするには，保護者の同意を要する（5条1項本文）	以下の法律行為は単独でできる ① 単に権利を得または義務を免れる行為（5条1項ただし書） ② 処分を許された財産の処分（5条3項） ③ 許可を受けた一種または数種の営業（6条1項） ④ 取り消し得る行為の取消し（120条1項） ⑤ 遺言（遺言能力は15歳以上　961条）
成年被後見人	成年被後見人が行った法律行為は，取り消すことができる（9条本文）	以下の法律行為は単独でできる ① 日常生活に関する行為（9条ただし書） ② 婚姻等の一定の身分行為（738条等） ③ 取り消し得る行為の取消し（意思能力は必要） ④ 後見開始の審判の取消請求（10条）
被保佐人	被保佐人は，単独で法律行為をすることができる	以下の法律行為は，保佐人の同意または同意に代わる家庭裁判所の許可が必要である ① 13条1項各号列挙事由 ② 家庭裁判所の特別の審判により，保佐人の同意を要するとされた事項（13条2項本文） ※ 日常生活に関する行為は，単独可（13条2項ただし書）
被補助人	被補助人は，単独で法律行為をすることができる	13条1項各号に挙げられたものの中から，家庭裁判所が定めた特定の一部の行為については，補助人の同意または同意に代わる家庭裁判所の許可が必要である（17条1項，3項） ※ 日常生活に関する行為は，単独可

設問3

　制限行為能力者が成年被後見人であり，相手方が成年被後見人に日用品を売

却した場合であっても，成年被後見人は制限行為能力を理由として自己の行為を取り消すことができる。　　　　　　　　　　　　　　　　　　（H18-27-3）

　「成年被後見人」というキーワードから，単独で行った法律行為は**原則として取り消すことができる**。もっとも，①日常生活に関する行為，②一定の身分行為，③取り消し得る行為の取消し，④後見開始の審判の取消請求は例外的に単独で有効になすことができる。このように正確に論点想起をしたいところです。
　本問は，「日用品を売却」とありますから，「日常生活に関する行為」（9条ただし書）といえます。とすれば，成年被後見人は，当該行為を単独で有効にすることができますよね。したがって，本問は誤りです。

3　保護者の権限

解法の鉄則その3

① 成年後見人に同意権はない
　→　成年被後見人が，成年後見人の同意を得て法律行為をなしても，当該法律行為は取り消すことができる。
② 保佐人の代理権は常にあるわけではない
　→　家庭裁判所から代理権付与の審判をもらった場合のみ，代理権はある。そして，本人（被保佐人）以外の者の請求によって当該審判をする場合，本人の同意が必要である。
③ 補助人は，同意権・代理権が常にあるわけではない
　→　同意権・代理権ともに，当該権利の付与の審判が必要である。もっとも，同意権も代理権もない補助人がいないことには注意を要する。

　法定代理人の権限については，チェックすべき点をあらかじめ決めておくことが重要です。**解法の鉄則その3**にある3つを，まず探しにいくと決めてしまうと，解くのがとても速くなります。

設問4
❶▶ 補助開始の審判がされる場合においても，補助人は当然に代理権を付与されるわけではない。　　　　　　　　　　　　　　　　　　（司法H20-3-4）

補助開始の審判があったとしても，補助人に代理権や同意権が当然にあるわけではありません。代理権や同意権の付与の審判が必要です。したがって，本問は正しいです。

❷➤ 保佐開始の審判がされる場合においても，保佐人は当然に代理権を付与されるわけではない。

(司法 H 20 - 3 - 4 改)

❶を改題しました。この点は，保佐人においても同様です。したがって，本問は正しいです。

❸➤ 精神上の障害により事理を弁識する能力が不十分である者について，家庭裁判所は，同意権も代理権も付与されない補助人を選任することができる。

(司法 H 24 - 1 - オ)

同意権・代理権のいずれも付与されないとすると，補助開始の審判の意味がありません。したがって，補助開始に伴って，代理権もしくは同意権のいずれかが必ず付与されます。したがって，本問は誤りです。

● 1-3　法定代理人の権限の比較

制限行為能力者	保護者	取消権	同意権	追認権	代理権
未成年者	親権者・未成年後見人	○	○	○	○
成年被後見人	成年後見人	○	×	○	○
被保佐人	保佐人	○	○	○	○*1
被補助人	補助人*4	○	○*2	○	○*3

＊1　家庭裁判所は，11条本文に規定する者または保佐人もしくは保佐監督人の請求によって，被保佐人のために特定の法律行為について保佐人に代理権を付与する旨の審判をすることができる（876条の4第1項）。そして，本人以外の者の請求によって，この審判を開始する場合には，本人の同意が必要となる（同条2項）。

＊2　家庭裁判所は，15条1項本文に規定する者または補助人もしくは補助監督人の請求により，被補助人が特定の法律行為をするにはその補助人の同意を得なければならない旨の審判をすることができる（17条1項本文）。ただし，その審判によりその同意を得なければならないものとすることができる行為は，13条1項に規定する行為の一部に限る（同項ただし書）。

＊3　補助人の代理権につき，保佐人と同様の規定がある（876条の9）。

＊4　補助開始の審判は，補助人の同意を要する旨の審判または補助人に代理権を付与する審判とともにしなければならない（15条3項）。

④ 取消しの効果

解法の
鉄則
その4

① 取消しの効果を第三者に対抗できるか否かを
チェック
② 返還義務の範囲はどこまでかをチェック

制限行為能力と取消しが問われた場合，すぐに，①取消しの効果を第三者に対抗できるか，②返還義務の範囲はどこまでか，という論点を想起できるようにしてください。

● 1-4 制限行為能力を理由とした取消しの効果

第三者への対抗	① 取消前の第三者 ・制限行為能力者は取消しの効果を第三者に対抗することができる ・第三者を保護する規定はない ② 取消後の第三者 ・対抗関係となる
返還義務の範囲	① 制限行為能力者 ・現存利益の返還で足りる（121条の2第3項後段） ② 相手方 ・相手方を原状に復させる義務を負う（121条の2第1項）

設問5

❶▶ 制限行為能力を理由に法律行為が取り消された場合に，制限行為能力者は，その行為によって現に利益を受けている限度において，返還の義務を負う。
(H17−24−イ)

問題文を読んでいくと，返還義務の範囲のことが問われていることがわかります。そこで，上記の論点を想起していくと，制限行為能力者は，現存利益を返還すればよいということがわかります。したがって，本問は正しいです。

❷▶ 制限行為能力者が自己の行為を取り消したときには，相手方は受け取っていた物を返還しなければならないが，相手方は，制限行為能力を理由とする取消しであることを理由に，現に利益を受けている限度で返還をすれば足りる。
(H18−27−1)

相手方は，原状に復させる義務を負います。したがって，制限行為能力を理由に，現存利益の返還をすれば足りるということにはなりません。したがって，本問は誤りです。

総合問題に 挑戦

> **問題** 制限行為能力者に関する次の記述のうち，民法の規定に照らし，正しいものの組合せはどれか。

ア 家庭裁判所が後見開始の審判をするときには，成年被後見人に成年後見人を付するとともに，成年後見人の事務を監督する成年後見監督人を選任しなければならない。

イ 被保佐人がその保佐人の同意を得なければならない行為は，法に定められている行為に限られ，家庭裁判所は，本人や保佐人等の請求があったときでも，被保佐人が法に定められている行為以外の行為をする場合にその保佐人の同意を得なければならない旨の審判をすることはできない。

ウ 家庭裁判所は，本人や保佐人等の請求によって，被保佐人のために特定の法律行為について保佐人に代理権を付与する旨の審判をすることができるが，本人以外の者の請求によってその審判をするには，本人の同意がなければならない。

エ 家庭裁判所は，本人や配偶者等の請求により，補助開始の審判をすることができるが，本人以外の者の請求によって補助開始の審判をするには，本人の同意がなければならない。

オ 後見開始の審判をする場合において，本人が被保佐人または被補助人であるときは，家庭裁判所は，その本人に係る保佐開始または補助開始の審判を取り消す必要はないが，保佐開始の審判をする場合において，本人が成年被後見人であるときは，家庭裁判所は，その本人に係る後見開始の審判を取り消さなければならない。

1 ア・イ　　**2** ア・オ　　**3** イ・ウ　　**4** ウ・エ　　**5** エ・オ

(H 27－27)

ア ✕ 後見開始の審判を受けた者は，成年被後見人とし，これに成年後見人を付する（8条）。そして，家庭裁判所は，必要があると認めるときは，被後見人，その親族若しくは後見人の請求により，または職権で，後見監督人を選任することができる（849条）。したがって，成年後見監督人は必ずしも選任されるわけではない。

イ ✕ 家庭裁判所は，本人や保佐人等の請求により，被保佐人が13条1項各号に掲げる行為以外の行為をする場合であっても，その保佐人の同意を得なければならない旨の審判をすることができる（13条2項本文）。

ウ 〇 家庭裁判所は，本人や保佐人等の請求によって，被保佐人のために特定の法律行為について保佐人に代理権を付与する旨の審判をすることができる（876条の4第1項）。そして，本人以外の者の請求によってこの審判をするには，本人の同意がなければならない（同条2項）。

エ 〇 精神上の障害により事理を弁識する能力が不十分である者については，家庭裁判所は，本人，配偶者，4親等内の親族，後見人，後見監督人，保佐人，保佐監督人または検察官の請求により，補助開始の審判をすることができる（15条1項本文）。そして，本人以外の者の請求により補助開始の審判をするには，本人の同意がなければならない（同条2項）。

オ ✕ 後見開始の審判をする場合において，本人が被保佐人または被補助人であるときは，家庭裁判所は，その本人に係る保佐開始または補助開始の審判を取り消さなければならない（19条1項）。したがって，本記述の前段が誤りである。なお，本記述の後段は正しい（同条2項）。

以上により，正しいものの組合せはウ・エであり，正解は **4** となる。

到達度チェック ▶▶▶

2. 意思表示

➡ 総合テキスト **Chapter 6**，総合問題集 **Chapter 2**

> **イントロダクション**
> ....
>
> 　契約の有効要件（意思表示等）は，2015（平成27）年度まで，ほぼ毎年のように問われているテーマです。意思表示等は，93条〜96条の要件・効果（原則・例外）について，知識を整理しておきましょう。
>
> 　他の資格試験も含めて，よく出題されているテーマは，94条2項の「第三者」，基礎事情の錯誤などです。

1 総　論

解法の鉄則その1　類型を確定させる

　意思表示には，心裡留保（93条），通謀虚偽表示（94条），錯誤（95条），詐欺・強迫（96条）の問題があります。まずは，どの問題であるかを捉えることが重要です。そのうえで，各類型の原則・例外を捉えていくとよいでしょう。

　例えば，次の **設問1** を読んでみてください。

設問1

　AがBに対してA所有の動産を譲渡する旨の意思表示をした。Aが，高額な動産を妻に内緒で購入したことをとがめられたため，その場を取り繕うために，その場にたまたま居合わせたBを引き合いに出し，世話になっているBに贈与するつもりで購入したものだと言って，贈与するつもりがないのに「差し上げます」と引き渡した場合，当該意思表示は原則として有効である。

（H 22 - 27 - 4）

　本問では，たまたま居合わせたBに対し，贈与するつもりがないのに，「差し上げます」と言っていることから，心裡留保の問題であると見抜きます。心裡留保による意思表示は，原則として有効です。ただし，相手方が悪意有過失である場合には，例外的に無効となります。したがって，本問は，正しいです。

2 通謀虚偽表示

解法の鉄則その2

① 通謀虚偽表示に基づく意思表示は無効であることを確認
② 「善意」の「第三者」の該当性を判断

　通謀虚偽表示に基づく意思表示は，まず，無効であるということをしっかりと確認しておきたいところです。早速，次の　設問2　を読んでみましょう。

設問2

❶▶ Aが自己の所有する甲土地をBと通謀してBに売却(仮装売買)した。Bが甲土地をAに無断でCに転売した場合に，善意のCは，A・B間の売買の無効を主張して，B・C間の売買を解消することができる。(H 20 - 27 - ア)

　A・B間の売買契約は，通謀虚偽表示により無効です。そして，無効主張はいつでも，誰でもできましたよね。そのため，Cが，A・B間の売買の無効を主張することは可能です。また，他人物売買の場合，買主（C）は，契約の解除をすることができますので，本問は正しいです。原則的な効果を無視すると，次の善意の第三者の議論と混同してしまうところです。必ず，通謀虚偽表示に基づく意思表示は，無効である。このことを確認してから問題を解くようにしてください。
　これが終わったら，次に検討するのが善意の第三者に該当するか否かです。
　94条2項の「第三者」とは，虚偽表示の当事者及び包括承継人以外の者で，虚偽表示に基づいて新たに独立の法律上の利害関係を有するに至った者をいいます（大判大9.7.23参照）。この定義にあてはめながら，次ページの具体例(2-1)を思い浮かべ，それぞれの判断ができれば，この点はクリアです。
　あとは，問題を読んで，2-1の具体例に該当するか否かをしっかりとあてはめられるようにしましょう。以下，過去問題を検討してみます。

❷▶ Aが自己の所有する甲土地をBと通謀してBに売却(仮装売買)した。Bが甲土地につきAに無断でEのために抵当権を設定した場合に，Aは，善意のEに対して，A・B間の売買の無効を対抗することができない。
(H 20 - 27 - エ)

● 2-1 94条2項「第三者」の具体例

具体例	第三者か否か
① 不動産の仮装譲受人からさらに譲り受けた者	該当する
② 仮装譲渡された不動産につき抵当権の設定を受けた者	該当する
③ 仮装譲渡された債権の債務者	該当しない
④ 仮装譲渡された不動産に対して差押えをした者	該当する
⑤ 先順位抵当権者が仮装放棄された場合の後順位抵当権者	該当しない
⑥ 土地が仮装譲渡されて建物が建築された場合の借家人	該当しない
⑦ 不動産の仮装譲受人の一般債権者	該当しない
⑧ 仮装債権の譲受人	該当する

❷は，2-1の②であり，94条2項の第三者に該当します。したがって，本問は正しいです。

> ❸▶ 土地の仮装譲渡において，仮装譲受人が同地上に建物を建設してその建物を他に賃貸した場合，建物賃借人において土地譲渡が虚偽表示によるものであることについて善意であるときは，土地の仮装譲渡人はその建物賃借人に対して，土地譲渡の無効を理由として建物からの退去及び土地の明渡しを求めることができない。　　　　　　　　　　　　　　　（H 27 – 28 – 3）

2-1の⑥であり，94条2項の第三者に該当しません。したがって，土地の仮装譲渡人は，建物賃借人に対して，土地譲渡の無効を理由として建物からの退去及び土地の明渡しを求めることができます。本問は誤りです。

> ❹▶ 仮装の売買契約に基づく売買代金債権が他に譲渡された場合，債権の譲受人は第三者にあたらないため，譲受人は，譲受債権の発生原因が虚偽表示によるものであることについて善意であっても，買主に対して売買代金の支払を求めることができない。　　　　　　　　　　　　　　　（H 27 – 28 – 4）

2-1の⑧であり，94条2項の第三者に該当します。したがって，当該債権の譲受人は，譲受債権の発生原因が虚偽表示によるものであることについて善意であれば，買主に対して売買代金の支払いを求めることができます。本問は誤りです。

❸ 錯 誤

解法の
鉄則
その3

① 錯誤が社会通念に照らして重要なものである
か否かをチェック
② 表意者に重過失があった場合のパターン整理
をしておく

　錯誤の問題は，まず，錯誤が法律行為の目的および取引上の社会通念に照らして重要なものであるか否かをチェックしていくとよいでしょう。
　早速，次の設問を読んでみてください。

設問3

❶▶ 一般取引の通念にかかわりなく，当該表意者のみにとって，法律行為の主要部分につき錯誤がなければ当該意思表示をしなかったであろうということが認められる場合，当該表意者は，当該意思表示を錯誤により取消しを主張することができる。　　　　　　　　　　　　　　　　（H 25 − 27 − ア改）

　本問は，「一般取引の通念にかかわりなく」とされているため，誤りです。
　ここでの検討は，　解法の鉄則その3　の①から始めます。したがって，社会通念に照らして重要なものであるか否かを基準にすればよいため，一般的な感覚で重要なものであると思えれば，要件を満たすものと考えていくと答えにたどり着きやすくなります。

❷▶ 法律行為の相手方の誤認（人違い）の錯誤については，売買においてはその法律行為の目的及び取引上の社会通念に照らして重要なものであることとなり得るが，賃貸借や委任においてはその法律行為の目的及び取引上の社会通念に照らして重要なものであることとなり得ない。　　（H 25 − 27 − イ改）

　賃貸借や委任契約は，比較的継続的な関係が前提となるものです。とすれば，契約をする者との信頼関係が非常に重要であるといえるでしょう。これに対し，売買契約は，物を売り買いするだけで終わるため，継続的な関係が続くものとはいえません。このように考えると，人違いの錯誤は，売買では重要なものとはいえませんが，賃貸借や委任では非常に重要なものといえます。したがって，本問は誤りです。

❸▶ 売買代金に関する立替金返還債務のための保証において，実際には売買契約が偽装されたものであったにもかかわらず，保証人がこれを知らずに保証契約を締結した場合，売買契約の成否は，原則として，立替金返還債務を主たる債務とする保証契約の重要な内容であるから，保証人の錯誤は基礎事情の錯誤に基づくものであって，その錯誤が法律行為の目的及び取引上の社会通念に照らして重要なものに当たり得る。　　　　　　　　　　（H 29 - 28 - 2改）

　問題文が長いため複雑に見えますが，要は保証契約において，主たる債務の内容が重要なものであるかどうかが問われているだけです。保証は，主たる債務のために存在しますよね。とすれば，これが重要なものではないと考えることは難しいでしょう。したがって，本問は正しいです。

　この検討が終わったら，　解法の鉄則その3　の②に移り，表意者に重過失があった場合の処理をしていきましょう。

　この部分は，原則・例外の部分がやや複雑なので，重過失という言葉を問題文で見かけたら，丁寧に考えていくようにしてください。

設問4

❶▶ Aが自己所有の甲土地をBに売却する旨の契約が締結されたが，Aの意思表示には錯誤（以下，「本件意思表示」という。）があった。本件意思表示について，Aに重過失があるときには，BがAに錯誤があることを知っていたとしても，Aは，錯誤取消しの主張をすることができない。　　（オリジナル）

❷▶ Aが自己所有の甲土地をBに売却する旨の契約が締結されたが，Aの意思表示には錯誤（以下，「本件意思表示」という。）があった。本件意思表示について，Aに重過失があるときには，BがAと同一の錯誤に陥っていたとしても，Aは，錯誤取消しの主張をすることができない。　　（オリジナル）

　まず，表意者に重過失があった場合，錯誤取消しの主張はできません。これが大原則です。もっとも，①相手方が表意者に錯誤があることを知りまたは重大な過失によって知らなかったとき，②相手方が表意者と同一の錯誤に陥っていた場合には，例外的に錯誤取消しを主張することができます（95条3項）。

　本問では，❶が相手方が表意者に錯誤があることを知っている場合，❷が相手方が表意者と同一の錯誤に陥っていた場合に該当します。したがって，❶，❷ともに錯誤取消しを主張することができます。いずれも誤りです。

　この点は，重過失あり → 原則として，錯誤取消し主張不可，例外事由に該当 → 錯誤取消し主張可，というように丁寧に検討していくようにしてください。

④　詐欺・強迫

解法の
鉄則
その4
①　強迫を先に検討すること
②　第三者詐欺の事例ではないかを疑う
③　詐欺取消し前・後の第三者のいずれかを判断する

　意思表示の最後のテーマは詐欺・強迫です。このテーマについても，解法を意識して，検討するものを確定していきましょう。まずは，強迫について検討することが重要です。

　次の　設問5　を読んでみてください。

設問5

　AがBに強迫されてA所有の土地をBに売却し，善意のCがBからこの土地を買い受けた後，AがAB間の売買契約を強迫を理由として取り消した場合，Aは，Cに対してその取消しを対抗することができる。　（司書H18-6-ウ）

　強迫による意思表示は，取り消すことができます（96条1項）。そして，詐欺とは異なり，その取消しを第三者に対抗することができないとする規定がありません（96条3項参照）。強迫が問われた場合，第三者保護の検討をする必要がないのです。詐欺と異なり，検討すべきことが1つ減るため，解答スピードアップにつながります。本問では，Aが強迫を理由として取り消している以上，たとえCが善意の第三者であったとしても，その取消しをCに対抗することができると考えてよいでしょう。したがって，本問は正しいです。

　このように，「強迫」と問われた瞬間に，「本人は基本的には勝てるな」と思ってしまうと問題が解きやすくなります。

　さて，次に，検討すべきは，第三者詐欺の事例ではないかです。この論点は，パッと見ただけでは普通の詐欺の事例と勘違いしてしまう可能性が高いので，先に潰しておくと混乱をせずに問題を解くことができます。具体的に，次の設問を見てみましょう。

設問6

❶▶ AがBに対してA所有の動産を譲渡する旨の意思表示をした。この動産が骨董品であり，Aが，鑑定人の故意に行った虚偽の鑑定結果に騙された結果，Bに対して時価よりも相当程度安価で当該動産を譲渡するという意思表示をした場合，Bがこの事情を知っているか否かにかかわらず，Aは当該意思表示を取り消すことができない。　　　　　　　　　　　　　　　（H 22 - 27 - 3）

　売買契約自体は，A・B間でなされていますが，Aは「鑑定人」に騙された結果，当該契約を結んでいます。「Bに騙されて」であれば，通常の詐欺の事例なのですが，今回は「鑑定人」という第三者から詐欺を受けているため，第三者詐欺の問題であると見抜くのです。

　相手方に対する意思表示について第三者が詐欺を行った場合においては，相手方がその事実を知り，または知ることができたときに限り，その意思表示を取り消すことができました（96条2項）。本問では，Bがこの事情を知っているか否かにかかわらず，とされているため，誤りであると判断できます。

　ついでに，もう1問見ておきましょう。

❷▶ Aが自己所有の甲土地をBに売却する旨の契約（以下，「本件売買契約」という。）が締結された。AがDの強迫によって本件売買契約を締結した場合，この事実をBが知らず，かつ知らなかったことにつき過失がなかったときは，AはDの強迫を理由として本件売買契約を取り消すことができない。

　　　　　　　　　　　　　　　　　　　　　　　　　　　　（H 26 - 28 - 3）

　この問題は，どうでしょうか。第三者詐欺ではなく，第三者強迫という場面になるでしょうか。

　実は，強迫には❶で検討したような規定はありません（96条2項参照）。したがって，Bの善悪を問わず，AはDの強迫を理由として，本件売買契約を取り消すことができます。本問は誤りです。この問題も，「本人は基本的に勝てるな」という印象をもっておけばよいです。

　最後に，詐欺取消しの事例を検討しておしまいです。詐欺取消しと第三者の関係は，取消前・後で結論が異なるため，そこに着眼点を置いて問題文を読んでいけばいいでしょう。

　次に 設問7 を検討していきます。

設問7

❶ ➤ AからBに不動産の売却が行われ，BはこれをさらにCに転売したところ，AがBの詐欺を理由に売買契約を取り消した場合に，Cは善意無過失であれば登記を備えなくても保護される。 (H20-29-1改)

　詐欺による意思表示の取消しは，善意無過失の第三者に対抗することができません（96条3項）。ここで，「第三者」とは，取消前に利害関係に入った者をいいましたよね。設問は，①AB売買，②BC売買，③AB売買の取消しという時系列ですから，Cは取消前の第三者であると判断できます。したがって，96条3項の第三者として保護されるのです。

　なお，「第三者」として保護されるには，登記は不要であると考えられています（最判昭49.9.26）。したがって，本問は正しいです。

❷ ➤ AからBに不動産の売却が行われた後に，AがBの詐欺を理由に売買契約を取り消したにもかかわらず，Bがこの不動産をCに転売してしまった場合に，Cは善意であっても登記を備えなければ保護されない。

(H20-29-2)

　こちらは，❶と異なり，①AB売買，②AB売買の取消し，③BC売買という時系列です。これにより，Cは取消後の第三者であると判断することができます。そして，被詐欺者と取消後の第三者との関係は，対抗関係（177条）として処理されました（大判昭17.9.30）。A・C間は対抗関係として処理されるため，Cは登記を備えなければならないということになります。したがって，本問は正しいです。

5 補足説明

解法の鉄則その5　意思表示に関して，第三者の保護要件を横断的に整理しておく

　民法の改正により，心裡留保・錯誤においても，通謀虚偽表示や詐欺のような第三者保護規定が新設されました。考え方自体は同様なので，ここまでに紹介した考え方に則して判断していただければ大丈夫です。

もっとも，第三者の主観の部分が各規定によって異なりますので，この点を次の**2-2**できちんと整理しておきましょう。

● 2-2　第三者の保護

心裡留保	善意の第三者には対抗できない
虚偽表示	善意の第三者には対抗できない
錯　誤	善意無過失の第三者には対抗できない
詐　欺	善意無過失の第三者には対抗できない
強　迫	第三者保護規定なし

基本的には，表意者の帰責性が重たければ重たいほど，第三者の保護要件が緩くなっていると考えておけばよいです。

心裡留保や通謀虚偽表示は，表意者が真意ではない意思表示をしていることを知っている場合です。このような場合に，表意者を保護する要請は低くなるでしょう。したがって，第三者は，**善意**であれば保護されることになります。

これに対して，錯誤は表意者が真意ではない意思表示をしていることを知らないため，表意者を責めることができない場合があります。また，詐欺についても，表意者は騙されたことにより意思表示をしたのですから，やはり責めることができない場合があります。したがって，第三者は，**善意**であるだけでは足りず，**無過失**まで要求されるのです。

強迫については，表意者は脅されたというのですから，100％表意者を責めることができません。したがって，そもそも第三者を保護する規定がありません。このような理解のもとに整理をしておくとよいでしょう。

総合問題に 挑戦

問題 意思表示に関する次の記述のうち，妥当なものはいくつあるか。

ア　成年被後見人Ａの成年後見人Ｂは，Ａの法定代理人として動産の売買契約をＣとの間で締結したが，Ａは債務不履行に陥った。そこで，Ｃは，Ａの債務不履行を理由とする契約解除の意思表示をＡに対して行った。この場合，ＢがＡへの契約解除の意思表示を知った後は，Ｃは，契約解除の効力をＡに対抗できる。

イ　Ａ・Ｂ間においてＡの所有する甲不動産をＢに売却する売買契約の虚偽表示がなされたところ，Ｂは甲不動産を善意のＣに売却した。一方，ＡはＤに対して甲不動産を売却した。この場合，Ｃは，移転登記を経ていなくても甲不動産の取得をＤに対して対抗することができる。

ウ　Ａは，Ｂから強迫されて，Ａの所有する甲不動産をＢの強迫について善意のＣに売却する売買契約をＣとの間で締結したところ，Ｃは，甲不動産を善意のＤに売却した。この場合，Ａは，Ｃとの売買契約を取り消すことができ，これをＤにも対抗することができる。

エ　Ａは，Ｂから委託を受けて，Ｃとの間でＢのＣに対する債務についての保証契約を締結した。委託の際，Ａは，他に連帯保証人がいるとＢから説明されていたが，実際にはＡの他に保証人はいなかった。この場合，Ａは，Ｃに対して保証契約を錯誤により取り消すと主張することができる。

オ　Ａは，Ｂの詐欺により，Ａの所有する甲不動産をＢの詐欺について善意無過失のＣに売却する売買契約をＣとの間で締結したところ，Ｃは，甲不動産を善意のＤに売却した。この場合，Ａは，Ｃとの売買契約を取り消すことはできるが，取消しをＤに対抗することはできない。

1 一つ　　**2** 二つ　　**3** 三つ　　**4** 四つ　　**5** 五つ

（オリジナル）

※**○：妥当である　✕：妥当でない**

ア 意思表示の相手方がその意思表示を受けた時に未成年者または成年被後見人
○ であったときは，その意思表示をもってその相手方に対抗することができな
い。ただし，その法定代理人がその意思表示を知った後は，この限りでない
（98条の2）。

イ 虚偽表示による意思表示は無効であるが（94条1項）その無効は，善意の第
✕ 三者に対抗することができない（同条2項）。そして，この第三者は，当該
権利について対抗要件を具備していない場合でも，保護される（大判大9.
7.23）。したがって，Cは，移転登記を経ていなくても，Aに対しては甲不
動産の取得を対抗することができる。もっとも，善意の第三者と真の権利者
から別に権利を取得した者との関係は対抗関係となる（最判昭42.10.31参
照）。したがって，Cは，Aからの譲受人Dに対しては甲不動産の取得を登
記なくしては対抗できない。

ウ 強迫による意思表示は，常に取り消すことができる（96条1項）。それが第
○ 三者の強迫による場合であっても，同様である（同条2項参照）。さらに，強
迫による意思表示の取消しは，取消前に現れた善意の第三者にも対抗するこ
とができる（同条3項参照）。

エ 意思表示は，表意者が法律行為の基礎とした事情についてのその認識が真実
✕ に反する錯誤であり，その錯誤が法律行為の目的及び取引上の社会通念に照
らして重要なものであるときは，取り消すことができる（95条1項2号）。保
証契約において他に連帯保証人がいることは「法律行為の目的及び取引上の
社会通念に照らして重要なものである」とはいえないと考えられている（最
判昭32.12.19）。したがって，Aは，Cに対して保証契約を錯誤に基づき取り
消すことを主張することができない。

オ 相手方に対する意思表示について第三者が詐欺を行った場合においては，表
✕ 意者は，相手方がその事実を知り，または知ることができたときに限り，そ
の意思表示を取り消すことができる（96条2項）。本記述の場合，相手方で
あるCは善意無過失であるから，Aは，売買契約を取り消すことができな
い。

以上により，妥当なものはアとウの2つであり，正解は **2** となる。

到達度チェック ▶▶▶

3. 代 理

➡ 総合テキスト **Chapter 8**, 総合問題集 **Chapter 3**

イントロダクション

　代理は，2007(平成19)年度から，ほぼ毎年のように問われているテーマであり，行政書士試験の頻出テーマといえます。

　代理は，論点が多く，また当事者が必ずといっていいほど3人以上登場するため，事案も複雑になることが多いテーマです。本章で扱う解法の鉄則をもとに論点を整理し，どのような問題でも，一定の処理手順をもって解答できるように訓練してみてください。

1　自己契約・双方代理

解法の鉄則その1
① 自己契約・双方代理の場面か否かをチェック
② それぞれの原則・例外を捉えて検討

　代理の解法はちょっと複雑ですが，一度訓練をして身につけてしまえば，どんな問題にでも対応できるようになります。検討順序をしっかりと確定していくことが何よりも大事なテーマであるといえます。

　まず，検討すべきは自己契約・双方代理に該当しないかです。自己契約・双方代理の場面だと判断した場合，次ページの3-1に整理した原則・例外を思い出し，あてはめていくようにしてください。

　それでは，表3-1の知識整理を前提に問題を読んでいきましょう。

設問1

　A所有の建物を売却する代理権をAから与えられたBが，自らその買主となった場合に，そのままBが移転登記を済ませてしまったときには，ＡＢ間の売買契約について，Aに効果が帰属する。　　　　　　　　　　　(H 21 − 27 − 3)

● 3-1　自己契約・双方代理の整理

場面	①　自己契約 　　同一の法律行為について，当事者の一方が相手方の代理人となること 　　e.g.　AとBが自動車の売買契約を締結するに際して，買主Bが売主A 　　　　の代理人となる場合 ②　双方代理 　　同一人が同一の法律行為について，当事者双方の代理人となること 　　e.g.　AとBが自動車の売買契約を締結するに際して，Cが買主B及び 　　　　売主Aの双方の代理人となる場合
原則	無権代理(108条1項本文)
例外	①　債務の履行 　　弁済期の到来した債権の弁済等 　cf.　弁済期未到来・消滅時効にかかった債権に対する弁済は「債務の履 　　　行」とはいえない ②　本人があらかじめ許諾した行為 ③　債務の履行に準ずべきもの 　　売買に基づく所有権移転登記の申請等

　「自らその買主となった」というフレーズから，自己契約に該当する場面だと見抜いてください。自己契約に該当すると，原則として無権代理となり，本人に効果帰属はしません。次に，例外の検討をします。 **設問1** は，債務の履行，本人があらかじめ許諾した行為，債務の履行に準ずべきもののいずれにも該当しません。原則どおり，効果不帰属ということですね。したがって，本問は誤りです。

2 代理の要件

解法の鉄則その2

①　代理の要件を検討する
　→　代理権が存在しているか
　→　代理権の範囲内の行為か
　→　顕名があるか
②　代理人に行為能力があることは要件ではないことをチェック

　自己契約・双方代理であるかどうかを検討し終えたら，次に代理の要件検討をしていきます。ここでは，まず代理権の存在をしっかりと認定していきましょう。例えば，次の **設問2** を読んでみてください。

設問2

❶▶ 代理権限の与えられていないAが，本人の代理人である旨を記載した白紙委任状を偽造して提示し，代理人と称したので，Bがそれを信頼して契約をした場合，本人に契約上の効果が帰属する。 　　　　　（H15-27-3）

　代理権が与えられていないのですから，本人に効果は帰属しません。したがって，本問は誤りです。

❷▶ 請負人とAとの間で下請負契約が締結されていたので，Aは工事材料の買入れにあたって請負人を本人とし，自己がその代理人であるとしてBと契約をした場合，本人に契約上の効果が帰属する。 　　　　　（H15-27-2）

　こちらは応用問題です。解法がしっかり身についていれば，「下請負契約が締結」されたことで，代理権が存在していると考えていいのだろうか，という疑問が出てくると思います。この点，工事材料の買入れの代理権は，通常，請負人と下請負人との下請負契約の内容に含まれていないと考えられます。したがって，下請負人Aが，代理権が与えられていないにもかかわらず，代理人と偽ってBとの間で行った工事材料の売買契約（買入れ）は，無権代理行為となり，原則として，その契約の効果は本人に帰属しないと考えます（99条，113条）。したがって，本問は誤りです。これはその場で考えることが必要な問題です。少なくとも，どこが問題なのかを見抜く力は必要です。

　次に，代理権が存在したとしても，その範囲内で行為がなされていなければなりません。ただし，代理権の範囲内か否かは問題文を読むとすぐにわかってしまうため，出題の方法は次のような形になることが多いです。

❸▶ Aは留守中の財産の管理につき単に妻Bに任せるといって海外へ単身赴任したところ，BがAの現金をA名義の定期預金としたときは，代理権の範囲外の行為に当たり，その効果はAに帰属しない。 　　　　　（H21-27-1）

　本問の難しさは，代理権の範囲が決まっていないという点です。このように，本試験では，代理権の範囲が定まっていない場合どうなりますか，と問われることが多いのです。民法は，権限の定めのない代理人について，次のように規定しています。

> **第103条（権限の定めのない代理人の権限）**
> 権限の定めのない代理人は，次に掲げる行為のみをする権限を有する。
> ① 保存行為
> ② 代理の目的である物又は権利の性質を変えない範囲内において，その利用又は改良を目的とする行為

設問2 ❸を解くためには，103条の，保存行為，利用・改良行為の意味をきちんと整理しておく必要があります。

● 3-2　保存行為・利用行為・改良行為の定義と具体例

	保存行為	利用行為	改良行為
定義	財産の現状を維持する行為	財産について収益を図る行為	物・権利の使用価値や交換価値を増加する行為
該当例	家屋の修繕，消滅時効の完成猶予・更新，未登記不動産の登記，期限の到来した債務の弁済，期限の到来した債権の取立，腐敗しやすい物の処分等	現金の預金，駐車場の賃貸，金銭を利息付で貸与すること等	家屋に造作を施すこと，無利息の貸金を利息付に改めること等
非該当例		物・権利の性質を変ずる場合 → 預金を株式にすること，銀行預金を個人への貸金とすること等	物・権利の性質を変ずる場合 → 田地を宅地にすること

　3-2の表をしっかりと理解し，記憶することが重要です。本問では，現金を定期預金にしているため，利用行為に該当します。そのため，権限の定めのない代理人でもなすことができます。したがって，契約の効果はAに帰属すると考えることができます。本問は誤りです。このように，権限の範囲については，定まっていない場合にどうするのか，という部分が主要な論点であることを理解しておきましょう。

　代理権の存在を検討し終えたら，今度は，顕名についてです。顕名についても，原則・例外をしっかりと押さえたうえで問題に取り組むことが重要です。次の **設問3** を読んでみてください。

設問3

　AはBに対して土地購入の代理権を与え，そのための資金をBに交付した。ところが，Bは，Aのためにすることを示さないで，Cと土地の売買契約を締結した。この場合，Aは，Cが売買契約当時BがAのためにすることを知っていたときには，Cからの代金請求に対して，Bに資金を供与していることを理由に，その請求を拒むことはできない。　　　　　　　　　　　（司法S53-30）

　「Aのためにすることを示さないで」というところから，顕名の問題であることがわかります。そして，顕名がなかった場合，次の原則・例外を思い出せるようにしてください。

● 3-3　顕名がなかった場合の効果

原　則	代理人自身のためにした意思表示とみなされる（100条本文） 　→　代理人と相手方との間に効果が帰属する
例　外	相手方が，代理人が本人のためにすることを知り，又は知ることができたとき（100条ただし書） 　→　本人と相手方との間に効果が帰属する

　さて，本問では，Cが売買契約当時BがAのためにすることを知っています。そのため，例外的に本人（A）と相手方（C）との間に契約の効果が帰属すると考えてよいでしょう。したがって，本問は正しいと判断することができます。
　顕名の問題が出たら，次の論点もあわせて想起すると解きやすくなります。こちらも問題を見てみましょう。

設問4

　本人所有の甲不動産を処分するための代理権を与えられているAが，Bに甲不動産を譲渡する際，Bから受け取る代金は専ら自己の借金の返済に使うという意図をもって代理人として契約をしたが，Bは取引上相当な注意をしてもAのそのような意図を知ることができなかった場合，本人に契約上の効果が帰属する。　　　　　　　　　　　（H15-27-1）

　「専ら自己の借金の返済に使うという意図」という部分から，代理人の権限濫用事例であることを認識してほしいところです。すなわち，代理人が権限を濫用した場合も原則として代理行為は有効ですが，相手方が代理人の意図を知っていたか知ることができた場合には，無権代理とみなされます（107条）。

本問では，「取引上相当な注意をしてもＡのそのような意図を知ることができなかった」とあるため，本人に契約上の効果が帰属します。したがって，本問は正しいと判断できます。

　要件の最後に，次の点を検討し忘れないようにしてください。

設問5

　建物を購入する代理権をＡから与えられたＢが，Ｃから建物を買った場合に，Ｂが未成年者であったときでも，Ａは，Ｂの未成年であることを理由にした売買契約の取消しをＣに主張することはできない。　　　　　　　　　（H21-27-4）

~~代理＋制限行為能力~~が問われた場合に，すぐさま想起したいのが，次の規定です。

第102条（代理人の行為能力）

　制限行為能力者が代理人としてした行為は，行為能力の制限によっては取り消すことができない。ただし，制限行為能力者が他の制限行為能力者の法定代理人としてした行為については，この限りでない。

　この規定によれば，制限行為能力者を代理人として選任した場合，これを理由に売買契約を取り消すことはできません。したがって，本問は正しいと判断することができます。

　なお，本条ただし書は，例えば，被保佐人Ａが，未成年者Ｂの親権者である場合を想定した規定です。この場合，被保佐人Ａが，未成年者Ｂの親権者として（つまり，代理人として）誰かと契約等をした場合，もし，保佐人の同意を得ずに行ったとすれば，取り消すことができることを規定しているのです。

到達度チェック ▶▶▶

3　無権代理

解法の
鉄則
その3

① 相手方の保護手段を分類する
② それぞれの要件を検討する
③ 無権代理と相続のパターンをチェック

先ほどまでの話で，代理権が存在しないと認定したもしくは権限の範囲を越えていたと認定した場合，無権代理の問題となります。無権代理については，ひたすら要件・効果が問われるため，次の表（3-4）をしっかりと覚えてしまい，問題に適切にあてはめるように訓練しておきましょう。

● 3-4　無権代理行為の相手方がなし得る手段

方　法	内　容	相手方の主観的要件
催告権	①　本人に対して，相当の期間を定めて，その期間内に追認するかどうかを確答すべき旨を催告することができる ②　本人がその期間内に確答しないときは，追認を拒絶したものとみなされる	善意・悪意を問わない
取消権	相手方は，本人が追認するまでは，無権代理人と締結した契約を取り消すことができる	善　意
無権代理人に対する責任追及	①　要　件 ・代理人が代理権を証明することができないこと ・本人が追認をなさないこと ・相手方が善意無過失であること＊ ・無権代理人が行為能力者であること ②　効　果 　無権代理人に対して，履行の請求か損害賠償請求のどちらかを請求することができる	左記①参照

＊　相手方に過失があったとしても，無権代理人が自己が無権代理であることについて悪意であれば，無権代理人に対して責任を追及することができる（117条2項2号）。

設問6

❶▶　Aの子Bが，Aに無断でAの代理人としてA所有の土地をCに売却する契約を結んだ。CはAが追認した後であっても，この売買契約を取り消すことができる。　　　　　　　　　　　　　　（H 20 - 28 - 1）

　相手方の取消権が問われたら，すぐに**本人の追認の有無，相手方が善意であるか否か**を探しにいきましょう。本問では，「Aが追認した後」とありますから，相手方はもはや取消権を行使することはできません。したがって，本問は誤りであると判断できます。

❷▶ Aの子Bが，Aに無断でAの代理人としてA所有の土地をCに売却する契約を結んだ。Cが相当の期間を定めてこの売買契約を追認するかどうかをAに対して回答するよう催告したが，Aからは期間中に回答がなかった場合，Aは追認を拒絶したものと推定される。　　　　　　　　　　　（H 20 - 28 - 5）

　催告については，相手方は善意・悪意問わずできるため，あまりこの点が問われることはありません。本問のように，催告をしたものの，確答がなかった場合どうなるか，という効果のほうに着目した問題が多いのです。催告について確答がなければ，追認拒絶とみなされます。本問のように推定されるわけではありません。したがって，本問は誤りです。こういう細かいひっかけに対応できるように，知識の精度を高めるようしておきましょう。

❸▶ Aの子Bが，Aに無断でAの代理人としてA所有の土地をCに売却する契約を結んだ。Bが未成年者である場合，Aがこの売買契約の追認を拒絶したならば，CはBに対して履行の請求をすることはできるが，損害賠償の請求をすることはできない。　　　　　　　　　　　　　　　　　（H 20 - 28 - 2）

　「Aに無断でAの代理人として」という部分から無権代理であると認定します。そして，「履行の請求」，「損害賠償」という部分から，無権代理人への責任追及をしているのだなと思いつけるようにしてください。あとは，丁寧に要件にあてはめていけばクリアです。本問では，Bが未成年者であるところ，責任追及をするためには，無権代理人が行為能力者であることが要件の1つとされています。したがって，未成年者であるBには責任追及をすることはできません。本問は誤りであると判断しましょう。

❹▶ AがB所有の土地をCに売却した。AがBの代理人と称して売却した場合，Cは，Aに代理権のないことを過失によって知らなかったとしても，無権代理を行ったAに対して責任を追及できる場合がある。（H 19 - 27 - 4改）

　こちらも❸と同様の考え方です。「AがBの代理人と称して」という部分から，無権代理の問題であると認定，「責任を追及」という部分から，無権代理人への責任追及をしていることを認定します。そして，無権代理人への責任追及は，相手方が善意無過失であることが要件の1つでした。したがって，過失によって知らなかったのであれば，原則として，責任追及をすることはできません。

もっとも，無権代理人が自己が無権代理人であることについて悪意であれば，無権代理人に対して責任を追及することができます。したがって，本問でも，Aが自己が無権代理人であることを知りながら（つまり，本当は代理権がないにもかかわらずあるものと信じて行動したわけではないということ），Bの代理人として行動していた場合であれば，Cは，Aに対して，責任追及をすることができるのです。したがって，本問は正しいです。

ここはやや複雑なので，問題を解く際には，相手方に過失あり → 責任追及不可と考えてしまったうえで，無権代理人が悪意 → やはり主張可というように考えていくとよいでしょう。複雑な部分であればあるほど，順を追って考えていくことが重要です。

さて，最後に無権代理と相続というテーマについて検討していきましょう。このテーマは，事案と結論が（少なくとも試験レベルにおいては）完全にパターン化されているため，事案の認定 → 結論という道筋をたどるだけです。具体的には，次（3-5）のように整理しておくとよいでしょう。

● 3-5　無権代理と相続のパターン整理

	判　旨
無権代理人が本人を相続した場合（最判昭40.6.18）	無権代理人の地位と本人の地位が融合し，相続により無権代理行為が当然に有効となる
無権代理人が本人を共同相続した場合（最判平5.1.21）	共同相続人全員が共同して無権代理行為を追認しない限り，無権代理人の相続分に相当する部分において，無権代理行為が当然に有効となるものではない
本人による追認拒絶後の無権代理人の本人相続の場合（最判平10.7.17）	本人が無権代理行為の追認を拒絶した場合には，その後無権代理人が本人を相続したとしても，無権代理行為が有効になるものではない
本人が無権代理人を相続した場合（最判昭37.4.20）	本人が無権代理行為の追認を拒絶したとしても，信義則に反するものではないから，無権代理行為は本人の相続により当然に有効となるものではない
本人が無権代理人を相続した場合の責任（最判昭48.7.3）	無権代理人を相続した本人は，無権代理人が117条により相手方に債務を負担していたときは，無権代理行為について追認を拒絶できる地位にあったことを理由として，当該債務を免れることができない
相続人が無権代理人を相続した後に本人を相続した場合（最判昭63.3.1）	無権代理人を相続した者は，無権代理人の地位を包括的に承継するので，無権代理人が本人を相続した場合と同様に考え，追認を拒絶することができない

❶▶ Aは，BにA所有の絵画を預けた。Bが，何の代理権もないのにAの代理人だと偽ってこの絵画をCに売却し，その後にAがBを相続したときは，AはBの行為につき追認を拒絶することができる。　　　　　（H 12 - 27 - 5）

　本人が無権代理人を相続したケースです。したがって，相続人である本人は追認を拒絶することができます。本問は正しいです。

❷▶ Aが所有する甲土地につき，Aの長男BがAに無断で同人の代理人と称してCに売却した（以下「本件売買契約」という）。Bが死亡してAが相続した場合，Aは本人の資格において本件売買契約の追認を拒絶することができるが，無権代理人の責任を免れることはできない。　　　　（H 28 - 28 - 4）

　本人が追認拒絶をすることができる点は，そのとおりなのですが，本人が無権代理人の責任追及を承継したとして，責任を問われる可能性があります。したがって，本問は正しいです。

❸▶ Aの子Bが，Aに無断でAの代理人としてA所有の土地をCに売却する契約を結んだ。Aがこの売買契約の追認を拒絶した後に死亡した場合，BがAを単独相続したとしても無権代理行為は有効にはならない。

（H 20 - 28 - 3）

　本人による追認拒絶後の無権代理人の本人相続のケースです。したがって，相続人である無権代理人が本人を単独相続しても，無権代理行為は当然には有効とはなりません。本問は正しいです。

❹▶ Aの子Bが，Aに無断でAの代理人としてA所有の土地をCに売却する契約を結んだ。Aが追認または追認拒絶をしないまま死亡してBがAを相続した場合，共同相続人の有無にかかわらず，この売買契約は当然に有効となる。

（H 20 - 28 - 4）

　無権代理人が本人を相続したケースです。このうち，無権代理人が本人を共同相続した場合，共同相続人全員が共同して無権代理行為を追認しない限り，無権

代理人の相続分に相当する部分においても，無権代理行為が当然に有効となるものではありません。本問は誤りです。

　以上，過去問題を検討しましたが，結局は，どの事案であるかの認定さえしっかりとできれば解けるということを確認しておきましょう。

到達度チェック ▶▶▶

④ 表見代理

| 解法の鉄則その4 | ① 表見代理の3つの類型を想起する
② それぞれの要件を検討する |

　代理の最後の論点として，表見代理を見ていきます。表見代理は，3つの類型をしっかりと想起したうえで，すべて検討していくようにしてください。

　問題を解く前に，表見代理の類型と要件を確認しておきましょう。これを前提に問題を検討していきます。

● 3-6 表見代理の類型と要件

	代理権授与の表示 （109条1項）	権限外の行為 （110条）	代理権消滅後 （112条1項）
要件	① 代理権を授与した旨の表示があること ② 表示された代理権の範囲内の行為であること ③ 第三者が善意無過失であること	① 基本代理権が存在すること ② 代理人が基本代理権の範囲外の行為をすること ③ 第三者に正当な理由があること	① かつて代理権が存在していたこと ② かつての代理権の範囲内の行為であること ③ 第三者が善意無過失であること

設問8

❶▶ Aは，BにA所有の絵画を預けた。Bが，何の代理権もないのにAの代理人だと偽ってこの絵画をCに売却した場合，CがBに代理権ありと信じるにつき正当な理由があるときは，表見代理が成立する。　　　　（H12-27-4）

　表見代理が成立するか否かを問われていますが，どうしても「代理権ありと信じるにつき正当な理由があるとき」に引っ張られてしまい，正しいと判断してし

まいがちです。ここは焦らず，きちんと要件を検討するクセをつけてください。まず，「代理人だと偽って」いる事例ですから，本人が代理権授与をした旨の表示はされていませんよね。また，「何の代理権もないのに」とありますから，基本代理権を越えるという概念も考えられません。同様に，かつて代理権があったともいえません。したがって，本問は表見代理の3つの類型のいずれにも該当せず，表見代理は成立しないということになります。本問は誤りです。このように，表見代理が問われたら，言葉に引っ張られないように，丁寧に <u>類型 → 要件検討</u> をするようにしてください。

❷▶ 代理権限の与えられていないAが，本人の代理人である旨を記載した白紙委任状を偽造して提示し，代理人と称したので，Bがそれを信頼して契約をした場合，本人に契約上の効果が帰属する。　　　　　　　（H15-27-3）

「代理人と称した」という部分から，表見代理を疑っていきたいところです。こちらも，❶と同様に，類型から判断していくと，いずれの類型にもあてはまらないことがわかると思います。したがって，本人に契約の効果は帰属しません。本問は誤りです。

❸▶ 本人の実印を預かっていたにすぎないAが，友人がBから借金をするのに，本人の代理人と称し，預かっていた実印を用いてBと保証契約をした場合，本人に契約上の効果が帰属する。　　　　　　　　　　（H15-27-4）

❹▶ 本人から投資の勧誘を行う者として雇われていたにすぎないAが，本人の代理人としてBと投資契約をし投資金を持ち逃げした場合，本人に契約上の効果が帰属する。　　　　　　　　　　　　　　　　（H15-27-5）

これらの問題も，基本的に同じように，<u>類型 → 要件検討</u> の順序で判定していきましょう。すると，「本人の実印を預かっていた」，「投資の勧誘を行う者として雇われていた」という辺りが，基本代理権としてある。それを越えた行為ということで，110条の適用はできないのだろうか。このように考えられたでしょうか。これを <u>現場思考</u> といいます。現場思考とは，その場で適当に考えることを意味するのではなく，ルールに基づいて検討した結果出てくるものなのだということを認識しておきましょう。

ここから先はちょっと細かい知識になってしまうのですが，判例はいずれの場

合も，基本代理権と構成することは困難であるとして，110条の適用を否定しています（大判昭7.11.25，最判昭35.2.19）。したがって，いずれも誤りであると判断します。

総合問題に 挑戦

問題 Aの子Bは，代理権がないにもかかわらず，Aの代理人であると称して，Cとの間でAの所有する不動産をCに売却する契約（以下，「本件契約」とする。）を締結した場合に関する次の記述のうち，妥当なものはいくつあるか。

ア　Cは，本件契約時にBに代理権がないことを知らず，かつ，知らないことについて過失がなかった場合であっても，Bが15歳であったときは，Bに対して，民法117条に基づく損害賠償の請求をすることはできない。

イ　Cは，本件契約時にBに代理権がないことを知っていた場合であっても，Aが追認をしない間は，本件契約を取り消すことができる。

ウ　Cは，本件契約時にBに代理権がないことを知っていた場合であっても，Aに対し，相当の期間を定めて，その期間内に本件契約を追認するかどうかを確答すべき旨の催告をすることができる。

エ　本件契約の後，Bが死亡してAが単独で相続した場合であっても，Aは，Cに対して本件契約の追認を拒絶することができる。

オ　本件契約の後，Aが本件契約の追認を拒絶した場合には本件契約は無効なものとして確定し，その後にAが死亡してBが単独で相続した場合であっても，本件契約は有効とならない。

1 一つ　　**2** 二つ　　**3** 三つ　　**4** 四つ　　**5** 五つ

(オリジナル)

※○：妥当である　✕：妥当でない

ア　無権代理人は，本人の追認がない場合，相手方の選択に従い，相手方に対し
○　て履行または損害賠償の責任を負う（117条1項）。ただし，他人の代理人と
して契約をした者が行為能力の制限を受けていたときは，相手方はこの責任
を追及することができない（同条2項3号）。

イ　代理権を有しない者がした契約は，本人が追認をしない間は，相手方が取り
✕　消すことができる。ただし，契約の時において代理権を有しないことを相手
方が知っていたときは，この限りでない（115条）。

ウ　無権代理の場合において，相手方は，本人に対し，相当の期間を定めて，そ
○　の期間内に追認をするかどうかを確答すべき旨の催告をすることができる
（114条前段）。この催告は，代理権を有しないことを相手方が知っている場
合でもすることができる。

エ　本人が無権代理人を相続した場合，無権代理人のした契約は当然に有効とな
○　るものではなく，本人がその資格において追認を拒絶しても信義則に反する
ことはない（最判昭37.4.20）。

オ　無権代理人が本人を単独で相続した場合，無権代理人のした契約は当然に有
○　効となり，本人の資格で追認を拒絶することはできないのが原則である（最
判昭40.6.18）。もっとも，本人が無権代理人のした契約の追認を拒絶した場
合，当該契約は無効なものとして確定し，その後に本人が死亡して無権代理
人が相続した場合であっても，本件契約は有効にはならない（最判平10.
7.17）。

　　以上により，妥当なものはア，ウ，エ，オの4つであり，正解は **4** とな
る。

到達度チェック ▶▶▶

4. 時 効

➡ 総合テキスト **Chapter 10**，総合問題集 **Chapter 4**

イントロダクション

　　時効は，他のテーマと関連する内容が多く，攻略が難しいところです。民法全体の学習をする中で，徐々に理解していけばよいので，焦らないようにしましょう。

　　本章では，時効の思考手順に従い，複雑な事案でも論点をすぐに発見できる力を養っていきます。検討する順序をしっかりと決めておけば，何の問題なのかがわからないということはありません。

1　時効の対象

解法の鉄則その1

① 取得時効と消滅時効のいずれの問題であるかを捉える
② 問題となっている権利が時効の対象となっているか否かを考える

　　まずは，取得時効と消滅時効のどちらの問題であるかを捉えましょう。検討すべきは，問題となっている権利が，**そもそも時効の対象なのか否か**です。この論点は，探しにいかないと落としてしまう可能性が高いため，先に検討してください。例えば，次の 設問1 を検討してみましょう。

設問1

　　「30年ほど前に私の不動産についてAと通謀虚偽表示による売買契約を締結して所有権移転登記をしました。私の不動産はずっと私自身が占有しておりAが占有したことはありません。このたび，私は，Aに対して，私の不動産について所有権に基づく抹消登記を求めたところ，30年も前のことだから時効だといって応じてもらえません。私は抹消登記を求めることはできますか」との相談に対して，「できます」と回答しうる。　　　　　　　　（H21-28-C改）

　　まず，本問は消滅時効の問題であることを捉えてください。そのうえで，今回問題となっている権利は所有権であることをチェックします。ここで，所有権は

消滅時効の対象ではないということを思い出します。とすれば，所有権に基づく物権的請求権としての登記請求権も時効により消滅しないことになります。したがって，本問は「できます」と回答することができます。

取得時効・消滅時効の対象となっているかどうかは，次（4-1）のように整理しておけばいいでしょう。

● 4-1　時効の対象となる権利　　　○：対象となるもの　　×：対象とならないもの

	取得時効	消滅時効
所　有　権	○	×
地上権・永小作権・地役権	○	○
債　　権	× 例外：不動産賃借権	○
抵　当　権	×	× 例外：396条，397条
留置権・先取特権	×	×
質　　権	○	×

② 取得時効の期間計算

解法の
鉄則
その2

① 　主観を捉える
② 　承継もあわせて 10 年，20 年経っているかを計算する

次に，取得時効の期間計算を検討していきます。取得時効の要件は，①所有の意思をもって，②平穏かつ公然と，③他人の物を占有し，④時効期間を満了したことですね。この中でも，問題を解く側を悩ませるのが，④の時効期間の計算です。問題を使いながら，解法をマスターしてしまいましょう。

設問2

❶▶ Aは，B所有の土地をBの所有であると知りつつ所有の意思をもって平穏かつ公然に10年間占有した場合に，その土地の所有権を取得する。

（H 18－29－1）

❷▶　AがB所有の土地をCに売却した。Cは，悪意または有過失であっても，20年間，所有の意思をもって平穏かつ公然とBの土地を占有継続すれば，Cは土地の所有権を時効取得する。

(H 19 - 27 - 2)

　いずれも，時効期間の満了が問われています。取得時効の場合，時効期間は，**善意無過失であれば10年，それ以外であれば20年**です。これをしっかりと覚えてしまい，問題にあてはめるようにしていきましょう。そうすると，❶は，**悪意**であるにもかかわらず「10年」としている点で誤りです。そして，❷は**悪意または有過失**ではあるものの，「20年」となっているため，正しいと判断することができます。それでは，次に応用問題です。

❸▶　A所有の乙土地につき，Bが5年間占有した後にCがこれを相続して，さらに10年間占有を継続した時点において，CがBの占有と併合して取得時効を援用した場合，C自身が占有開始時に悪意であったときは，Bが占有開始時に善意であり，かつ無過失であったとしても時効取得は認められない。

(H 23 - 28 - 2)

　本問のCは，占有開始時点で**悪意**です。そのため，占有期間が10年では足りません。もっとも，Cは，Bの占有を承継しています。本問の難しさは，ここにあるのです。これを足すことができるのか。どのように考えていけばいいのかが大きなポイントになります。この点，民法は次のように規定しています。

第187条（占有の承継）
1　占有者の承継人は，その選択に従い，自己の占有のみを主張し，又は自己の占有に前の占有者の占有を併せて主張することができる。
2　前の占有者の占有を併せて主張する場合には，その瑕疵をも承継する。

　まず，1項により，CはBの占有と併合して取得時効を主張することが可能です。これで，占有期間は15年ということになります。もっとも，Cは土地の占有開始時点で**悪意**です。とすれば，15年では占有期間として足りません。そこで，Bが**善意無過失**であることから，これをも承継したものとして，時効期間を満了しているといえるかが問題となるのです。この点について，判例は「その主張にかかる最初の占有者につきその占有開始の時点においてこれを判定すれば足りる」と考えています（最判昭53.3.6）。最初の占有者であるBの占有開始時

点が，**善意無過失**ですから，Cは10年で，時効取得をすることができるということになります。したがって，本問は誤りです。

　なお，この考え方がきちんと理解できているかは，平成29年度問題30でも確認することができます。余力があれば，ぜひ解いてみてください。

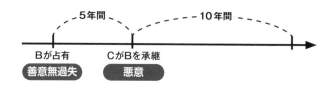

⌐ 5年間 ¬	⌐ 10年間 ¬	
Bが占有	CがBを承継	
善意無過失	**悪意**	

3 時効の援用

解法の
鉄則
その3

① 援用権者について，条文及び判例の見解を思い出す
② 後順位抵当権者・借地上の建物の賃借人・一般債権者を探す
③ 時効の利益の放棄について，以下の論点を想起する
→ 時効完成の「前」に放棄することはできない
→ 「権利の承認」に相当する事由があるか検討する
→ 時効完成を知ったうえで，放棄をしているか検討する

　時効の援用権者について，判例は，**時効により直接に利益を受ける者**としています（最判平11.10.21）。**直接に利益を受ける**とされているものの，近年の判例は，時効の援用権者を広げて解釈する傾向にあります。したがって，圧倒的に援用権者として認められなかった例のほうが少ないので，問題を解く場合にも，**解法の鉄則その3** の②に示した**後順位抵当権者**，**借地上の建物の賃借人**，**一般債権者**を探してしまい，援用権者として認められなかった類型だったなと結論づけてしまうとよいでしょう。それでは， **設問3** を検討していきます。

設問3

❶▶「私は築25年のアパートを賃借して暮らしています。このアパートは賃貸人の先代が誤って甲氏の所有地を自己所有地と認識して建ててしまったものですが，これまで特に紛争になることもなく現在に至っています。このたび，

甲氏の相続人である乙氏が，一連の事情説明とともにアパートからの立ち退きを求めてきました。私は賃貸人が敷地の土地を時効取得したと主張して立ち退きを拒否できますか」との相談に関して，「できます」と回答しうる。

(H21-28-B)

「敷地の土地」というキーワードに反応し，**借地上の建物の賃借人**ではないかと疑っていくことが重要です。この相談者は援用権者ではないため，「できます」とは回答できません。

❷▶ Aは，B所有の甲土地上に乙建物を建てて保存登記をし，乙建物をCが使用している。Aが，甲土地についての正当な権原に基づかないで乙建物を建て，Cとの間の建物賃貸借契約に基づいて乙建物をCに使用させている場合に，乙建物建築後20年が経過したときには，Cは，Bに対して甲土地にかかるAの取得時効を援用することができる。 (H25-32-ア)

こちらも❶と同様です。時効の援用権者を問う問題は，事例で問われると論点を把握することが難しくなります。あらかじめ，疑っていく類型を確定させておくと，この問題も誤りであることがすぐにわかります。

❸▶ 「私は他人にお金を貸し，その担保として債務者の所有する土地・建物に2番抵当権の設定を受けています。このたび，1番抵当権の被担保債権が消滅時効にかかったことがわかったのですが，私は，私の貸金債権の弁済期が到来していない現時点において，この事実を主張して，私の抵当権の順位を繰り上げてもらうことができますか」との相談に関して，「できます」と回答しうる。 (H21-28-D)

「2番抵当権」，「抵当権の順位を繰り上げてもらう」というキーワードから，後順位抵当権者の事案であることを見抜きます。後順位抵当権者は，援用権者ではないため，「できます」と回答することはできません。

次に，時効の利益の放棄に該当しないかどうかを検討しましょう。

設問4

❶▶ 判例によれば，債務者が債権者に対して，時効完成後に，「年内に分割払いをしますから，借金を元本だけにまけてもらいたい」と申し入れた場合，時効の利益の放棄に該当するため，債務者が時効完成の事実を知らなかった

ときであっても，消滅時効を援用することは許されない。

（司法H 22 - 15 - エ改）

　時効の利益の放棄が問われたら，すぐに，①時効完成後か，②権利を承認しているか，③時効完成を知ったうえで放棄をしているかをチェックしてください。本問では，時効完成の事実を知りません。とすれば，これは時効の利益の放棄ではありません。したがって，本問は誤りです。

> ❷➤ 判例によれば，債務者が債権者に対して，時効完成後に，「借金を元本だけにまけてもらいたい。それなら年内に分割払いをします」と申し入れた場合，債務者が時効完成の事実を知らなかったときであっても，消滅時効を援用することは，信義則上許されない。　　　　　　　　（司法H 22 - 15 - エ改）

　それでは，本問のケースは，消滅時効を援用することができるのでしょうか。判例は，時効完成を知らないで債務の存在を認める自認行為がなされた場合については，時効完成を知らない以上，時効の利益の放棄にあたらないとしています。この点は，❶のとおりです。しかし，相手方が債務者はもはや時効を援用しないだろうとの期待を抱くことから，信義則上（1条2項），債務者が時効を援用することは許されないとしています（最大判昭41.4.20）。したがって，本問は正しいと判断することができます。最後に，次の問題を見てください。

> ❸➤ 債務者がいったん時効の利益を放棄した後であっても，時効の利益を放棄した時点から時効は再び進行するので，再度時効が完成すれば，債務者は，時効を援用することができる。　　　　　　　　　　　　　（オリジナル）

　時効の利益の放棄をしてしまったとしても，再び時効完成をし，時効を援用することは可能です。したがって，本問は正しいです。

❹ 時効の完成猶予・更新

> | 解法の鉄則その4 | ① 時効の完成猶予事由・更新事由を明確に分ける
② 完成猶予事由の場合，いつまで猶予されるのかを検討する |

時効の完成猶予及び更新は，複雑な議論が多いため，そこはなるべく付き合わず，試験対策上必要なところをピンポイントで記憶することが重要です。

まず，時効の完成猶予事由と更新事由の概念について確認しておきましょう。

● 4-2　時効の完成猶予・更新

時効の完成猶予	時効の完成前に一定の事由が生じた場合に，時効の完成が一時猶予されること
時効の更新	時効の完成前に一定の事由が生じた場合に，それまでの時効期間のカウントがリセットされ，新しい時効期間が進行を始めること

問題は，ある事由が，時効の完成猶予か更新かのいずれに該当するかです。

この点に関しては，少なくとも権利行使の意思が明らかにされれば完成猶予事由に該当し，当該権利の存在について確証が得られれば更新事由に該当すると考えておけばよいでしょう。

例えば，次の **設問5** を読んでみてください。

設問5

❶▶ AがBに対する借入債務につきその利息を支払ったときは，その元本債権の消滅時効の完成が猶予される。　　　　　　　　　　　　(司書H 21 - 5改)

本問は，AがBに対して借入債務の利息を支払っています。これは，権利の承認に該当します。権利の承認は，当該権利の存在について確証が得られるものと考えていいでしょう（権利が存在しないにもかかわらず，自ら支払いますというのは考えにくい）。そのため，権利の承認は時効の更新事由とされています。したがって，本問は誤りです。

❷▶ 権利者が義務の履行を求める催告をしたときは，その時から6か月を経過するまでの間は時効の完成が猶予されるが，時効の更新の効力は生じない。
　　　　　　　　　　　　(司書H 15 - 7改)

催告は，時効の完成猶予事由です。催告をしただけでは，権利の存在について確証が得られたとはいえなからです。もっとも，少なくとも権利行使の意思は明らかにされたのですから，時効の完成が猶予されます。本問は正しいです。

❸ ▶ 権利者が義務の履行を求める訴え提起して，請求認容判決が確定した場合，時効の完成が猶予されるが，時効の更新の効力は生じない。

（司書Ｈ 15 － 7 改）

　❷の問題をアレンジしました。裁判上の請求をして，請求認容判決が確定したということは，権利の存在について確証が得られたものと考えてよいでしょう。したがって，本問は時効の更新事由に該当します。本問は誤りです。

❹ ▶ 債務者に対する請求の訴えが却下され，または棄却されても時効の更新の効力を生ずるが，訴えの取下げがあったときは，時効の更新の効力は生じない。

（司書Ｈ 15 － 7 改）

　本問では，債務者に対する請求の訴えが却下，または棄却されています。

　さて，請求の訴えが却下または棄却された場合，債務者に対する権利が存在することについて確証は得られたでしょうか。これは，得られていないですよね。とすれば，少なくとも，更新事由に該当するわけがないのです。もっとも，債務者に対して訴えを提起している以上，少なくとも権利の行使の意思は明らかにされたといえます。したがって，これらの事由は，完成猶予事由には該当するのではないかと判断することができます。したがって，本問は誤りです。

　このように，何が完成猶予事由で何が更新事由になるのか。これが，出題のポイントです。次ページの表（4-3）のように知識をまとめておくようにしてください。

　次に，完成猶予事由に該当すると判断した場合，いつまで時効の完成が猶予されるのかを検討していきます。例えば，次の **設問6** を読んでみてください。

設問6

　「叔父は７年ほど前に重度の認知症になり後見開始の審判を受けました。配偶者である叔母が後見人となっていたところ，今年２月10日にこの叔母が急逝し，同年６月10日に甥の私が後見人に選任されました。就任後調べたところ，叔父が以前に他人に貸し付けた300万円の債権が10年前の６月１日に弁済期を迎えた後，未回収のまま放置されていることを知り，あわてて本年６月20日に返済を求めましたが，先方はすでに時効期間が満了していることを理由に応じてくれません。この債権について返還を求めることができますか。」という相談に関しては，「できます」と回答しうる。

（Ｈ 21 － 28 － Ｅ）

● 4-3 時効の完成猶予・更新の整理

条 文	事 由	完成猶予	更 新
147条	裁判上の請求等	終了まで（訴え却下等の場合は終了から6か月が経過するまで）	権利の確定により
148条	強制執行等	終了まで（取下げ等の場合は終了から6か月が経過するまで）	終了により（取下げ等の場合を除く）
149条	仮差押え・仮処分	終了から6か月が経過するまで	―
150条	催 告	催告から6か月が経過するまで	―
151条	協議を行う旨の合意	① 合意時から1年が経過するまで ② 1年より短い協議期間を定めたときはその期間が経過するまで ③ 協議続行拒絶通知の時から6か月が経過するまで	―
152条	権利の承認		承認により
158条	未成年者・成年被後見人	行為能力の取得又は法定代理人の就職の時から6か月を経過するまで	―
159条	夫婦間の権利	婚姻の解消時から6か月を経過するまで	―
160条	相続財産	相続人確定時等から6か月を経過するまで	―
161条	天災等の外部の障害	障害の消滅時から3か月を経過するまで	―

　成年被後見人に，後見人がいなくなってしまった場合に関する問題です。これは，時効の完成猶予事由に該当します。

　本問のように，時効の期間の満了前6か月以内の間に未成年者または成年被後見人に法定代理人がないときは，その未成年者もしくは成年被後見人が行為能力者となった時または法定代理人が就職した時から6か月を経過するまでの間は，その未成年者または成年被後見人に対して，時効は完成しません。したがって，本問は正しいです。

　この検討が終わったら，時効の完成猶予・更新の範囲について検討します。
設問7 を読んでみてください。

設問7

❶ ➤ A所有の甲地をB・Cの2人が占有して取得時効が完成しそうな場合に，AがBに対してだけ時効の完成猶予があったときは，Bの取得時効のみ完成が猶予され，Cの取得時効の完成が猶予されることはない。（H22-28-5）

　時効の完成猶予・更新は，その完成猶予・更新の事由が生じた当事者及びその承継人の間においてのみ，その効力を有するのが原則です（時効完成猶予・更新の相対効の原則　153条）。そのため，AがBに対してだけ時効の完成が猶予したときは，Bの取得時効のみ時効の完成が猶予され，Cの取得時効は時効の完成が猶予されません。したがって，本問は正しいと判断できます。

❷ ➤ 「私は10年前，知人の債務を物上保証するため，私の所有する土地・建物に抵当権を設定しました。知人のこの債務は弁済期から8年が経過していますが，債権者は，4年前に知人が債務を承認していることを理由に，時効は完成していないと主張しています。民法によれば，時効の更新は当事者及びその承継人の間においてのみその効力を有するとありますが，私は時効の完成を主張して抵当権の抹消を請求できますか」という相談に関しては，「できます」と回答しうる。　　　　　　　　　　　　　　　　　（H21-28-A改）

　❶が原則なのですが，例外的に効力を及ぼすこともあります。

● 4-4　時効完成猶予・更新の効力の範囲

原　則	当事者及びその承継人の間でのみ効力が生じる（相対効　153条）
例　外	①　地役権の不可分性（292条） ②　主債務者に対して生じた完成猶予又は更新事由の保証人，物上保証人に対する効力（457条1項）

　物上保証人が，債務者の承認により被担保債権に生じた消滅時効の更新の効力を否定することは，担保権の付従性に抵触し，また，抵当権が，抵当権設定者に対しては，被担保債権と同時でなければ時効によって消滅しないという民法396条の趣旨にも反し，許されないと考えられています。本問の「私」は，物上保証人です。とすれば，時効の更新の効力は及んでいるということになりますから，時効の完成を主張して抵当権の抹消を請求することはできません。連帯債務や保証関連においては，このように効力が及んでくることがあるということを認識しておくと，問題が解きやすくなります。

総合問題に 挑戦

問題 次のアからオまでのうち，Aが消滅時効を援用した場合，その主張が認められるものの組合せはどれか（いずれも，Bの債権の消滅時効期間は10年とし，記述した事情以外に消滅時効の成否に影響を与える事情はないものとする。）。

ア　Aは，Bから，請求があればその1年後に返済するとの約束で金員を借り入れた。Bは，貸付けから12年後に初めて返済を請求し，その1年後にAに貸金の返済を訴求した。

イ　Aは，Bから，返済期限を定めずに金員を借り入れた。借入れから4年後にAが長期の支払猶予を求めたため，Bは，その支払を猶予した。Bは，貸付けから13年後にAに貸金の返済を訴求した。

ウ　Aは，Bから，1年後に返済するとの約束で金員を借り入れ，借入れから12年後に消滅時効の完成を知らずに遅延損害金の一部を支払った。Bは，貸付けから13年後にAに貸金の返済を訴求した。

エ　Aは，Bから，Aが甲土地を売却した時に返済するとの約束で金員を借り入れ，借入れから1年後に甲土地を売却した。Bは，貸付けから4年後に甲土地の売却を知り，貸付けから13年後にAに貸金の返済を訴求した。

オ　Aは，Bから，引渡しと引換えに代金を支払うとの約束で絵画を買い受けた。Bは，売買から9年10か月後に絵画の引渡しの履行の提供をすることなく代金の支払を催告し，その4か月後にAに代金の支払を訴求した。

1 ア・イ　　**2** ア・エ　　**3** イ・オ　　**4** ウ・エ　　**5** ウ・オ

(旧司法Ｈ8−40)

※○：認められる　　✖：認められない

ア　本記述の契約は，期限の定めのない金銭消費貸借である。この場合，Ｂの債
○　権の消滅時効は，債権が成立してから相当期間経過後に進行を開始すると考
　　えられている（591条１項参照）。本記述では，Ｂは貸付けから12年経過後に
　　初めて返済を請求しているため，消滅時効期間を満たしているものと考えら
　　れる。

イ　時効は，権利の承認があったときは，その時から新たにその進行を始める
✖　（152条１項）。本記述では，Ａが長期の支払猶予を求めているところ，これ
　　は「権利の承認」に該当する。

ウ　時効完成を知らないで債務の存在を認める自認行為がなされた場合について
✖　は，時効完成を知らない以上，時効利益の放棄にあたらない。しかし，相手
　　方が債務者はもはや時効を援用しないだろうとの期待を抱くことから，信義
　　則上（１条２項），債務者が時効を援用することは許されない（最大判昭
　　41.4.20）。

エ　本記述の債務は，停止条件付債務であると考えられる。この場合，消滅時効
○　は，条件成就時（甲土地の売却時）に時効が進行する。Ｂが請求した時は，
　　消滅時効の起算時からすでに12年が経過しているため，消滅時効は完成し
　　ている。

オ　権利者が義務の履行を求める催告は，時効完成猶予事由であり，６か月以内
✖　に裁判上の請求等をしなければならない（150条，147条）。本記述で，Ｂは
　　支払いの催告をしてから４か月後に代金の支払いを訴求している。したがっ
　　て，消滅時効の完成は引き続き猶予されている。

　　以上により，主張が認められるものの組合せはア・エであり正解は **2** とな
る。

到達度チェック ▶▶▶

民法

第 2 編

物 権

5. 不動産物権変動

➡ 総合テキスト **Chapter 12** ②，総合問題集 **Chapter 5** 問題 **13** **14**

‥‥‥‥‥‥‥‥ イントロダクション ‥‥‥‥‥‥‥‥

　不動産物権変動は，2つの考え方をマスターするようにしましょう。

　1つ目が，177条の「第三者」の該当性です。民法は，「第三者」に対して，不動産の所有権を主張する場合に，登記を要求しています。逆にいえば，「第三者」でなければ，登記を具備しておく必要はないのです。そこで，まずは177条の「第三者」該当性の判断を正確にできるように訓練してください。

　2つ目が，事項的な問題についてです。取消し，解除，相続，時効という事項と登記の関係性という論点です。この論点は，とにかく場面認定が生命線です。正確に場面を把握し，結論を出せるように訓練しましょう。

① 人的範囲

解法の鉄則 その1
① 177条の「第三者」の該当性を捉える
② 背信的悪意者について，転得者の議論を考える

　判例は，177条の「第三者」とは，当事者もしくはその包括承継人以外の者で不動産に関する物権の得喪及び変更の登記の欠缺を主張する正当の利益を有する者をいうとしています（大連判明41.12.15）。この点を明確にしたうえで，次の問題を読んでみましょう。

設問1

❶ ➤ Aは，B所有の甲土地について地上権の設定を受けて，同土地上に乙建物を建築した。Bが死亡し，Bの相続人Dが甲土地を相続した場合に，Aは，甲土地についての地上権登記または乙建物についての保存登記を経由していない限り，Dに対し，Aの甲土地についての地上権を対抗することはできない。

(H18-30-3)

　「登記を経由していない限り」というキーワードから，対抗要件が必要か否かが論点であると見抜きます。そして，177条の「第三者」の定義にしっかりと

あてはめていきましょう。そうすると，Dは「Bの相続人」であることから，包括承継人であることがわかります。とすれば，Dは177条の「第三者」ではありません。したがって，Aは，Dに対し，登記なくして地上権を対抗することができます。本問は誤りです。この要領で，問題をどんどん検討していきましょう。

> ❷▶ A所有の甲地がBに譲渡され，さらにAB間の譲渡の事実を知っているCに譲渡されてCに所有権移転登記がされた場合，Bは登記なくしてCに対抗することができる。
> （H12-28-イ）

本問の**悪意のC**は177条の第三者に該当するとされています。したがって，Bは登記がなければ，Cに対抗することはできません。本問は誤りです。悪意者は**正当な利益**がないのではないかと少し疑問がわくところではありますが，自由競争の原理から単純悪意者は177条の第三者に該当すると考えられているのでしたね。ただし，単なる悪意を超えた**背信的悪意者**については，177条の第三者に該当しなかったということをあわせて押さえておきましょう。この点は，（設問2）でも検討します。

> ❸▶ A所有の甲地がBに譲渡されたが甲地には賃借人Cがいた場合，Bは登記なくしてCに対抗することができる。
> （H12-28-エ）

賃借人Cは，**正当な利益**があるとされますので，177条の第三者に該当します。したがって，Bは登記がなければ，Cに対抗することはできません。本問は誤りです。

> ❹▶ A所有の甲地がBに譲渡されたが甲地には不法占拠者Cがいた場合，Bは登記なくしてCに対抗することができる。
> （H12-28-オ）

不法占拠者Cは，**正当な利益**がないとされるため，177条の第三者に該当しません。したがって，Bは登記なくしてCに対抗することができます。本問は正しいです。このように，177条の第三者の定義にしっかりとあてはめて，対抗要件の要否を判断するようにしてください。

❺▶ AがBに対しAの所有する不動産を売却した後に，同不動産を重ねてC にも売却した場合において，B，Cのうち，同不動産の引渡しまたは登記の 移転を先に受けた方がその所有権を取得する。　　　　　(H 16 - 25 - 5)

　この問題はひっかけです。不動産物権変動を第三者に対抗するには，「登記」 を備える必要があります。「引渡し」では足りません。本問は誤りです。

　次に，**解法の鉄則その1** の②にあるように，背信的悪意者について，転得者 の議論を考えていきましょう。

設問2

❶▶ Aの所有する甲土地につきAがBに対して売却した後，Aが重ねて甲土 地を背信的悪意者Cに売却し，さらにCが甲土地を悪意者Dに売却した場合 に，第一買主Bは，背信的悪意者Cからの転得者であるDに対して登記をし ていなくても所有権の取得を対抗できる。　　　　　(H 17 - 25 - 2)

　背信的悪意者については，転得者の議論があります。判例は，背信的悪意者か らの転得者は，第1の買主に対する関係で転得者自身が背信的悪意者と評価され るのでない限り，登記がなければ物権変動を対抗できない177条の「第三者」 にあたると考えています（最判平8.10.29）。したがって，本問は誤りです。

❷▶ Aの所有する甲土地につきAがBに対して売却した後，Aが重ねて甲土 地を善意者Cに売却し，さらにその登記を備えたCが甲土地を背信的悪意者 Dに売却した場合に，Cからの転得者であるDは，Cをわら人形として利用 したのではない限り，所有権を取得できる。　　　　　(H 17 - 25 - 2改)

　❶の問題をアレンジしました。この場合，DがCをわら人形として利用したの ではない限り，Dは所有権を取得することができるとするのが通説的な見解で す。したがって，本問は正しいです。背信的悪意者と転得者の議論が登場した ら，この2つの論点を疑っていくと解きやすくなります。

到達度チェック ▶▶▶

② 事項的範囲

解法の
鉄則
その2
① 　〇〇後は，基本的に対抗関係になる
② 　〇〇前は，第三者保護規定の有無を捉える

検討順序を確定する前に，前もって 5-1 の知識を押さえてしまいましょう。

● 5-1　不動産物権変動と第三者の整理

	〇〇前の第三者との関係	〇〇後の第三者との関係
制限行為能力による取消し	取消権者は，すべての第三者に対抗できる	登記の先後でその優劣を決する（対抗問題　177条）
錯誤取消し	取消権者は，善意無過失の第三者に対抗することができない（95条4項）	
詐欺取消し	取消権者は，善意無過失の第三者に対抗することはできない（96条3項）	
強迫取消し	取消権者は，すべての第三者に対抗できる	
時効取得	時効取得者は，時効完成前の第三者に対しては，登記なくして時効による権利取得を対抗することができる	
解　除	解除権者は，登記を備えた第三者に対しては解除による原状回復を対抗することはできない（545条1項ただし書）	
遺産分割	登記を備えた第三者に対しては遺産分割による権利取得を対抗することができない（909条ただし書）	
相続放棄	第三者は保護されない	

この論点は，事項ごとに結論が微妙に異なってくるため，総合問題として問われた場合，何から検討していくかを決めておくと問題が解きやすくなります。ここでは，設問を解きやすい順序で検討していきましょう。

設問3

❶▶ AとBはXを共同相続したが，登記をしないでいたところ，Aが相続放棄した場合，Aの債権者YがAの持分を差し押さえた。Bは単独相続であることをYに登記なくして対抗することはできない。

（オリジナル）

相続放棄の遡及効は絶対的であるため，相続放棄の前後を問わず，第三者は保護されません。問題を解くときには，相続放棄 → 第三者は保護されないという公式を使い，先に検討してしまうとよいでしょう。したがって，Bは，Yに登記なくして対抗することができます。本問は誤りです。

❷▶ 未成年者であるAは，Bに対して，甲不動産を売却した。BはこれをCに転売し，Cも登記を備えたところ，Aが未成年であることを理由にA・B間の売買契約を取り消した。この場合，Aは，Cに対して，甲不動産の所有権を対抗することができる。 （オリジナル）

次に，検討しておきたいのが制限行為能力取消しです。この場合，取消前の第三者に対して，物権を対抗することができます。善意か否か，登記を備える必要があるかということを考えずに答えを出せるので，先に検討しておくと選択肢を効率よく絞ることができます。したがって，この設問は正しいと判断できます。以上のことは，強迫においても同様です。意思表示のところで検討したことをもう一度思い出すようにしておきましょう。

❸▶ A・Bが不動産取引を行ったところ，その後に，Cがこの不動産についてBと新たな取引関係に入った。AからBに不動産の売却が行われ，BはこれをさらにCに転売したところ，Bに代金不払いが生じたため，AはBに対し相当の期間を定めて履行を催告したうえで，その売買契約を解除した場合に，Cは善意であれば登記を備えなくても保護される。 （H 20－29－3）

解除について検討してみましょう。こちらも，解除前の第三者は善意・悪意を問わず，登記を備えていればよいと考えられています。善意・悪意の確認をしなくてもいいので，検討する対象が1つ少なくてすみます。本問では，「登記を備えていなくても」となっていますから，誤りであると判断できます。なお，この検討の仕方は，遺産分割でも（あくまでも解法のうえでは）同様であるため，あわせて検討してしまうとよいでしょう。

❹▶ Xを共同相続したAとBの遺産分割協議によって，相続財産である土地がBの単独所有となった後，AがYに持分を売却した場合，Bは登記なくして当該土地の所有権全部の取得をYに対抗することができる。 （オリジナル）

「○○前」は，事項ごとに複雑でしたが，本問のように「○○後」となっていれば，基本的には対抗関係になります。時系列をしっかりと把握することも忘れないようにしてください。本問は遺産分割後ですから，第三者との関係は対抗関係となります。したがって，本問は誤りです。

到達度チェック ▶▶▶

③ 取得時効と登記

解法の
鉄則
その3 ▶ **時効の5つの命題にあてはめる**

取得時効と登記だけ，別に検討しましょう。この論点には，判例の5つの命題がありました。**5-2**を見てください。

● 5-2 時効の5つの命題

①	時効取得した者と時効取得された者は当事者類似の関係 → 登記不要
②	時効取得時までの第三者は当事者類似の関係 → 登記不要
③	時効取得後の第三者は対抗関係 → 登記必要
④	時効の起算点は固定する
⑤	時効完成後の第三者が登記経由後，占有者がさらに時効取得に必要な期間を経過した場合は，②と同じ

取得時効と登記は，この命題を正確にあてはめていく必要があります。

設問4

❶ ▷ 不動産を時効により取得した占有者は，取得時効が完成する前に当該不動産を譲り受けた者に対して，登記がなければ時効取得をもって対抗することができない。 (H 25 – 28 – 2)

これは，**5-2**の命題②であると認定してください。したがって，登記は不要です。

❷ ➤ 不動産の取得時効の完成後，占有者が，その時効が完成した後に当該不動産を譲り受けた者に対して時効を主張するにあたり，起算点を自由に選択して取得時効を援用することは妨げられない。　　　　　　（H 25 - 28 - 4）

5-2の命題④です。起算点は自由に動かすことはできません。

❸ ➤ 不動産を時効により取得した占有者は，取得時効が完成した後に当該不動産を譲り受けた者に対して，登記がなければ時効取得をもって対抗することができず，このことは，その占有者が，その後さらに時効取得に必要な期間，占有を継続したとしても，特段の事情がない限り，異ならない。

（H 25 - 28 - 3）

　これは，5-2の命題⑤です。再び時効期間を経過すれば，時効取得することができます。そして，再び時効取得した後は，5-2の命題②と同様です。したがって，本問は誤りです。

総合問題に 挑戦

> 問題　Aが所有し居住する甲不動産をBに売却する旨の契約が締結され，その旨の所有権移転登記がなされた。その後，Bは甲不動産をCに譲渡した。この場合に関する次のア～オの記述のうち，妥当なものの組合せはどれか。

ア　BがCに甲不動産を譲渡した後に，AがA・B間の売買契約をBの債務不履行を理由に解除した場合，Cが移転登記を経ていたとしても，AはCに対して甲不動産の所有権を対抗することができる。

イ　BがCに甲不動産を譲渡した後に，AがA・B間の売買契約をBによる詐欺を理由に取り消した場合，Cが悪意であったとしても，Aは登記なくしてはCに対して甲不動産の所有権を対抗することができない。

ウ　BがCに甲不動産を譲渡した後に，AがA・B間の売買契約をAが未成年者であることを理由に取り消した場合，Cが善意であったとし

ても，Aは登記なくしてCに対して甲不動産の所有権を対抗すること
ができる。

エ　BがCに甲不動産を譲渡する前に，AがA・B間の売買契約をBの
債務不履行を理由に解除していた場合，Cが悪意であったとしても，
AはCに対して登記なくして甲不動産の所有権を対抗することができ
ない。

オ　BがCに甲不動産を譲渡する前に，AがA・B間の売買契約をBに
よる詐欺を理由に取り消していた場合，Cが移転登記を経ていたとし
ても，AはCに対して甲不動産の所有権を対抗することができる。

1 ア・ウ　　**2** ア・オ　　**3** イ・エ　　**4** イ・オ　　**5** ウ・エ

（オリジナル）

※〇：妥当である　　✕：妥当でない

ア　売買契約が解除されると，買主に移転していた所有権は遡及的に売主に復帰
✕　すると解されている（最判昭34.9.22）。もっとも，第三者の権利を害するこ
とはできない（545条1項ただし書）。この「第三者」とは，解除された契約
から生じた法律効果を基礎として，解除前に権利を取得し，対抗要件を具備
した者であると解されている（最判昭33.6.14）。したがって，解除前に甲不
動産を取得したCが移転登記を経ていたとすれば，Cは「第三者」にあた
り，AはCに対して甲不動産の所有権を対抗することができない。

イ　取り消された行為は，初めから無効であったものとみなされ（121条），これ
✕　は登記がなくても第三者に対抗できるのが原則である。もっとも，詐欺によ
る取消しの場合は，善意無過失の第三者に対しては，取消しを主張すること
ができない（96条3項）。この「第三者」とは詐欺による意思表示を前提と
して新たに利害関係に立った者をいい，取消前に登場した者に限られる。C
は取消前に登場した者であるが，悪意であるので，96条3項により保護さ
れない。したがって，原則のとおり，Aは登記がなくてもCに対して甲不動
産の所有権を対抗することができる。

ウ 記述イで述べたとおり，取り消された行為は，初めから無効であったものと
〇 みなされ（121条），これは登記がなくても第三者に対抗できるのが原則であ
る。そして，制限行為能力を理由とする取消しの場合は，96条3項のよう
な第三者保護規定がない。したがって，原則のとおり，Aは登記がなくても
Cに対して甲不動産の所有権を対抗することができる。

エ 解除者と解除の意思表示の後に取引関係に立った第三者との関係は二重譲渡
〇 と類似し，解除者は解除による権利の復帰を登記なくして解除後の第三者に
対抗できないのであって，その場合，第三者が善意であると否とにかかわら
ない（最判昭35.11.29）。したがって，Cが悪意であっても，AはCに対して
登記なくして甲不動産の所有権を対抗することができない。

オ 取消権者と取消しの意思表示の後に取引関係に立った第三者との関係は二重
✕ 譲渡と類似し，登記で優劣を決すべきと解されている（大判昭17.9.30）。し
たがって，Cが移転登記を経ていたとすると，AはCに対して甲不動産の所
有権を対抗することができない。

以上により，妥当なものの組合せはウ・エであり，正解は **5** となる。

到達度チェック ▶▶▶

6. 動産物権変動

➡ 総合テキスト **Chapter 12** **3**，総合問題集 **Chapter 5** 問題 **15**

> ・・・・・・・・・・・・・・・・ イントロダクション ・・・・・・・・・・・・・・・・
> 　動産物権変動の考え方は，基本的に不動産物権変動と同様です。もっと
> も，対抗要件である「引渡し」は，登記と異なり4つの態様があります。し
> たがって，引渡しの態様が厳しく問われる問題が想定されます。また，不動
> 産と異なり，動産については「公信の原則」の現れである，即時取得が規定
> されています。この特徴的な2つの論点の攻略が本章の目的です。

1 引渡しの態様と対抗要件

解法の
鉄則
その1

① 基本的に「不動産物権変動」と同様の
　処理をする
② 引渡しの態様について検討する

　対象が動産になったとしても，基本的に考え方は変わりません。不動産物権変
動の対抗要件が登記だったところ，動産物権変動の対抗要件が引渡しである点以
外は，同様に考えて答えを出していきましょう。
　それでは，次から実際に検討してみましょう。次の 設問1 を読んでみてく
ださい。

設問1

❶▶ Dは自己所有の乙機械をEに賃貸し，Eはその引渡しを受けて使用収益
を開始したが，Dは賃貸借期間の途中でFに対して乙機械を譲渡した。Fが
Eに対して所有権に基づいて乙機械の引渡しを求めた場合には，Eは乙機械
の動産賃借権をもってFに対抗することができないため，D・F間において
乙機械に関する指図による占有移転が行われていなかったとしても，EはF
の請求に応じなければならない。　　　　　　　　　　　　　　（R1-29-2）

❷▶ Gは自己所有の丙機械をHに寄託し，Hがその引渡しを受けて保管して
いたところ，GはIに対して丙機械を譲渡した。この場合に，HがGに代っ

❶❷のいずれも問題文が非常に長く複雑に見えますが，聞きたいことは，EやHが178条の<u>第三者</u>に該当するか否かです。

この点に関して，Eのように賃借人は<u>正当な利益を有する者</u>と考えられていますが，Hのように動産の寄託を受け一時これを保管しているにすぎない者は，<u>正当な利益を有する者</u>ではないと考えられています。

したがって，Eは，Fが指図による占有移転を受けていない（178条の「引渡し」を受けていない）以上，Fの請求に応じる必要はありません。これに対して，Hは，Iが178条の「引渡し」を受けているか否かを問わず，Iの請求に応じなければなりません。

本問は，結局，E・Hが178条の<u>第三者</u>に該当するか否かだけが問われていたわけです。

次に，動産物権変動特有の論点です。動産物権変動の対抗要件である引渡しの態様は4種類あります。 **解法の鉄則その1** の②に示したように，問題に対応するためには，引渡しの態様の理解と典型的なひっかけを探しにいくクセをつけておく必要があります。

● 6-1　引渡しの種類

	定　義	具体例
現実の引渡し	物理的に目的物の支配を移転すること	AがBに対して，現実に物を引き渡した
簡易の引渡し	すでに相手方Bが物理的に支配している物について，AがBに渡したことにすること	賃貸人Aが，賃借人Bに対して目的物を譲渡し，簡易の引渡しをした
占 有 改 定	物理的にはA側に物が置かれたままの状態で，相手方Bに渡したことにすること	Aが自己の所有する物をBに譲渡し，同時にBから賃借した
指図による占有移転	目的物を他人Cが保持している場合に，本人AがCに対し，以後その物をBのために占有せよと命じ，Bがこれを承諾することによって，AからBへ占有が移転すること	AがCに賃貸している物をBへ譲渡した

例えば，次の **設問2** を読んでみてください。

設問2

❶▶ 簡易の引渡しとは，CがDに目的物を譲渡するけれども，これをすぐに借りて引き続きCが現実の占有を継続するというような場合に，いったん目的物をDに渡して再びCに引き渡すのを簡略化し，意思表示のみでDに占有を移転させるというものである。 　　　　　　　　　　（司法H 15 - 29改）

これは，「簡易の引渡しとは」としているにもかかわらず，説明の内容が占有改定になっています。本問は誤りです。このように，引渡しの態様を正確にイメージできているかが問題を解くためには必要なことなのです。

❷▶ Aが横浜のB倉庫に置いてある商品をCに売却し，B倉庫の経営会社に対して以後はCのために商品を保管するように通知した場合，B倉庫会社がこれを承諾したときに占有権はAからCに移転する。 　　（H 14 - 28 - 5）

まずは，問題文の引渡しの態様を正確にイメージし，**指図による占有移転**であることを見抜きます。指図による占有移転は，**譲受人の承諾**が必要なのであり，**預かっている者**の承諾が必要なのではありません。本問は誤りです。こういうひっかけ問題にもしっかりと対応できるようにしておきましょう。

到達度チェック ▶▶▶

2 即時取得

解法の
鉄則
その2
① ひたすら要件にあてはめる
② 盗品・遺失物の特例を検討する

次に，即時取得について検討します。登記には公信力がありませんから，ここもやはり動産物権変動特有のものです。

ここは，とにかく要件に該当するか否かが厳しく問われます。どの問題でも，すべての要件にひたすらあてはめるクセをつけておきましょう。それでは，要件を確認したうえで，問題を読んでいきましょう。

● 6-2　即時取得の要件

①	目的物が動産であること
②	前主との間に有効な取引行為があること
③	前主に占有があること，前主が無権利であること
④	平穏・公然・善意無過失に占有を取得したこと

設問3

❶▶ Aがその所有する建物をCに賃貸していたところ，Cがその建物を自己
の所有する建物としてBに売却した場合には，即時取得が成立する。

（H 17－26－ア）

「建物」というキーワードにすぐに反応しましょう。即時取得の要件の1つと
して「目的物が動産であること」がありました。したがって，建物（不動産）で
は即時取得は成立しません。

❷▶ Aの所有する山林に生育する立木について，Bがその山林および立木を
自己の所有するものであると誤信して，その立木を伐採した場合には，即時
取得が成立する。

（H 17－26－イ）

気づきにくいところではありますが，「立木を伐採した」とありますから，取
引行為がありません。したがって，即時取得は成立しません。立木の伐
採 → 取引行為ではないというように思いつくよりも，取引行為があるかを検
討 → 立木の伐採に気づくという思考過程が正解です。このように，即時取得
は面倒に思わず，要件を1つひとつ丁寧にあてはめていくようにしてください。

❸▶ Aの所有する自転車をCが借りた後に駅前駐輪場に停めていたところ，
Bがその自転車を自己の自転車と誤信して，その自転車の使用を継続した場
合には，即時取得が成立する。

（H 17－26－エ）

こちらも，❷と同様です。Bが誰かと取引をしたことが書かれておらず，「自
転車の使用を継続した」とされているのみです。したがって，取引行為がなく，
即時取得は成立しません。

❹▶ 成年被後見人Aは，その所有するパソコンをBに売却したが，Bは，A
が成年被後見人である事実について善意・無過失であった場合には，即時取
得が成立する。　　　　　　　　　　　　　　　　　　　（H17-26-ウ）

　有効な取引行為である必要があるところ，成年被後見人との取引は「取り消し
得るもの」です。したがって，即時取得は成立しません。

❺▶ Aは，BからB所有の絵画を預かっている。Aがこの絵画を自分の物で
あると偽って善意無過失のCに売却し，以後はCのためにその絵画を預かる
ことを約束した場合には，即時取得によりCはこの絵画の所有権を取得する。
　　　　　　　　　　　　　　　　　　　　　　　　　　（H15-28-1）

　占有を取得したといえるかが問題点です。この点，即時取得が成立するために
は，一般外観上，従来の占有状態に変更を生じさせるような占有の取得が必要で
あり，そのような外観上の変更を生じさせない占有改定による占有取得によって
は，権利を取得することはできないとされています（最判昭35.2.11）。本問の
Cによる占有取得は，占有改定による取得であるので，Cは，即時取得によっ
て，絵画の所有権を取得することはできません。この論点は典型的なひっかけ問
題ですから，占有を取得した → 占有改定は該当しないという公式をもってお
くとよいでしょう。
　さて，続いて，解法の鉄則その2 の②に示したように，盗品・遺失物の特則
を検討していきます。
　まずは，次の 設問4 を読んでみてください。

設問4
❶▶ 美術商Aは，画廊に保管しておいた自己所有の絵画が盗難に遭ったが，
ある日，Bが運営する個人美術館を訪ねた際，そこに盗まれた絵画が掲げら
れているのを発見した（Bに即時取得が成立し，Cは商人ではない）事例にお
いて，Aは，Bから事情を聴いたところ，その絵画は，ある日それまで面識
のなかったCがBのもとに持ち込み買取りを求めたものであることがわかっ
た。Aは，買取りの日から2年以内であれば，Bに対して，保管に要した費
用を支払って，その絵画の引渡しを求めることができる。　（H19-29-2）

　こちらも要件を1つひとつ正確にあてはめていくことが必要です。まずは，要

件・効果を確認しておきましょう。

● 6-3　遺失物・盗品の回復の要件・効果

要 件	① 第三者(占有者)が即時取得の要件を満たしていること ② 目的物が盗品・遺失物であること ③ 盗難・遺失の時より2年以内であること
効 果	被害者や遺失者は，第三者に対し物の回復請求をすることができる*

*　この場合の回復請求は原則として無償でできる。もっとも，第三者（占有者）が，盗品または遺失物を，競売もしくは公の市場において，またはその物と同種の物を販売する商人から，善意で買い受けたときは，被害者または遺失者は，占有者が支払った代価を弁償しなければ，その物を回復することができない（194条）。

　検討すべきは，①即時取得が成立しているか，②盗品・遺失物か，③盗難・遺失の時から2年以内か，ですね。また，占有者に対して代価を弁償しなければならないか否かは，①占有者が競売もしくは公の市場または商人から買い受けたか，②善意であるかという点を検討することになります。

　検討することを確定してしまえば，あとは問題文に正確にあてはめていくだけです。

　まず，即時取得が成立している点は前提になっていますね。盗品である点も「盗難に遭った」とされていますから問題ありません。もっとも，問題文には「買取りの日から2年以内」とあるため，盗難・遺失の時から2年以内になっていません。したがって，本問は誤りであると判断できます。問題文が長い時は，検討するものをしっかりと決めておき，それを丁寧にあてはめていくことが重要なのです。

> ❷ ▶ 美術商Aは，画廊に保管しておいた自己所有の絵画が盗難に遭ったが，ある日，Bが運営する個人美術館を訪ねた際，そこに盗まれた絵画が掲げられているのを発見した（Bに即時取得が成立し，Cは商人ではない）事例において，Aは，Bから事情を聴いたところ，その絵画はBがオークションで落札したものであることがわかった。Aは，盗難の日から2年以内であれば，Bに対して保管に要した費用を支払って，その絵画の引渡しを求めることができる。
> 　　　　　　　　　　　　　　　　　　　　　　　　　　　　（H 19 − 29 − 4）

　❶と異なり，「盗難の日から2年以内」となっていますから，この点は問題ありません。そこで，次の検討に入ります。本問は「オークション」となっていま

すから，**競売**といえます。したがって，Bが善意であれば，**支払った代価を弁償**したうえで，絵画の引渡し請求することができます。本問では，この部分は「保管に要した費用を支払って」となっていますから，誤りであると判断します。細かいところですが，こういうところをしっかりと判定していく力が合格には必要なのです。

> ❸▶ 美術商Aは，画廊に保管しておいた自己所有の絵画が盗難に遭ったが，ある日，Bが運営する個人美術館を訪ねた際，そこに盗まれた絵画が掲げられているのを発見した（Bに即時取得が成立し，Cは商人ではない）事例において，Aは，Bから事情を聴いたところ，その絵画は，ある日それまで面識のなかったCがBのもとに持ち込み買取りを求めたものであることがわかった。Aは，買取りの日から2年以内であれば，Bに対して，その絵画の買取請求権を行使することができる。 （H 19 - 29 - 1）

　こちらは，効果についても誤りであるとする問題です。「買取請求権を行使」となっていますが，行使できるのは，**物の回復請求権**です。

問題 A所有のカメラをBが処分権限なしに占有していたところ、C がBに所有権があると誤信し、かつ、そのように信じたことに過失なくBから同カメラを買い受けた。この場合に関する次のア〜エの記述のうち、民法の規定および判例に照らし、妥当でないものをすべて挙げた組合せはどれか。

ア　CがAのカメラを即時取得するのは、Bの占有に公信力が認められるからであり、その結果、Bがカメラの所有者であったとして扱われるので、Cの所有権はBから承継取得したものである。

イ　Cは、カメラの占有を平穏、公然、善意、無過失で始めたときにカメラの所有権を即時取得するが、その要件としての平穏、公然、善意は推定されるのに対して、無過失は推定されないので、Cは無過失の占有であることを自ら立証しなければならない。

ウ　Bは、Cにカメラを売却し、以後Cのために占有する旨の意思表示をし、引き続きカメラを所持していた場合、Cは、一応即時取得によりカメラの所有権を取得するが、現実の引渡しを受けるまでは、その所有権の取得は確定的ではなく、後に現実の引渡しを受けることによって確定的に所有権を取得する。

エ　Bは、Cにカメラを売却する前にカメラをDに寄託していたが、その後、BがCにカメラを売却するに際し、Dに対して以後Cのためにカメラを占有することを命じ、Cがこれを承諾したときは、たとえDがこれを承諾しなくても、Cは即時取得によりカメラの所有権を取得する。

1 ア・イ　　**2** ア・イ・ウ　　**3** ア・ウ・エ　　**4** イ・ウ・エ

5 ウ・エ

(H 23 - 29)

※○：妥当である　　✗：妥当でない

ア　192条に基づく即時取得は，譲渡人の所有権に基づいて取得するものではな
✗　いから，原始取得であると解されている。

イ　占有者は，所有の意思をもって，善意で，平穏に，かつ，公然と占有をする
✗　ものと推定される（186条1項）。また，占有者が占有物について行使する権
　　利は，適法に有するものと推定される（188条）から，即時取得者において
　　は，譲渡人である占有者に権利があると信じるについて無過失であることが
　　推定される（最判昭41.6.9）。

ウ　占有改定の方法による占有取得では外観上の占有状態に変更がないため，即
✗　時取得は認められない（最判昭35.2.11）。

エ　指図による占有移転の方法による占有取得での即時取得は認められる（最判
○　昭57.9.7）。また，指図による占有移転において必要なのは，譲受人の承諾
　　であって，占有代理人の承諾ではない（184条）。

　　以上により，妥当でないものをすべて挙げた組合せはア・イ・ウであり，正
解は **2** となる。

到達度チェック ▶▶▶

7. 抵当権

→ 総合テキスト **Chapter 20**，総合問題集 **Chapter 10**

> ・・・・・・・・・・・・・・・ **イントロダクション** ・・・・・・・・・・・・・・・
>
> 　抵当権は，検討すべき点が非常に多いテーマです。もっとも，検討すべき
> 事項は比較的わかりやすいため，問題文のどの部分に着眼点を置き，何を
> 思い出していくか，自分の中でチェックポイントを持っておくことで，様々な
> 問題に対応することができます。
>
> 　本章では，抵当権の問題点を整理するとともに，問題においてチェックす
> べき事項を明確にしていきます。どんな問題でも一定のアプローチができる
> ように訓練してください。

1 抵当権の目的物・及ぶ範囲

> **解法の鉄則その1**
>
> ① 抵当権の目的物になり得るかを真っ先に検討
> 　→ 不動産・地上権・永小作権であるかどうか
> ② 抵当権の効力の及ぶ範囲を考える
> 　→ 物上代位を疑っていく

　抵当権をテーマとした問題を解く場合，まずは，①そもそも目的物として適切
か，②抵当権の効力は及んでいるかを検討していくと解きやすくなります。

> **設問1**
>
> 　Aは，B所有の甲土地について地上権の設定を受けて，同土地上に乙建物を
> 建築した。Aが同建物を建築するについては，そのための資金としてC銀行か
> ら融資を受けた。AがC銀行のために抵当権を設定するには，乙建物のみを抵
> 当権の目的とすることができ，Aの甲土地に対する地上権を抵当権の目的とす
> ることはできない。　　　　　　　　　　　　　　　　　　　　（H18-30-2）

　「抵当権の目的」がキーワードです。すぐさま抵当権の目的物は，不動産
（369条1項），地上権および永小作権（同条2項）であることを思い出せるように
してください。地上権も抵当権の目的物になるため，本問は誤りと判断します。

この検討を終えたら，抵当権の効力が及んでいるかどうかを検討していきます。ここでは，重要論点である，物上代位についての解法を身につけましょう。

設問2

❶▷　AはBに対して3,000万円の貸金債権を有しており，この債権を被担保債権としてB所有の建物に抵当権の設定を受けた。ところが，この建物は，抵当権設定後，Cの放火により焼失してしまった。BがCに対して損害賠償の請求ができる場合に，Aは，どのような要件のもとであれば，この損害賠償請求権に対して抵当権の効力を及ぼすことができるか。40字程度で記述しなさい。
(H 18 - 46)

　抵当権には物上代位性が認められています。このため，抵当権の目的物が滅失した場合には，債権者は，債務者がその滅失によって受けるべき金銭に対して抵当権の効力を及ぼすことができるのです。抵当権の目的物が滅失した場合，すぐにこの論点が連想できるようになる必要があります。そして，この場合，すぐさま物上代位の要件を思い出せるようにしてください。つまり，抵当権者は，払渡しまたは引渡しの前に差押えをしなければならないという点です。本問では，Aは，BがCに対して有する損害賠償請求権に基づいて金銭がCからBへ払い渡される前に，損害賠償請求権を差し押さえることで，自らの抵当権の効力を及ぼすことができると考えられます。

　次に，代位の目的物として適切か，払渡しまたは引渡しに該当するか否かの判定に移っていきます。難解な判例知識が多いところですが，問題を解くということに限定すれば，キーワードに反応することができれば問題ありません。まずは，次ページの表（7-1）を見て確認しておきましょう。

❷▷　抵当権者は，抵当不動産につき債務者が有する賃料債権に対して物上代位権を行使することができるが，同不動産が転貸された場合は，原則として，賃借人が転借人に対して取得した転貸賃料債権を物上代位の目的とすることはできない。
(H 26 - 30 - 5)

　物上代位にかかわる判例の問題は，上記のように，キーワードが比較的わかりやすく提示されます。そのため，問題文のキーワードにしっかりと反応できるようにしてください。賃料債権 → 及ぶ，転貸賃料債権 → 原則として及ばないということを思い出し，正しいと判定しましょう。

● 7-1　物上代位の目的物と要件該当性　　　　○：対象　　×：対象にならない

代位の目的物	①	売却代金	○
	②	賃料債権	○
	③	転貸賃料債権	△*1
	④	保険金請求権	○
払渡しまたは引渡し	①	弁済	○
	②	債権譲渡	×*2
	③	転付命令	○*3

＊1　抵当権者は，抵当不動産の賃借人を所有者と同視することを相当とする場合を除き，賃借人が取得する転貸賃料債権について物上代位権を行使できない（最決平12.4.14）。

＊2　304条1項ただし書にいう，払渡しまたは引渡しには，債権譲渡は含まれず，抵当権者は，目的債権の譲渡がなされ，第三者に対する対抗要件が備えられた後においても，自ら目的債権を差し押さえて物上代位権を行使できる（最判平10.1.30）。

＊3　物上代位の目的債権に対する転付命令は，転付命令が第三債務者に送達される時までに抵当権者がその債権の差押えをしなかったときは，その効力は妨げられず，抵当権者はその債権について抵当権の効力を主張することはできない（最判平14.3.12）。

❸▶ 対抗要件を備えた抵当権者は，物上代位の目的債権が譲渡され，譲受人が第三者に対する対抗要件を備えた後であっても，第三債務者がその譲受人に対して弁済する前であれば，自ら目的債権を差し押さえて物上代位権を行使することができる。　　　　　　　　　　　　　　　　　（H 26 - 30 - 1）

　本問は**債権譲渡**がキーワードです。こちらは，**払渡しまたは引渡し**に該当しないとするのは判例の立場でした。したがって，本問は正しいと判定しましょう。

到達度チェック ▶▶▶

2　法定地上権

解法の
鉄則
その2
　　① 単純な知識から攻めること
　　　→ 法定地上権を成立させない特約はできない，登記名義を問わない
　　② 要件に素直にあてはめてみる

③　どの抵当権を基準とするかを考える

　　→　先順位抵当権が消滅していないか，先順位抵当権の目的物が建物ではないか

④　再築のパターンを考える

　　→　共同抵当権か否か

⑤　共有のパターンを考える

　　→　土地・建物共有
　　　（ただし，平成26年の問題は特殊）

　法定地上権は，複雑な事例が多いため，あらかじめ検討事項を定めて，解法手順を完全に暗記してしまうようにしてください。

　では，問題を使いながら，検討していきましょう。

設問3

　Aは，甲土地及びその土地上に存在する乙建物を所有し，甲土地にBのための抵当権を設定した。この場合において，A及びBの間で，将来抵当権が実行されても乙建物のための法定地上権を成立させない旨の特約をしたときであっても，法定地上権が成立する。

（司書H17-15-オ）

　法定地上権の要件から考えていく前に，さらっと解けるところから検討していくことが重要です。先に検討して潰しておくといいのは，①公益的な見地から，法定地上権を成立させない特約はできないという点，②登記名義は問わないという点です。本問は，①の知識をそのまま使ってしまえば，事案を把握する必要はありません。なるべくスムーズに解答が出るように，検討順序を確定させていくようにしてください。本問は正しいと判断できますね。

　単純な知識事項を検討したら，次に，要件に素直にあてはめてみましょう。法定地上権の問題は，意外と要件に素直にあてはめるだけで答えが出ることも多くあります。例えば，次の 設問4 を読んでください。

設問4

　A所有の甲土地とB所有の乙土地が隣接し，甲土地の上にはC所有の丙建物が存在している。Aは，自己の債務の担保として甲土地に抵当権を設定したが，それ以前に賃借権に基づいて甲土地に丙建物を築造していたCからAが当該抵

法定地上権の成立要件は，7-2のとおりです。

● 7-2　法定地上権の成立要件

①	抵当権設定時に，土地上に建物が存在すること
②	抵当権設定時に，土地と建物が同一の所有者に帰属すること
③	土地・建物の一方または双方に，抵当権が設定されたこと
④	抵当権実行（競売）によって，土地と建物が異なる所有者に属するに至ったこと

　本問では，抵当権の設定当時，甲土地の所有者はAであり，丙建物の所有者はCです。とすれば，②の抵当権設定当時に，土地と建物の所有者が同一であるという要件を満たしていません。したがって，法定地上権は発生しません。ですから，本問は誤りです。

　さて，次に，抵当権が2つ出てくる複雑な場面について検討していきましょう。まずは，次の 設問5 を読んでみてください。

設問5

❶ ▶ Aは，Bに対する債務を担保するため，BのためにA所有の甲地に抵当権を設定し，この抵当権が実行されてCが甲地を買い受けた。Bのための1番抵当権設定当時甲地は更地であったが，Fのために2番抵当権が設定される前に甲地に建物が建てられた場合，Fの申立てに基づいて土地抵当権が実行されたときは，この建物のために法定地上権が成立する。（H13-28-4）

　前提として，抵当権設定当時更地である土地に，法定地上権は成立しませんでしたよね。本問のポイントは，1番抵当権設定時には更地だったのですが，2番抵当権設定時には，建物が存在するというところにあります。

　このように，2つ以上の抵当権が出てきた場合に，どのように考えればいいのか。これを次の検討課題とします。この場合，原則として，1番抵当権を基準として法定地上権の要件を検討していきます。したがって，1番抵当権設定時に更地であった場合，たとえ2番抵当権設定時に要件を満たしていたとしても，1番抵当権設定時に要件を満たしていない以上，法定地上権は成立しません。本問は

誤りです。

　それでは，次の問題はどうでしょうか。

> **❷** ▶ AがBから土地を借りてその土地上に建物を所有している場合において，Bは，その土地上に甲抵当権を設定したが，Aから建物を取得した後に，さらにその土地に乙抵当権を設定した。その後，Bは，甲抵当権の被担保債権について弁済したので甲抵当権は消滅したが，乙抵当権の被担保債権については弁済できなかったので，乙抵当権が実行され，その土地は買受人Cが取得した。この場合，この建物のために法定地上権は成立しない。
>
> （H 23 - 30 - 2）

　こちらも，甲抵当権（1番抵当権）が設定された当時は，法定地上権の要件を満たさない事案です。とすれば，❶と同様に，法定地上権は成立しないということになりそうです。しかし，本問は❶と異なり，甲抵当権（1番抵当権）は弁済によりすでに消滅しています。この場合，1番抵当権者の期待を保護する必要は基本的にないですよね。したがって，この場合には乙抵当権（2番抵当権）を基準として考えて，法定地上権は成立すると考えるのです。2つ以上抵当権が出てきたときには，先順位抵当権が消滅していないかどうか。ここを検討するクセをつけましょう。

　さらに，次の問題を読んでみてください。

> **❸** ▶ AがBから土地を借りてその土地上に建物を所有している場合において，Aは，その建物上に甲抵当権を設定したが，Bから土地を取得した後に，さらにその建物に乙抵当権を設定した。その後，Aは，甲抵当権の被担保債権について弁済できなかったので，甲抵当権が実行され，その建物は買受人Cが取得した。この場合，この建物のために法定地上権は成立しない。
>
> （H 23 - 30 - 3）

　こちらも，甲抵当権（1番抵当権）が設定された当時は，法定地上権の要件を満たさない事案です。さらに，❷のように，先順位抵当権（甲抵当権）が消滅しているわけでもありません。ということは，これは法定地上権が成立しないということになるのでしょうか。ここで着目したいのが，本問の抵当権の目的物は「建物」であるという点です。❶❷はいずれも「土地」を目的とした抵当権でした。しかし，本問の抵当権の目的物は建物です。確認ですが，一般的に法定地上

権が成立するというのは，土地にとっては不利益でしたよね。これに対して，建物にとっては利益でした。もうおわかりでしょうか。

　本問の先順位抵当権者は，建物を目的としているため，法定地上権が成立してくれたほうがむしろ物の価値が上がり，競売しやすくなるのです。したがって，この場合，例外的に法定地上権を成立させるという取り扱いになります。以上，2つ以上の抵当権が登場した場合には，冷静に，原則として先順位基準で成立を判定する → 先順位が消えている場合は後順位基準でよい → 先順位の目的物が建物であれば法定地上権を成立させてもよいと対処していくようにしてください。上記の解法をもっていれば迷うことはなくなるはずです。

　次に，再築パターンを検討課題にしていきます。まず，基本事例から考えます。

設問6

❶▷ Aは，Bに対する債務を担保するため，BのためにA所有の甲地に抵当権を設定し，この抵当権が実行されてCが甲地を買い受けた。抵当権設定当時甲地にA所有の建物が建っていたが，Aが抵当権設定後この建物を取り壊して旧建物と同一規模の新建物を建てた場合，新建物のために法定地上権は成立しない。

(H 13 - 28 - 1)

　判例は，建物滅失後に建物が再築された場合について，原則として旧建物を基準とした法定地上権の成立を認めています（大判昭10.8.10）。これが軸になります。ここから，次の問題へと移っていきます。

---

❷▷ Aが自己所有の土地と建物に共同抵当権を設定した後，建物が滅失したため，新たに建物を再築した場合において，Aが抵当権の被担保債権について弁済することができなかったので，土地についての抵当権が実行され，その土地は買受人Bが取得した。この場合，再築の時点での土地の抵当権が再築建物について土地の抵当権と同順位の共同抵当権の設定を受けたなどの特段の事由のない限り，再築建物のために法定地上権は成立しない。

(H 23 - 30 - 4)

　本問も再築事例であることがわかります。それでは，❶との違いはなんでしょう。それは，本問は，共同抵当権であるという点です。すなわち，本問では，❶と異なり，建物の滅失に伴い，建物の抵当権も消滅してしまっているのです。こ

の場合，再築されたとしても，抵当権を新たに設定し直さない限り，建物の抵当権は復活しないですよね。建物の抵当権が消える。さらに，建物に法定地上権が成立する。これでは，もう土地の抵当権しか残されていない抵当権者にとってあまりにも酷です。そのため，判例は，所有者が土地及び地上建物に共同抵当権を設定した後にこの建物が取り壊され，この土地上に新たに建物が建築された場合には，新建物の所有者が土地の所有者と同一であり，かつ，新建物が建築された時点での土地の抵当権者が新建物について土地の抵当権と同順位の共同抵当権の設定を受けたなどの特段の事情のない限り，新建物のために法定地上権は成立しないとしたのです（最判平9.2.14）。本問は，この判例の趣旨に照らし，正しいです。

以上，再築の事案においては，旧建物基準で法定地上権を成立させてもよい → 共同抵当権の場合ではないかをチェックという思考過程をたどれば問題にひっかかることはありません。

法定地上権の最後の検討事項は，解法の鉄則その2 の⑤に示したように，共有パターンです。

共有パターンは基本的に，建物共有であれば，法定地上権が成立，土地の共有が含まれていれば，法定地上権は不成立という公式を使っていけば大丈夫です。これは，前述した法定地上権が成立するというのは，土地にとっては不利益で，建物にとっては利益だったことによります。次ページの7-3で確認しておいてください。

設問7

❶▶ AとBが建物を共同で所有し，Aがその建物の敷地を単独で所有している場合において，Aがその土地上に抵当権を設定したが，抵当権の被担保債権について弁済できなかったので，その抵当権が実行され，その土地は買受人Cが取得した。この場合，この建物のために法定地上権は成立しない。

(H23-30-5)

建物が共有で，土地が単独所有のパターンです。したがって，この時点で法定地上権が成立するという結論が導けます。

❷▶ A及びB共有の甲土地上にA所有の乙建物がある場合において，AがCのために甲持分に抵当権を設定したときは，抵当権が実行され，Dが競落したとしても，乙建物について法定地上権は成立しない。 (司書H25-14-ウ)

● 7-3　共有と法定地上権の成立の可否

事　例	成立の可否
土地がＢＣの共有で，建物がＢの単独所有の場合において，Ｂの土地共有持分にＡのために抵当権が設定され実行された場合	不成立
土地がＢＣの共有で，建物がＢの単独所有の場合において，建物にＡのために抵当権が設定され実行された場合	不成立
土地がＢの単独所有で，建物がＢＣの共有の場合において，土地にＡのために抵当権が設定され実行された場合	成立
土地がＢの単独所有で，建物がＢＣの共有の場合において，Ｂの建物共有持分にＡのために抵当権が設定され実行された場合	成立
土地及び建物の双方が共有の場合	不成立

　土地が共有で，建物が単独所有のパターンです。したがって，この時点で法定地上権が成立しないという結論が導けます。

> ❸▶ Ａ，ＢおよびＣは費用を出し合って，別荘地である甲土地および同地上に築造された乙建物を購入し，持分割合を均等として共有名義での所有権移転登記を行った。Ｃの債務を担保するため，Ａ，ＢおよびＣが，各人の甲土地にかかる持分につき，Ｃの債権者Ｆのために共同抵当権を設定していたところ，抵当権が実行され，Ｇが全ての持分を競落した。この場合には，乙建物のために法定地上権が成立する。　　　　　　　　　（Ｈ26-29-オ）

　土地と建物の双方が共有されているパターンです。この点，判例は，土地と建物の双方が共有でその共有者が１名を除いて異なるような場合，「他の共有者らがその持分に基づく土地に対する使用収益権を事実上放棄し，当該土地共有者の処分にゆだねていたなどにより法定地上権の成立をあらかじめ容認していたとみることができるような特段の事情がある場合でない限り，共有土地について法定地上権は成立しない」としています（最判平6.12.20）。
　もっとも，本問は，土地と建物の共有者の構成が同じであり，土地全体あるいは建物全体，ひいてはその全体が売却されるときは，同一人が土地・建物を所有している場合と同様であるため，法定地上権成立を認めてよいと考えられています。本問は特殊な問題という取扱いになりますが，一応過去問ではあるため，どのような事例であったかを把握しておくようにしてください。

③ 抵当権と賃借権との関係

解法の鉄則その3

① 抵当権者の同意による賃借権の存続は，以下の点を疑っていく
- ・登記をした賃借権か
- ・抵当権を有するすべての者が同意しているか
- ・同意の登記をしているか
② 明渡猶予期間制度は，以下の点を疑っていく
- ・建物であるか
- ・買受人に移転した時から6か月か
- ・使用の対価の性質は適切か
- ・1か月以上の支払いを催告し，
  相当の期間内に履行がなかった場合

　次に，抵当権と賃借権との関係についての解法を学んでいきましょう。**解法の鉄則その3**を見てください。まず，前提の問題をチェックしていく作業を忘れないようにしてください。具体的には，次のような問題をしっかりと潰しておくことです。

設問8

　抵当権設定登記後にBが同抵当建物をFに賃貸した場合，対抗要件を備えた短期の賃貸借であっても，賃借人Fは抵当権実行による買受人Gに対抗できない。
（H20-31-4）

　抵当権と対抗要件を備えた賃借権との関係は，対抗関係で処理していきます（177条参照）。したがって，賃借人は自己の賃借権を抵当権者に対抗することはできません。本問は正しいです。もっとも，この結論は，賃借人にとって酷ですよね。そこで，賃借人を保護する制度が用意されているわけです。具体的には，①抵当権者の同意による賃借権の存続制度，②明渡猶予期間制度です。このような形で知識整理をしておくことが，解法の第一歩です。
　それでは，まず抵当権者の同意による賃借権の存続について検討していきましょう。まず，条文を見てみましょう。

第387条（抵当権者の同意の登記がある場合の賃貸借の対抗力）

1　登記をした賃貸借は，その登記前に登記をした抵当権を有するすべての者が同意をし，かつ，その同意の登記があるときは，その同意をした抵当権者に対抗することができる。

　上記の条文からすれば，検討すべきポイントは3点です。まず，①**登記をした賃借権であること**です。つまり，借地借家法上の対抗要件では，本条の適用はない。ここをしっかりと確認しておきましょう。次に，②**すべての者が同意**ということですから，一部の同意では足りないということ。最後に，③同意だけでなく，**同意の登記**まで備えておく必要があるということ。

　以上の3点を問題では検討すればよいといっことになります。

　　設問9

❶▶ 登記された賃貸借は，その登記前に抵当権の登記をしている抵当権者のすべてが，その賃借権に対抗力を与えることに同意し，かつ，その同意の登記があるときは，その同意をした抵当権者に対抗することができる。

（H 16 - 27 - 5）

　検討ポイント3点をすべて充足しています。したがって，本問は正しいと判断できます。正しいという判定は，このように検討ポイントが明確になっていないとなかなか難しいところです。

❷▶ 建物につき登記をした賃貸借がある場合において，その賃貸借の登記前に当該建物につき登記をした抵当権を有する者のうち一部の者が同意をし，かつ，その同意の登記をしたときは，その同意をした抵当権者との関係では，その賃貸借を対抗することができる。　　　　（司書H 24 - 13 - ウ）

　❶と似ていますが，「一部の者が同意」とありますから，これでは対抗できません。本問は誤りです。

❸▶ 抵当権の目的である建物について，登記した賃借権に基づき競売手続開始前から賃借して居住している者は，その賃借権が抵当権者に対抗することができないものであっても，すべての抵当権者がその賃借権に対抗力を与え

ることについて同意したときは，同意の登記がなくても，抵当権者に対し，その賃借権を対抗することができる。　　　　　　　　　　　（司書H17-14-エ）

　こちらも❶と似ていますが，「同意の登記がなくても」とありますから，やはり対抗できません。解法は，このように常に同じポイントを「問題が変わっても見ることができるか」にかかっているのです。

　次に，明渡猶予期間制度について検討していきましょう。こちらも，条文で確認をしていきます。

第395条（抵当建物使用者の引渡しの猶予）

1　抵当権者に対抗することができない賃貸借により抵当権の目的である建物の使用又は収益をする者であって次に掲げるもの（次項において「抵当建物使用者」という。）は，その建物の競売における買受人の買受けの時から6箇月を経過するまでは，その建物を買受人に引き渡すことを要しない。
　①　競売手続の開始前から使用又は収益をする者
　②　強制管理又は担保不動産収益執行の管理人が競売手続の開始後にした賃貸借により使用又は収益をする者
2　前項の規定は，買受人の買受けの時より後に同項の建物の使用をしたことの対価について，買受人が抵当建物使用者に対し相当の期間を定めてその1箇月分以上の支払の催告をし，その相当の期間内に履行がない場合には，適用しない。

　かなり長い条文ですが，ポイントをしっかりと確認しておきましょう。まず，本条の対象は，**建物**です。ここを**土地**とひっかけてくることが多いので，注意しておきましょう。また，明渡猶予の期間は「買受けの時から6箇月」です。さらに，この間は無償ではなく，**使用の対価**を払う必要があり，使用の対価が払われなければ，明渡猶予を主張することができなくなります。以上，この辺りをポイントとして問題文を読んでいくと，スムーズに解答を導くことができます。

設問10

❶▷ 抵当権者に対抗することができない賃貸借により抵当権の目的である土地を競売手続の開始前から使用する者は，その土地の競売における買受人の買受けの時から6か月を経過するまでは，その土地を買受人に引き渡すことを要しない。　　　　　　　　　　　　　　　　　　　　　　　（司書H24-13-エ）

前述した解法のポイントより，「抵当権の目的である土地」に着目し，建物ではないから明渡しは猶予されないと判断できます。本問は誤りです。

> ❷▶ 抵当権設定登記後にBが同抵当建物をHに賃貸してHがその旨の登記を備えた場合，抵当権実行による買受人Ⅰからの明渡請求に対して，賃借人Hは，明渡までの使用の対価を支払うことなく，6か月の明渡猶予期間を与えられる。 (H 20 - 31 - 5)

❶と異なり，**建物**である点はクリアです。もっとも，この場合でも**使用の対価**を支払う必要があります。したがって，本問は誤りであると判断します。

> ❸▶ Hは甲建物を抵当権の実行による競売により買い受けたが，甲建物には，抵当権設定後に従前の所有者より賃借したⅠが居住している。HはⅠに対し，相当の期間を定めて甲建物の賃料1か月分以上の支払いを催告したが，期間経過後もⅠが賃料を支払わない場合には，Hは買受け後6か月を経過した後，Ⅰに対して建物の明け渡しを求めることができる。 (H 21 - 30 - エ)

こちらも，**建物**である点はクリアです。催告をしている点も解法のポイントのとおりですね。そして，催告しても使用の対価が払われなければ，そもそも明渡猶予期間制度が適用されません。したがって，本問は誤りです。以上のように，解法のポイントがある程度確定しているところですから，知識だけではなく，どこを疑っていくべきなのかという部分もあわせて押さえていくようにしてください。

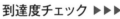 到達度チェック ▶▶▶

❹ 第三取得者との関係

 解法の鉄則その4　**代価弁済と抵当権消滅請求の違いを把握**

ここは，細かいことが問われるというよりは制度の大きな違いを聞いてくることが多いです。したがって，その準備をしておくことで解法手順の確立としておきたいと思います。

設問11

　Aの抵当権（登記済み）が存する甲土地をその所有者Bから買い受け，甲土地の所有権移転登記を済ませたCは，同抵当権を消滅させたいと思っている。抵当権が消滅する場合としては，被担保債権または抵当権の消滅時効のほかに，Cが，Bの債権者である抵当権者Aに対し被担保債権額の全部をBのために弁済することが考えられるが，そのほかに，抵当権が消滅する場合を二つ，40字程度で記述しなさい。

(H23-45)

● 7-4　代価弁済と抵当権消滅請求の比較

	代価弁済	抵当権消滅請求
意義	抵当不動産につき所有権または地上権を買い受けた第三取得者が，抵当権者の請求に応じて抵当不動産の代価を弁済した場合には，その代価が被担保債権額に満たなくても，抵当権を消滅させる制度	抵当不動産につき所有権を取得した第三者が，抵当権者に自ら抵当不動産を評価した額を提供し，その承諾を得た金額を払い渡し，または供託して，抵当権を消滅させる制度
要件	①　第三者が抵当不動産の所有権または地上権を取得したこと 　→　永小作権及び賃借権は，対象とならない ②　抵当権者の請求に応じて①の者がその代価を弁済したこと	①　第三者が抵当不動産の所有権を取得したこと 　→　取得は特定承継に限られる ②　①の者による消滅請求の申出があったこと ③　登記をしたすべての債権者の承諾があること ④　申出額の払渡しまたは供託があったこと
効果	①　第三者が所有権を取得した場合 　弁済額が抵当権の被担保債権額に満たなくても，抵当権は消滅する。また，債務者は代価弁済の範囲で債務を免れ，残債務は無担保債務として存続する ②　第三者が地上権を取得した場合 　抵当権が消滅するわけではなく，地上権者が，抵当権者及び買受人に地上権を対抗することができることになる。それゆえ，抵当権者は抵当不動産を競売することができるが，競売後も地上権は存続して，地上権者は買受人に対抗することができる	抵当権は消滅し（386条），所有権は抵当権の負担のないものとなる。そして，請求金額が被担保債権額に満たないときは，差額は無担保債権となる

代価弁済は，抵当不動産について所有権または地上権を買い受けた第三者が，抵当権者の請求に応じてその抵当権者にその代価を弁済したときに，抵当権が，その第三者のために消滅するという制度です（378条）。

そして，抵当権消滅請求は，抵当不動産の第三取得者が，抵当不動産の代価または特に指定した金額を抵当権者に提供して抵当権の消滅を請求するという制度です（379条以下）。

代価弁済は，抵当権者が要求し，第三者が応じた場合に可能となるのに対して，抵当権消滅請求は，第三者の側から抵当権者に対して抵当権の消滅を請求する制度である点が大きな違いです。

本問では，問題文に，「Aの抵当権（登記済み）が存する甲土地をその所有者Bから買い受け，甲土地の所有権移転登記を済ませたCは，同抵当権を消滅させたいと思っている。」とあります。そこで，第三取得者の関与する抵当権の消滅する場合という条件に適合する代価弁済と抵当権消滅請求を解答として記載すればよいということになります。なお，Cが，Aの抵当権の被担保債権を（第三者）弁済（474条）することも考えられますが，これは問題文により排除されており，同様に，被担保債権または抵当権の消滅時効の援用も問題文により排除されています。

⑤ 抵当権侵害

解法の
鉄則
その5

① 抵当権侵害の場面を正確に把握する
② 2つの重要判例知識を押さえる

抵当権の最後に，抵当権侵害という点を学習していきましょう。こちらも，解法のポイントをしっかりと認識していけば，さほど難しい問題ではありません。まず，前提の確認をするようにしてください。

設問12

❶▶ 抵当権者は，抵当権設定者が通常の用法に従い抵当権が設定された山林の立木を伐採している場合には，その禁止を請求することができない。

(司書H13−12−ア)

通常の用法に従っている以上，抵当権侵害ではありません。当たり前ですが，このことをまずは確認するようにしてください。本問は正しいです。

それでは，抵当権侵害の場面では，いかなる要件のもとに，どのようなことが主張できるのでしょうか。この点については，次の7-5にある判例をしっかりと押さえておくことで解法の完成とします。

それでは，7-5にある判例をもとに問題を検討してみましょう。

● 7-5　抵当権侵害に関する重要判例

抵当不動産の不法占有者に対する抵当権に基づく妨害排除請求 （最大判平 11.11.24）	第三者の不法占有により，競売手続の進行が害され適正な価額よりも売却価額が下落するおそれがあるなど，抵当不動産の交換価値の実現が妨げられ抵当権者の優先弁済請求権の行使が困難となるような状態があるときは，抵当権者は，民法423条の法意に従い，所有者の不法占有者に対する妨害排除請求権を代位行使することができるとし，傍論として，抵当不動産を不法占有する第三者に対して抵当権に基づく妨害排除請求も認められるとした
所有者から占有権原の設定を受けて抵当不動産を占有する者に対する抵当権に基づく妨害排除請求 （最判平 17.3.10）	①　占有権原の設定に抵当権の実行としての競売手続を妨害する目的が認められ，その占有により抵当不動産の交換価値の実現が妨げられて抵当権者の優先弁済請求権の行使が困難となるような状態があれば，抵当権に基づく妨害排除請求権を行使することができる ②　抵当権に基づく妨害排除請求権の行使にあたり，抵当不動産の所有者において抵当権に対する侵害が生じないように抵当不動産を適切に維持管理することが期待できない場合には，直接，抵当権者への明渡しを求めることができる ③　抵当権者は，抵当不動産に対する第三者の占有により賃料額相当の損害を被るものではない。抵当権者には抵当不動産の使用収益権がないことや，抵当権者が取得する抵当不動産に対する占有は，抵当不動産の使用収益等を目的とするものではないことを理由としている

❷▶ 第三者が抵当不動産を不法占有することによって同不動産の交換価値の実現が妨げられ，抵当権者の優先弁済権の行使が困難となるような状態があるときは，抵当権に基づく妨害排除請求権が認められるが，抵当権は占有を目的とする権利ではないため，抵当権者が占有者に対し直接自己への抵当不動産の明渡しを求めることは常にできない。　　　　　　　　　（H 29 - 31 - 2）

本問のような場合，抵当権者は，抵当不動産の所有者が当該不動産を適切に維持管理することが期待できない場合には，直接，自己への明渡しを求めることができます。したがって，本問は誤りです。

❸ ▶ 抵当権は抵当不動産の所有者の使用収益を排除することができない権利であるため，抵当不動産の所有者に由来する占有権原を有する占有者に対し，抵当権者は，抵当不動産の明渡しを請求することはできない。

(司書 H 20 – 14 – オ)

判例（最判平 17.3.10）のとおり，占有権原を有する者に対し，一定の要件のもとに，抵当権に基づく妨害排除請求をすることができます。本問は誤りです。

さて，最後に注意したいのが，次の❹のような問題です。

❹ ▶ 抵当権者は，抵当権の侵害があった場合でも，抵当権の目的物の交換価値が被担保債権額を弁済するのに十分であるときは，その妨害排除を請求することができない。

(司書 H 13 – 12 – オ)

抵当権者は，債務者または第三者が抵当目的物を損壊するなどの行為をしたため，被担保債権が担保されなくなるおそれが生じた場合には，抵当権に対する侵害として抵当権に基づく妨害排除請求をすることができます。実際に，担保価値が十分でなくなることは必要ではありません。本問は誤りです。

❺ ▶ 第三者が抵当権の目的物を損傷させても，残存価格が被担保責任の担保として十分であれば，抵当権者は，不法行為として損害賠償を請求することができない。

(司書 H 9 – 12 – オ)

❹とは，不法行為に基づく損害賠償を請求しようとしている点が異なります。この点，不法行為に基づく損害賠償は損害の発生が要件です。したがって，残存価格が被担保責任の担保として十分であれば，損害が発生していないため，損害賠償を請求することはできません。本問は正しいです。

総合問題に 挑戦

問題　AはBに金銭を貸し付け，この貸金債権を担保するためにB所有の土地の上に建っているB所有の建物に抵当権の設定を受けて，その登記を備えた。この場合に関する次の記述のうち，民法の規定および判例に照らし，誤っているものはどれか。

1　Aの抵当権が実行された場合，抵当権設定時に建物内に置いていたB所有の家電製品のテレビには抵当権の効力は及ばない。

2　抵当権設定時にB所有の土地の登記名義はCであった場合でも，抵当権実行により買受人Dのために法定地上権が成立する。

3　抵当権設定登記後にBが同抵当建物をEに賃貸した場合，BのAに対する債務不履行後に生じた賃料について抵当権の効力が及ぶので，抵当権の実行としてAはこの賃料から優先的に弁済を受けることができる。

4　抵当権設定登記後にBが同抵当建物をFに賃貸した場合，対抗要件を備えた短期の賃貸借であっても，賃借人Fは抵当権実行による買受人Gに対抗できない。

5　抵当権設定登記後にBが同抵当建物をHに賃貸してHがその旨の登記を備えた場合，抵当権実行による買受人Iからの明渡請求に対して，賃借人Hは，明渡しまでの使用の対価を支払うことなく，6ヶ月の明渡猶予期間を与えられる。

(H 20-31)

1　抵当権は，抵当地の上に存する建物を除き，その目的である不動産に付加して一体となっている物に及ぶ（370条本文）。もっとも，テレビは付加一体物にあたらないため，抵当権の効力は及ばない。

　○

2　土地・建物の所有権があれば登記名義まで同一である必要はなく，土地の移転登記が未了であっても法定地上権（388条）は成立する（最判昭48.9.18）。

　○

3　抵当権は，その担保する債権について不履行があったときは，その後に生じた抵当不動産の果実に及ぶ（371条）。

　○

4　対抗要件具備の先後により，優劣が決定される（177条）。

　○

5　抵当権者に対抗することができない賃貸借により抵当権の目的である建物の使用・収益をする者であって，競売手続の開始前から使用・収益をする者は，その建物の競売における買受人の買受けの時から6か月を経過するまでは，その建物を買受人に引き渡すことを要しない。ただ，使用の対価を支払う必要がある（395条）。

　✕

　以上により，誤っているものは肢5であり，正解は5となる。

到達度チェック ▶▶▶

民法

第 3 編

債権総論

8. 債権の問題発生場面

➡ 総合テキスト **Chapter 23**，総合問題集 **Chapter 11・18** 問題 35

イントロダクション

　債権の履行に関して問題が発生した場面の典型例が債務不履行です。一般的には，債務不履行には，①履行不能，②履行遅滞，③不完全履行の3類型があると考えられています。問題を検討する際には，この3類型のどの問題なのかを認定しておくと，解きやすくなります。

　そのうえで，請求内容のチェックをしていきます。民法が主に想定している請求内容は，①履行(追完)の請求，②損害賠償の請求，③代金減額請求，④履行拒絶，⑤解除です。問題となっている請求内容を確定したら，それぞれの要件を検討していき，請求の可否を判断すればいいでしょう。

　民法の学習の中でもかなり難しいところですが，考え方を確立して，問題を解く技術を身につけていきましょう。

　なお，危険負担，解除，担保責任は，本来債権各論の分野ですが，便宜上，あわせて説明していきます。

1 場面の認定

解法の鉄則 その1

① 契約関係があるか否かをチェック
　→ 不法行為の問題か否かを決定する
② 履行不能・履行遅滞・不完全履行のいずれの場面かをチェック
　→ 請求内容がある程度限定できる

　債権における問題発生は，そもそも**何の問題なのか**が問われることが多いです。具体的な問題を見ながら検討していきましょう。

設問 1

❶▶ Aは不動産会社Bと，BがC工務店に注文して建築させた建売住宅を購
入する契約を締結した。この建売住宅にCの手抜き工事による欠陥があって，
漏水のためAの大切にしていた絵画が損害を受けた場合，AはCに対して不
法行為に基づく損害賠償を請求することができる。　　　　　（H 15 - 29 - イ）

　当事者間に契約関係があるか否かを最初にチェックしましょう。もし，契約関
係がないケースで損害賠償請求をする場合，その手法として代表的なものが「不
法行為」です。本問では，A・C間に契約関係はないところ，Cの手抜き工事に
よってAに損害が発生しているため，不法行為の問題になります。したがって，
本問は正しいです。

❷▶ A・B間で建物の売買契約が成立し，Aは，Bから建物の引渡しを受け，
また，移転登記も得て，近く同建物に引っ越しをしようと思っていたところ，
同建物は，第三者Cの放火によって焼失してしまった。Aは，Bに対して代
金の支払いを免れることはできないが，Cに対して不法行為を理由として損
害賠償請求をすることができる。　　　　　　　　　　　　（H 18 - 31 - オ）

　こちらも，A・C間には契約関係がないため，契約上の責任を問うことはでき
ません。もし，「Cに対して債務不履行を理由として損害賠償請求をすることが
できる」と問われたら，誤りと判断しましょう。本問は，不法行為に基づく損害
賠償を請求するということですから，正しいです。なお，要件・効果についての
内容は後の「不法行為」の章で触れることにします。

❸▶ Aは不動産会社Bと，BがC工務店に注文して建築させた建売住宅を購
入する契約を締結した。この建売住宅にCの手抜き工事による欠陥があって，
通行人Dがケガをしてしまった場合，DはCに対して債務不履行に基づく損
害賠償請求をすることができる。　　　　　　　　　　　（H 15 - 29 - オ改）

　債務不履行責任は契約上の責任です。C・D間には契約関係がないため，これ
に基づく損害賠償を請求することはできません。以上のように，契約関係があるか
どうかをまずはしっかりと検討することで，ケアレスミスを防ぐようにしてくださ
い。

設問2

　Aは不動産会社Bと，BがC工務店に注文して建築させた建売住宅を購入する契約を締結した。この建売住宅のために設定されているはずの通行地役権が設定されていなかった場合，AはBに対して危険負担に基づいて，売買代金の履行を拒絶することができる。

(H 15 - 29 - ウ改)

　本問は，A・B間に建売住宅の売買契約が成立しています。したがって，契約関係を前提とした債務不履行責任を問える可能性があります。

　これを確認したら，①履行不能，②履行遅滞，③不完全履行のいずれの場面かを認定していきます。本問は，「建売住宅のために設定されているはずの通行地役権が設定されていなかった場合」とありますから，一応履行はされたものの，契約の内容を完全に履行したとはいえない，つまり，不完全履行の場面であることがわかります。

　危険負担は，債務が履行不能になった場合，つまり履行不能の場面において問題となるものなので，これは誤りであると判断することができます。危険負担については，後ほど検討します。このように，①履行不能，②履行遅滞，③不完全履行のいずれの問題かを確認しておくと，そもそもその議論にならないことを判断することができるようになるのです。

● 8-1　債務不履行の全体像

【請求内容】

① 履行（追完）請求をするための要件
　→ 412条の2参照，562条1項，559条
② 損害賠償を請求するための要件
　→ 415条
③ 代金減額請求をするための要件
　→ 売買等の特則（563条）
④ 履行拒絶をするための要件
　→ 536条
⑤ 解除をするための要件
　→ 541条，542条，543条

【契約の不履行責任の整理】

　図（8-1）のように，最低限の場面を認定していくクセをつけておくようにしましょう。

❷ 履行不能

解法の
鉄則
その2
請求内容を確認して，その要件を丁寧に検討する

今度は，請求内容から要件を検討するところまでいってみましょう。

設問3

　Aは不動産会社Bと，BがC工務店に注文して建築させた建売住宅を購入する契約を締結した。この建売住宅が売買契約成立後Aへの引渡し前に，Bの責めに帰すべからざる事由によって火災で全焼してしまった場合，AはBに対して債務不履行に基づく損害賠償を請求することができる。　（H15−29−ア改）

　まず，A・B間に契約関係があるという点は確認できていますよね。その後，売買の目的物である建物が全焼してしまったというのですから，これは履行不能の問題であると認定していきます。ここまでは，先ほどの考えでやっているとおりです。

　それでは，本問の請求内容は何でしょうか。これは，損害賠償の請求ですね。したがって，履行不能になったことを理由とした損害賠償の要件を検討していけばいいわけです。

　要件は，以下のとおりです。

● 8-2　履行不能に基づく損害賠償をするための要件

①	履行が不能となったこと
②	不能が債務者の責めに帰すべき事由に基づくこと
③	不能が違法であること
④	損害が発生すること
⑤	履行不能との間に相当因果関係があること

　本問では，債務者である「Bの責めに帰すべからざる事由によって」建物が火災で全焼しています。とすれば，要件の1つである債務者の責めに帰すべき事由に基づくことを満たしていません。したがって，本問は，損害賠償をするための要件を満たさないため，誤りであると判断することができます。

設問4

　建物の売買契約成立後，引渡しがいまだなされていない場合に，建物が落雷によって滅失したときには，買主は，特約のない限り，売買代金の支払いを拒絶することができる。　　　　　　　　　　　　　　　　　　　（オリジナル）

　建物の売買契約が成立したとありますので，契約関係を前提として問題ありません。また，「建物が落雷によって滅失した」とありますので，履行不能の場面であることもわかります。さらに，本問は，**売買代金の支払いを拒絶したい**ということですから，危険負担の要件を満たしている必要があります。このように，請求内容を確認してから適用する要件を確定していくようにしましょう。

　履行を拒絶することができるか否かは，次の**8-3**のように整理をしておいてください。

● 8-3　危険負担の整理

①	当事者双方の責めに帰することができない事由によって債務を履行することができなくなったときは，債権者は，反対給付の履行を拒むことができる
②	債務者の責めに帰すべき事由によって債務を履行することができなくなったときは，債権者は，反対給付の履行を拒むことができる
③	債権者の責めに帰すべき事由によって債務を履行することができなくなったときは，債権者は，反対給付の履行を拒むことができない

　本問では，「建物が落雷によって滅失した」ということなので，「当事者双方の責めに帰することができない事由によって債務を履行することができなくなった」といえます（①を充足）。したがって，危険負担の要件を満たしていることになりますから，買主は，売買代金の支払いを拒絶することができます。本問は正しいです。

設問5

　Ａ・Ｂ間で建物の売買契約が成立し，Ａは，Ｂから建物の引渡しを受け，また，移転登記も得て，近く同建物に引っ越しをしようと思っていたところ，同建物は，第三者Ｃの放火によって焼失してしまった。同建物は，ＡＢ双方の責めに帰すべき事由によらないで焼失したので，Ａは，Ｂからの売買代金の支払請求を拒むことができる。　　　　　　　　　　　　　　　　　　（H 18 - 31 - イ改）

　先ほどの問題と同じ要領で考えると，正しいということになりそうです（①を充足していそうである）。

　もっとも，危険負担に基づいて履行を拒絶できるか否かが問われた場合，最後にチェックすべきことがあります。

　それが，民法567条1項です。

第567条（目的物の滅失等についての危険の移転）

1　売主が買主に目的物（売買の目的として特定したものに限る。以下この条において同じ。）を引き渡した場合において，その引渡しがあった時以後にその目的物が当事者双方の責めに帰することができない事由によって滅失し，又は損傷したときは，買主は，その滅失又は損傷を理由として，履行の追完の請求，代金の減額の請求，損害賠償の請求及び契約の解除をすることができない。この場合において，買主は，代金の支払を拒むことができない。

　この規定によれば，売主が買主に目的物を引き渡した場合，買主は，代金の支払いを拒むことができないことになります。

　本問では，Aは，Bからすでに建物の引渡しを受けています。したがって，Aは，Bからの代金支払いの請求を拒むことができません。本問は誤りです。

③　履行遅滞

解法の鉄則その3

①　請求内容を確認して，その要件を丁寧に検討する
②　どの要件に関する論点かを明確にしておく

　次に，履行遅滞の場面について検討してみましょう。

設問6

　AがBに対して電器製品を売却する旨の売買契約（両債務に関する履行期日は同一であり，AがBのもとに電器製品を持参する旨が約されたものとする。以下，「本件売買契約」という。）に関して，Bが履行期日を過ぎたにもかかわらず売買代金を支払わない場合であっても，Aが電器製品をBのもとに持参していないときは，Aは，Bに対して履行遅滞に基づく損害賠償責任を問うことはできない。

（H27-32-1）

本問では，履行遅滞に基づく損害賠償請求の可否が問われていますから，その要件を検討していくことになります。8-4を見てください。

● 8-4　履行遅滞に基づく損害賠償をするための要件

①	履行期に債務を履行することが可能であるにもかかわらず履行されないこと
②	債務がその履行期を徒過したこと
③	不履行が債務者の責めに帰すべき事由に基づくこと
④	履行しないことが違法であること
⑤	損害が発生すること
⑥	履行遅滞と損害との間に相当因果関係があること

本問では，「Bが履行期日を過ぎたにもかかわらず売買代金を支払わない場合」とされていますから，履行期に履行が可能であるにもかかわらず，履行期を徒過しているとはいえるでしょう。

しかし，Aは，「電気製品をBのもとに持参して」いません。とすれば，Bとしては，「いやいや，代金は支払うけれども，電気製品と引き換えでないと払えませんよ」と言いたいところですよね。このようなBの主張を何といったでしょうか。これは，同時履行の抗弁権（533条）ですね。Bは，Aに対して，同時履行の抗弁権を主張できるわけです。とすれば，履行をしないことが違法であるとはいえません。したがって，要件を満たさないため，Aは，Bに対して，履行遅滞に基づく損害賠償を請求することができません。本問は正しいです。

なお，履行遅滞に基づく損害賠償請求をするための要件については，1つひとつの要件に対して，個別の論点が多いです。そのため，要件を検討していく中で，どの要件に関連する論点なのかということを明確にしておき，知識を整理しておくと，かなり問題が解きやすくなります。

例えば，次の 設問7 を読んでみてください。

設問7

Aが当該家屋をBに引き渡すまでの間は善管注意義務をもって当該家屋を保存・管理しなければならないので，Aの履行遅滞中に不可抗力で当該家屋が滅失してもAが善管注意義務を尽くしていれば損害賠償責任を負わない。

(H20-32-ア改)

本問は，「履行遅滞中」とありますから，履行遅滞の要件を満たしていること

は問題ありません。もっとも，その後，「不可抗力で当該家屋が滅失して」いるため，債務者の責めに帰すべき事由によらない不能であるといえます。この場合，損害賠償をするための要件を満たさないのではないか。こういう問題が生じるわけです。このように，「債務者の責めに帰すべき事由」という要件については，派生論点がいくつかあるため，8-5のようにまとめて整理しておくとよいでしょう。

● 8-5　債務者の責めに帰すべき事由に関連する論点

①	債務者の責めに帰すべき事由があるか否かは，契約その他の債務の発生原因及び取引上の社会通念に照らして判断される（415条1項）
②	債務者がその債務について遅滞の責任を負っている間に当事者双方の責めに帰することができない事由によってその債務の履行が不能となったときは，その履行の不能は，債務者の責めに帰すべき事由によるものとみなされる（413条の2第1項）
③	金銭債務の履行遅滞については，債務者の帰責事由を問わず，損害賠償請求権が発生する（419条3項）

　本問は，このうちの②の問題ですね。この場合，債務者Aの責めに帰すべき事由によるものとみなされるので，「債務者の責めに帰すべき事由」という要件を満たし，損害賠償を請求することができるわけです。したがって，本問は誤りです。

　それでは，次の問題に移ります。

設問8

❶▷　AがBに対して電器製品を売却する旨の売買契約（両債務に関する履行期日は同一であり，AがBのもとに電器製品を持参する旨が約されたものとする。以下，「本件売買契約」という。）に関して，履行期日にAが電器製品を持参したにもかかわらず，Bが売買代金の支払を拒んだ場合，Aは，相当期間を定めて催告したうえでなければ，原則として本件売買契約を解除することができない。　　　　　　　　　　　　　　　　　　　　（H27-32-4）

　本問の請求内容は**解除**です。したがって，解除の要件を検討していくことになります。単純なようですが，このように**請求内容の確認 → 要件検討**へという流れを崩さないように解くのがコツです。

　解除には，①催告解除と②無催告解除があります。次ページの8-6，8-7で，

8 債権の問題発生場面 | 95

それぞれの要件を確認しておきましょう。

●8-6 催告解除

①	履行遅滞が発生していること
②	相当の期間を定めて履行の催告をし，その期間を経過したこと
③	解除の意思表示をしたこと

●8-7 無催告解除（542条1項）

> 次に掲げる場合には，債権者は，前条の催告をすることなく，直ちに契約の解除をすることができる。
> ① 債務の全部の履行が不能であるとき。
> ② 債務者がその債務の全部の履行を拒絶する意思を明確に表示したとき。
> ③ 債務の一部の履行が不能である場合又は債務者がその債務の一部の履行を拒絶する意思を明確に表示した場合において，残存する部分のみでは契約をした目的を達することができないとき。
> ④ 契約の性質又は当事者の意思表示により，特定の日時又は一定の期間内に履行をしなければ契約をした目的を達することができない場合において，債務者が履行をしないでその時期を経過したとき。
> ⑤ 前各号に掲げる場合のほか，債務者がその債務の履行をせず，債権者が前条の催告をしても契約をした目的を達するのに足りる履行がされる見込みがないことが明らかであるとき。

　本問は，履行不能の場合ではなく，履行遅滞の場面ですから，基本的には**催告解除**の要件を検討することになるわけですね（要件①があるためです）。とすれば，「相当の期間を定めて履行の催告をし，その期間を経過したこと」という要件を満たす必要がありますから，Aは，相当期間を定めて催告したうえでなければ，原則として本件売買契約を解除することができません。したがって，本問は正しいです。

> ❷▶ AがBに対して電器製品を売却する旨の売買契約(両債務に関する履行期日は同一であり，AがBのもとに電器製品を持参する旨が約されたものとする。以下，「本件売買契約」という。)に関して，履行期日にAが電器製品を持参したにもかかわらず，Bが売買代金の支払を拒絶する意思を明確に表示した場合，Aは，相当期間を定めて催告したうえでなければ，本件売買契約を解除することができない。
> (H 27 - 32 - 4改)

　❶の問題を改題しました。Ｂが債務の全部の履行を拒絶する意思を明確に表示していた場合はどうでしょうか。この場合，**8-7**無催告解除の場面である②（542条１項２号）に該当しますから，Ａは，相当の期間を定めて催告をするまでもなく，解除をすることができます。

　履行遅滞において解除の可否が問われた場合，まずは催告解除の要件を検討する。次に，無催告解除の場面ではないかをチェックする。このような順序で解答していくと確実です。

4 不完全履行（契約不適合責任）

解法の
鉄則
その４

① 請求内容を確認して，その要件を丁寧に検討する
② 損害賠償・解除については，これまでの議論と同様である

　それでは，最後に不完全履行の処理について学習しましょう。

　不完全履行は，主に契約不適合責任が問題となりますので，本書でもこの責任の処理手順を学習していくことにします。

　契約不適合責任とは，契約上の債務が一応履行されたものの，その内容が契約の内容と合わない。つまり，不完全な履行の場合の責任を指します。

　大きく，次の**8-8**のような場合があり得ると考えておけばいいでしょう。

●8-8　契約不適合責任の類型

目的物に関する契約不適合	種類・品質	売買の目的物が種類・品質に関して契約の内容に適合しないものである場合
	数　量	売買の目的物が数量に関して契約の内容に適合しないものである場合
権利に関する契約不適合	権利の内容	売主が買主に移転した権利が契約の内容に適合しないものである場合
	権利の移転	売主が買主に権利の一部を移転しない場合 ※　権利の全部を移転しない場合は，もっぱら債務不履行の一般的規律によって処理されるため，売買契約における特則は存在しない

　それでは，これを前提に 設問9 を読んでみましょう。

❶▶ Aは，自己の所有する自動車をBに売り渡したが，その自動車はエンジンが故障しており契約内容に適合しないものであった。Bが目的物の追完として代替物の引渡しを請求してきた場合，Aは，Bに不相当な負担を課するものでなかったとしても，当該自動車の修補をするという追完方法をとることができない。

(オリジナル)

本問では，自動車の引渡しはされているものの（履行はされているものの），その自動車のエンジンが故障していたため，履行が不完全なものであり，契約の内容に適合しないものであったとされています。

つまり，追完を請求してきているわけですから，その要件を検討していけばよいわけです。追完請求については，次の**8-9**のように整理しておきましょう。

● 8-9 　追完請求

追完の要件・内容	買主は，売主に対して，以下のような履行の追完を請求することができる。なお，追完方法については，買主に選択権が与えられている(562条1項本文) ①　目的物の修補 ②　代替物の引渡し ③　不足分の引渡し ※　もっとも，契約不適合が買主の責めに帰すべき事由によるものである場合，買主は，売主に対して，履行の追完を請求することができない(562条2項)
例　外	買主に不相当な負担を課するものでないときは，売主は，買主が請求した方法と異なる方法による履行の追完をすることができる(562条1項ただし書)

本問では，自動車のエンジンの故障は，Bの責めに帰すべき事由によるものではありません。したがって，Bは，Aに対して，代替物の引渡しという追完を請求することができます。

もっとも，追完の内容については，Bに不相当な負担を課するものでなければ，Aは，Bが請求した内容とは異なる方法による履行の追完をすることができます。したがって，本問は誤りです。

❷▶ Aは甲土地についてその売主Bとの間で売買契約を締結したが，甲土地の一部の所有権がCに属していた。この場合において，Aは，Bに対して，BがCからその所有権を取得して履行の追完をするように求めるか，その不足する部分の割合に応じて代金の減額請求をするように求めるかを選択的に主張することができる。 (H24-31-3改)

追完請求をすることができるのは，❶の検討からいけば問題なさそうです。それでは，代金減額請求についてはどうでしょうか。この点も，慌てずに要件を検討する姿勢を忘れないようにしましょう。

● 8-10 代金減額請求

買主が，売主に対して，相当の期間を定めて履行の追完の催告をし，その期間内に履行の追完がないときは，代金の減額を請求することができる（563条1項）
※ 契約不適合が買主の責めに帰すべき事由によるものである場合，買主は，売主に対して，代金の減額を請求することができない（563条3項）

代金減額請求をするためには，履行の追完を催告したにもかかわらず，履行の追完がなされなかったことが必要です。つまり，履行の追完請求をしていなければ，原則として代金の減額請求をすることはできないわけです。したがって，本問のように，催告なしに，履行の追完と代金の減額請求を選択的に主張することはできません。

ちなみに，例外は8-11のとおりです。念のため確認をしておいてください。

● 8-11 追完請求をしなくても代金減額請求ができる場合（563条2項）

次のいずれかに該当する場合は，買主は，履行の追完の催告なしに代金減額請求をすることができる
① 履行の追完が不能であるとき
② 売主が履行の追完を拒絶する意思を明確に表示したとき
③ 契約の性質または当事者の意思表示により，特定の日時または一定の期間内に履行をしなければ契約をした目的を達することができない場合において，売主が履行の追完をしないでその時期を経過したとき
④ ①～③の場合のほか，買主が履行の追完の催告をしても履行の追完を受ける見込みがないことが明らかであるとき

なお，契約不適合の場合において，損害賠償や解除を請求するときは，これまで学習してきた損害賠償・解除を請求するための要件をそのまま検討して問題あ

りません。契約不適合責任を問う場合において，損害賠償・解除の要件に特別な規定はありませんので，これまで学習してきた要件にそのままあてはめてしまえばよいわけです。

設問10

　Aは甲土地についてその売主Bとの間で売買契約を締結した。契約の時に一定の面積を表示し，この数量を基礎として代金額を定めてBがAに甲土地を売却した場合において，甲土地の面積が契約時に表示された面積よりも実際には少なく，表示された面積が契約の目的を達成するうえで特段の意味を有しているために実際の面積であればAがこれを買い受けなかったときは，その面積の不足について善意のAは，Bに対して，履行の催告をすることなく，契約を解除することができる。　　　　　　　　　　　　　　　　　　　（H24-31-4改）

　甲土地の面積が，実際に表示されたものよりも少なかったというのですから，数量において契約不適合があったといえます。

　本問では，契約の解除を請求しているため，先ほどの解除の要件検討に入ればいいわけです。

　本問は，履行遅滞の場合ではありませんから，催告解除の場面ではありません。そこで，無催告解除の場面を検討してみると，債務の一部が履行不能である場合において，残存する部分のみでは契約をした目的を達することができないときに該当すると考えることができそうです。

　したがって，本問は無催告解除の要件を満たすため，Aは，Bに対して，履行の催告をすることなく解除をすることができます。本問は正しいです。

問題　次のアからオまでの記述のうち，正しいものの組合せはどれか。

ア　債務者の責めに帰することができない事由によって債務の履行が不能になった場合，債権者は，反対給付の履行を拒むことができるが，その場合に，債権者の責めに帰すべき事由があるときは，反対給付の履行を拒むことができない。

イ　債務の履行が不能になった場合，債務者は，履行不能による損害につき賠償責任を負うが，債権者の責めに帰すべき事由によって履行不能となったときは，その責任の減額が可能である。

ウ　債権者の責めに帰することができない事由によって債務の履行が不能になった場合，債務者は，その債務の履行に代わる損害賠償を債権者に給付する義務を負う。

エ　債務者の責めに帰すべき事由による履行遅滞が生じた後に，債務者の責めに帰することができない事由によって債務の履行が不能になった場合，債務者は，履行不能による損害につき賠償責任を負わない。

オ　特定物の引渡債務につき受領遅滞が生じた後に，債務者の保管上の重過失によってその物が滅失した場合，債務者は，履行不能による損害につき賠償責任を負う。

1 ア・ウ　　**2** ア・オ　　**3** イ・ウ　　**4** イ・エ　　**5** エ・オ

（司法 H 10 – 34 改）

ア　当事者双方の責めに帰することができない事由によって債務を履行すること
○　ができなくなったときは，債権者は，反対給付の履行を拒むことができる
（536条1項）。これに対して，債権者の責めに帰すべき事由によって債務を
履行することができなくなったときは，債権者は，反対給付の履行を拒むこ
とができない（同条2項）。

イ　履行不能に基づく損害賠償を請求するためには，債務者に帰責事由があるこ
✕　とが要求される（415条1項参照）。したがって，債務の履行が不能になった
場合，債務者は履行不能による損害につき賠償責任を必ず負うわけではな
い。

ウ　債権者に帰責事由がなくとも，債務者にとっては不可抗力で履行が不能にな
✕　る場合も考えられる。とすれば，債務者が本来の履行に代わる損害賠償責任
を負うとは限らない。

エ　債務者がその債務について遅滞の責任を負っている間に当事者双方の責めに
✕　帰することができない事由によってその債務の履行が不能となったときは，
その履行の不能は，債務者の責めに帰すべき事由によるものとみなす（413
条の2第1項）。したがって，この場合，債務者は，履行不能による損害賠償
責任を負う。

オ　債権者に帰責性がなくとも，受領遅滞の効果は生じると解されている。そし
○　て，受領遅滞により注意義務が軽減され，自己の財産に対するのと同一の注
意をもって目的物を保存すれば足りる（413条1項）。また，債権者が債務の
履行を受けることを拒み，又は受けることができない場合において，履行の
提供があった時以後に当事者双方の責めに帰することができない事由によっ
てその債務の履行が不能となったときは，その履行の不能は，債権者の責め
に帰すべき事由によるものとみなす（413条の2第2項）。もっとも，本記述
では債務者に保管上の重過失がある。したがって，債務者は，履行不能によ
る損害につき賠償責任を負う。

　　以上により，正しいものの組合せはア・オであり，正解は **2** となる。

到達度チェック ▶▶▶

9. 責任財産の保全

➡ 総合テキスト **Chapter 24**, 総合問題集 **Chapter 12**

イントロダクション

　責任財産の保全は, 要件該当性について問われる問題が多いです。そのため, 要件をしっかりと暗記し, 当該要件に該当するか否かについて判断できるようになることが何よりも重要です。

　また, 債権者代位権と詐害行為取消権を比較させる視点も, よく問われる問題意識ですから, 個々の論点をマスターしたら, 制度間の比較もしてみてください。

① 債 権 者 代 位 権

1 要件検討

解法の鉄則その1

① 被保全債権が金銭債権の場合, 無資力であるか
② 債務者が権利行使をしていないか
③ 弁済期に達しているか
　→ 達していなければ, 保存行為をチェック
④ 一身専属権, 差押禁止債権か否か

　債権者代位権は, 要件とそれにまつわる問題がある程度決まっています。そのため, 要件を検討する際に, 典型的な論点をまずは疑っていくことが何よりも重要です。

　例えば, 次の問題を読んでみてください。

設問1

　自動車事故の被害者Aは, 加害者Bに対する損害賠償債権を保全するために, Bの資力がその債務を弁済するに十分であるか否かにかかわらず, Bが保険会社との間で締結していた自動車対人賠償責任保険契約に基づく保険金請求権を代位行使することができる。　　　　　　　　　　　　　　　（H 17 – 27 – オ）

これが典型的な論点です。損害賠償債権は金銭債権です。したがって、債務者が無資力である場合に限り、債務者が有している権利を代位行使することができます。本問は、「Bの資力がその債務を弁済するに十分であるか否かにかかわらず」となっている点で誤りです。このように**金銭債権の保全 → 無資力要件が必要**という点をしっかりと判断できるようにしましょう。

　次に、債務者が権利行使をなしているか否かの検討を行いましょう。

設問2

❶▶ Aは、Bに対し、貸金債権を有している。BがCに対する権利を行使するに際し不熱心な訴訟追行をした場合、Aは、自己の権利が害されたことを理由として、Bに代位して、BのCに対する債権を行使することができる。

(オリジナル)

　債務者Bが権利行使をしている以上、その行使の方法または結果のいかんにかかわらず、債権者Aは、債権者代位権を行使することはできません。したがって、本問は誤りです。この辺りも、要件検討をする際には真っ先に疑っていきたい論点です。

　この論点に関連して、次のことも想起できるとよいです。

---

❷▶ Bに対して200万円の金銭債権を有するAが、BのCに対する100万円の金銭債権につき有効に債権者代位訴訟を提起した後、Bに対し訴訟告知をしたとしても、Bは、Cに対して、100万円の履行を請求することができる。

(オリジナル)

　本問は、❶と異なり、債権者代位権の行使があった後に、債務者が自ら権利行使をしています。民法の規定によれば、債権者が被代位権利（本問でいうBのCに対する金銭債権）を行使した場合であっても、債務者は、被代位権利について、自ら取り立てることができます（423条の5）。したがって、本問は正しいです。

　❶は、債務者がすでに権利行使をしている場合に、債権者が債権者代位権を行使することができるかという話。❷は、債権者が債権者代位権を行使した場合、その後に債務者が権利行使をすることができるかという話です。ここは混乱しがちなところなので、2つの話をセットで押さえておくとよいでしょう。

　次に、弁済期が到来しているかという要件について考えていきましょう。

設問3
　債権者は，債権の弁済期前であっても，債務者の未登記の権利について登記の申請をする権限を代位行使することができる。　　　　　（H28-32-1改）

　「弁済期」という言葉から，**原則として弁済期が到来していることが必要 → ただし，保存行為であれば例外的に可能**ということを思い出せるようにしてください。本問は，債権の弁済期前ですから，原則として代位行使はできません。もっとも，保存行為であれば例外的に代位行使ができます。「未登記の権利についての登記の申請」は保存行為ですね。したがって，本問は正しいです。考えるべき要素をしっかりと確定させ，問題文に丁寧にあてはめていくクセをつけてしまいましょう。
　最後に，債権者代位権の対象か否かを検討すれば，要件での議論はほとんど終了です。債権者代位権の対象となるか否かが問われた場合の解法については，次の問題が参考になります。

設問4
❶▷ 債権者は，債務者に属する物権的請求権のような請求権だけでなく，債務者に属する取消権や解除権のような形成権についても代位行使することができる。　　　　　（H28-32-2）

　債権者代位権の対象（被代位権利）については，原則として限定はありません。したがって，上記のような権利は，いずれも対象となると考えてしまえばいいです。本問は正しいです。
　とすれば，問題を解くうえでは，例外的に対象にならないものを検討していけばよいということになります。そこで，一身専属権や差押禁止債権などのように，債権者代位権の対象とならないものをしっかりと検討していくようにしてください。具体的には，次ページのような表（9-1）の内容を思い出せるようにする必要があります。これを前提に，問題を見ていきましょう。

❷▷ BとCとの離婚後，B・C間で，CがBに対して財産分与として500万円を支払う旨の合意が成立したが，Bがその支払を求めない場合には，Bの債権者であるAは，Bに代位してCに対し，これを請求することができる。
　　　　　（司書H17-17-ウ）

● 9-1　被代位権利の対象

被代位債権	例外的に行使できる場面
遺留分侵害額請求権	遺留分権利者がこれを第三者に譲渡するなど，権利行使の確定的意思を有することを外部に表明したと認められる特段の事情があるとき（最判平13.11.22）
財産分与請求権	権利内容が具体化した後（最判昭55.7.11参照）
慰 謝 料 請 求 権	具体的な金額の確定後（最判昭58.10.6）
債 権 譲 渡 の 通 知	不可　※通知請求権の代位行使は可（大判大8.6.26）
差 押 禁 止 債 権	不可

　離婚に伴う財産分与請求権は，原則として代位権の対象にはなりません。もっとも，権利内容が具体化した場合には，例外的に権利行使をすることができるとされています。したがって，本問は正しいです。

> ❸▶ Bは，Cに名誉を毀損されたことを受け，慰謝料を求めて提訴したが，B・C間で，「CはBに対し100万円の慰謝料を支払う」旨の合意が成立し，訴えは取り下げられた。この場合，Bの債権者であるAは，Bに代位して，Cに対し100万円の支払を請求できない。　　　　　　　　　　（オリジナル）

　慰謝料請求も，原則として代位権の対象にはなりません。もっとも，具体的な金額が確定した後であれば，単純な金銭債権と同様であることから，代位行使ができるとされています。したがって，本問は誤りです。

　このように，表（9-1）のキーワードに反応し，原則・例外を丁寧に思い出すようにしてください。

　以上，債権者代位権における要件は，（ 解法の鉄則その1 ）にあるような4つを念頭に置きながら，考えるようにしましょう。

2 効果の検討

解法の
鉄則
その2

① 行使の範囲は被保全債権の範囲内か
② 相手方は，抗弁等を主張できるか
③ 事実上の優先弁済についてチェック

　次に，効果の検討です。要件の検討と同じく，典型的な論点がある程度決まっ

ているため，その辺りを疑っていくようにしましょう。

設問5

　債権者Ａが，Ｂに対する50万円の金銭債権を保全するために，ＢのＣに対する100万円の金銭債権を代位行使する場合，ＢのＣに対する債権が１個の契約に基づくものであっても，Ａは，Ｃに対し，自己の債権額50万円に限って支払いを請求することができる。 　　　　　　　　　　　　(司書Ｈ６－８－ア)

　債権者代位権は，あくまでも責任財産の保全のための手段です。したがって，権利行使の範囲も，債権者の債権額の範囲に限られます（423条の２）。よって，本問は正しいです。わかりやすい論点は，先に潰していくとよいでしょう。
　次に，相手方の抗弁事由を考えていきます。

設問6

　Ｂが売主として買主Ｃに対して有する代金債権を，Ｂの債権者であるＡが代位行使する場合，買主Ｃは同時履行の抗弁権を主張して，代金の支払いを拒むことはできない。 　　　　　　　　　　　　　　　　　　　　　　(オリジナル)

　債権者代位権で行使されているのは，あくまでも，**ＢからＣに対する債権**です。したがって，Ｃは，Ｂに主張できた抗弁を，Ａに対しても主張することができます（423条の４）。よって，本問は誤りです。
　最後に，事実上の優先弁済についての論点を考えて終了です。被代位債権が物の引渡請求権や金銭の支払請求権である場合，債権者は，直接自己への引渡しを請求することができます。もっとも，それは，他人の権利を行使した結果取得したものであるため，債権者は債務者より不当利得返還請求を受けることになりますよね。そこで，代位債権者は，受け取った金銭の返還債務と自分の債務者に対する債権を相殺することによって，事実上の優先弁済を受けることができるのです。なお，移転義務がある**不動産登記の請求権**については，直接債権者に登記を移転するように請求することはできません。これを前提に，問題を読んでいきましょう。

設問7

❶▶ 債権者Ａは，Ｂに対する金銭債権を保全するためにＢのＣに対する動産

の引渡請求権を代位行使するにあたり，Cに対して，その動産をBに引渡すことを請求することはできるが，直接自己に引渡すことを請求することはできない。　　　　　　　　　　　　　　　　　　　　　　　　　　　　（H17-27-イ）

❷▶ AはBから同人の所有する建物を賃借する契約を締結したが，その建物の引渡しが行われていない状態のもとでそれをCが権原なく占有してしまった場合において，Aが，自己の賃借権を保全するためにBに代位して，Cに対して建物の明渡しを請求するときは，Aは，建物を直接自己へ引き渡すことを請求することができる。　　　　　　　　　　　　　　　　（H17-27-エ）

前述のとおり，直接自己へ引き渡すことを請求することもできます（423条の3前段）。

❸▶ 不動産がCからB，BからAへと順次譲渡されたが，その所有権の登記名義人がCのままである場合，Aは，Cに対し，Bの所有権移転登記請求権を代位行使することによって，直接自己名義への移転登記手続を請求することができる。　　　　　　　　　　　　　　　　　　　　　　（司書H6-8-オ）

もっとも，直接自己名義への移転登記手続の請求をすることはできません。問題文の最後を読めば事案を細かく把握するまでもなく，正誤の判定ができます。このような事実上の優先弁済の考え方をしっかりと確立させ，問題に立ち向かえるようにしてください。

到達度チェック ▶▶▶

3　転用の事例

解法の鉄則その3	①　転用事例では，無資力要件は不要
	②　典型的な事例を押さえておく
	→　登記請求権の代位行使
	→　債権譲渡の通知請求権の代位行使
	→　賃貸人の所有権に基づく妨害排除請求権の代位行使

　債権者代位権は，本来，債務者の責任財産を保全するための制度ですから，被保全債権は金銭債権であるのが原則です。

　しかし，金銭債権以外の債権の保全のためにも，債権者代位権を利用することが，民法の規定及び判例上認められています。これを債権者代位権の転用といいます。

　債権者代位権の転用においては，債務者の責任財産を保全するために代位権が行使されるのではなくて，債権者の債務者に対する金銭債権以外の債権を保全するために行使されるので，債務者の無資力要件は不要です。問題を解く際には，典型的な転用事例を押さえておき，無資力要件が不要であることだけを考えていけばいいでしょう。

設問8

　不動産がA→B→Cと順次売却された場合において，それらの所有権移転登記が未了の間に，Dが原因証書等を偽造して，同一不動産につきA→Dの所有権移転登記を経由してしまったときは，Cは，Bの債権者として，BがAに代位してDに行使することができる所有権移転登記の抹消請求権を代位行使することができる。　　　　　　　　　　　　　　　　　　　　　（H 17 - 27 - ウ）

　典型的な転用事例です。Bが無資力でなかったとしても，債権保全の必要性があれば，このような権利行使が認められています（423条の7）。

到達度チェック ▶▶▶

② 詐害行為取消権

❶ 要件検討

解法の鉄則その1

① 受益者または転得者のいずれに対して請求しているかを捉える

② 受益者に対して請求している場合，詐害行為の特則の場面ではないかを確認する

③ 詐害行為の特則の場面でなければ，一般的な要件を淡々と検討する

詐害行為取消権は，債権者代位権と異なり，そもそもどの要件を検討するかが問題になります。誰に対して請求するのか，どのような場面において請求するのかによって要件が異なるからです。

まずは，受益者に対する請求について検討していきます。

受益者に対する請求については，一般的な詐害行為取消しの要件とその特則が規定されています。通常は，一般的な詐害行為取消請求の学習をしてから，特則の学習をします。

もっとも，試験対策上は，特則の場面ではないかを先に疑っていき，そうでなければ，一般的な詐害行為取消しの要件を検討するようにしていったほうが問題が解きやすいです。

詐害行為の特則とは，次（9-2）の場面を指します。

● 9-2　詐害行為の特則

①	相当の対価を得てした財産の処分行為の特則
②	特定の債権者に対する義務行為の特則
③	特定の債権者に対する非義務行為の特則

①から③までの特則は，いずれも詐害性が原則的な場面に比べて弱いとされているため，特殊な要件を満たさない限り，詐害行為取消請求をすることができないとされています。

それでは，これらを前提に 設問9 を読んでみましょう。

設問9

債務者Aが，既存の債務の債権者Bに対して，甲土地を相当価格で売却した。この場合，債務者Aの債権者Cは，売却代金が隠匿されるおそれがあれば，Aが売却代金を隠匿する意思を有していたか否かにかかわらず，甲土地の売却行為について詐害行為取消請求をすることができる。　　　　　（オリジナル）

本問は，「甲土地を相当価格で売却」というところから，**相当の対価を得てした財産の処分行為の特則**が問われていることを見抜きます。

この場合，次の9-3のような要件を満たさない限り，詐害行為取消請求をすることができません。

本問では，**債務者Aが隠匿等の処分をする意思を有していたか否かにかかわらず**としているため，誤りです。

●9-3　詐害行為取消請求の特則①（424条の2）

①	その行為が，不動産の金銭への換価その他の当該処分による財産の種類の変更により，債務者において隠匿，無償の供与その他の債権者を害することとなる処分（隠匿等の処分）をするおそれを現に生じさせるものであること
②	債務者が，その行為の当時，対価として取得した金銭その他の財産について，隠匿等の処分をする意思を有していたこと
③	受益者が，その行為の当時，債務者が隠匿等の処分をする意思を有していたことを知っていたこと

設問10

　債務者Ａが，既存の債務の債権者Ｂに対して，弁済期が到来したため，その債務を弁済した。この場合，債務者Ａの債権者Ｃは，Ｂへの弁済が債務者Ａが支払不能の時に行われたものであれば，ＡＢ間で通謀してＣを害する意図がなかったとしても，当該弁済について詐害行為取消請求をすることができる。

（オリジナル）

　本問は，「弁済期が到来したため，その債務を弁済」というところから，**特定の債権者に対する義務行為の特則**が問われていることを見抜きます。

　この場合，次の9-4のような要件を満たさない限り，詐害行為取消請求をすることができません。

●9-4　詐害行為取消請求の特則②（424条の3第1項）

①	その行為が，債務者が支払不能（債務者が，支払能力を欠くために，その債務のうち弁済期にあるものにつき，一般的かつ継続的に弁済することができない状態）の時に行われたものであること
②	その行為が，債務者と受益者とが通謀して他の債権者を害する意図をもって行われたものであること

　本問では，特定の債権者Ｂへの弁済が，債務者Ａの支払不能時に行われたものであることは明らかです。もっとも，当該弁済については，Ａ・Ｂ間で通謀してＣを害する意図をもって行われたものではありません。したがって，要件を満たさないため，Ｃは，詐害行為取消請求をすることができません。本問は誤りです。

債務者Ａが，既存の債務の債権者Ｂと通謀して，他の債権者を害する意図を
もって，Ａの義務に属しないにもかかわらずＢのために自己の所有する不動産
について抵当権を設定した場合において，その20日後にＡが支払不能になっ
たときであっても，Ａが抵当権設定時に支払不能でない以上，詐害行為取消請
求をすることはできない。　　　　　　　　　　　　　　　　　（オリジナル）

本問は，「Ａの義務に属しないにもかかわらず」というところから，**非義務行
為における詐害行為の特則**が問われていることを見抜きます。

この場合，次の9-5の要件を満たす必要があります。

● 9-5　詐害行為取消請求の特則③（424条の3第2項）

①	その行為が，債務者が支払不能になる前30日以内に行われたものであること →　424条の3第1項と異なり，行為の時点で支払不能だった必要は必ずしもなく，行為の後30日以内に支払不能になっていれば認められる
②	その行為が，債務者と受益者とが通謀して他の債権者を害する意図をもって行われたものであること

非義務行為については，義務行為についてのそれよりも若干詐害性が疑わしく
なります。本来的な行為ではないことをしている点で，怪しいということです。
そこで，詐害行為取消請求を認めやすくするため，特則②（9-4）よりも要件が
やや緩和されているのです。

本問では，ＡがＢのために抵当権を設定したとき，Ａは，支払不能の状態には
なっていません。しかし，その20日後に支払不能の状態になっています。とす
れば，9-5の要件①を満たすことになります。この点が，特則②（9-4）よりも
要件が緩和されている部分ですね。

また，債務者Ａと債権者Ｂは，通謀して他の債権者を害する意図をもって当該
行為を行っています。

したがって，特則③（9-5）の要件をすべて満たすため，債権者は，詐害行為
取消請求をすることができます。本問は誤りです。

以上が詐害行為取消権の特則ですが，代物弁済については，注意すべきことが
1つあります。

設問12

　AがBに対して500万円の債権を有し，CもBに対して弁済期未到来の100万円の債権を有しているところ，Bがその唯一の財産である300万円相当の土地をCに対する100万円の債務への代物弁済に供した。Bの代物弁済が，BとCとが通謀してAを害する意図をもって行われたものでなかったとしても，Aは，Bの代物弁済について，過大な200万円の限度でその取消しを請求することができる場合がある。

（オリジナル）

　本問は，「弁済期未到来の100万円の債権」とありますから，非義務行為であることを確認しておきます。そうすると，詐害行為取消請求の特則③（9-5）の問題になることがわかりますよね。本問では，「Bの代物弁済が，BとCとが通謀してAを害する意図をもって行われたものでなかった」とありますから，特則③（9-5）を満たさないことになります。したがって，代物弁済について，詐害行為取消請求をすることはできません。

　ここまでは，先ほどまで学習したとおりの思考過程です。

　最後に，**解法の鉄則その1** の③に示したように詐害行為の特則の場面でなければ，一般的な要件を検討していくことになります。

　代物弁済については，詐害行為の特則の要件を満たしていなかったとしても，これから学習する**一般的な詐害行為の要件**を満たしていれば，（全部を取り消すことはできないが）過大な部分については取り消すことができる旨の規定が置かれています（424条の4参照）。

　本問では，100万円の債権に対して，300万円相当の土地を代物弁済としてCに供していますから，200万円分が過大なものであるということになります。したがって，一般的な詐害行為取消しの要件を満たしていれば，過大な部分についてはなお取り消すことができるため，本問は正しいです。

　代物弁済が問われた場合には，要件の検討をした後に，**過大な部分の取消し**ができるかどうかまで検討することを忘れないようにしましょう。

　ここまでが，詐害行為取消しの特則の検討でした。以上の内容のいずれも問題にならなければ，一般的な詐害行為取消しの要件を検討していくようにしてください。

　まず，詐害行為取消しの客観的要件が次の**9-6**です。

　この要件を前提に，出題のポイントを把握していきましょう。

● 9-6　客観的要件

①	被保全債権が存在していること 　→　金銭債権に限定される
②	被保全債権が詐害行為の前の原因に基づいて生じたこと
③	被保全債権を保全する必要があること(債務者の無資力)
④	債務者が詐害行為をしたこと 　→　個別的に判断する
⑤	被保全債権が強制執行により実現することができること

設問13

　甲不動産がAからB，AからCに二重に譲渡され，Cが先に登記を備えた場合には，AからCへの甲不動産の譲渡によりAが無資力になったときでも，Bは，AからCへの譲渡を詐害行為として取り消すことはできない。（H28-32-4）

　原則として，被保全債権は金銭債権に限られます。つまり，債権者代位権のように，転用は認められないのです。

　もっとも，特定物債権者も，詐害行為取消権を行使するまでにその債権が金銭債権に転じていれば，取消権を行使できると考えられています。金銭債権以外の債権も究極においては，損害賠償債権に変じ得るのであり，債務者の一般財産により担保されなければならないことは，金銭債権と同様だからです。本問では，BのAに対する甲不動産の給付請求権は，Aの責めに帰すべき事由による履行不能になっており，BのAに対する履行不能に基づく損害賠償請求権が発生しています。したがって，本問は誤りです。

　被保全債権が金銭債権でないからといって，パッと判断しないように注意しましょう。

　次に，成立時期の検討です。

設問14

　債権者は，債務者の財産から満足を得られない場合には，債権取得前に債務者が行った贈与契約を詐害行為として取り消して財産を取り戻すことができる。

（H12-29-ア）

意外に見落としてしまう論点なので，被保全債権のチェックを終えたら，すぐに成立時期の確認をするようにしてください。被保全債権は，詐害行為の前の原因に基づいて生じたことが必要です。本問は，被保全債権の取得前の贈与契約となっていますから，誤りと判断します。**被保全債権が詐害行為の前の原因に基づいて生じているか**という点をしっかりと確認しておきましょう。

今度は，詐害行為の該当性を検討します。債権者代位権のときと同様に，キーワードから次の表（9-7）の内容をすべて思い出せるようにするという訓練をどれだけすることができるか。これに尽きます。

● 9-7　詐害行為の該当性　　　　　　　○：行使できる　　×：行使できない

要　件	ポイント	具　体　例	結　論
債務者が詐害行為をしたこと	本来的な債務の弁済でないものは詐害行為として認定されやすい	法律行為・準法律行為	○
		婚姻・離婚・養子縁組	×
		相続の放棄	×
		遺産分割協議	＊1
		離婚に伴う財産分与	＊2
		対抗要件を具備させる行為	×

＊1　遺産分割協議は，共有物の分割と同様の意味をもつものとして，財産権を目的とする法律行為であり，詐害行為取消権の対象となり得る（最判平11.6.11）。

＊2　民法768条3項の規定の趣旨に反して不相当に過大であり，財産分与に仮託してなされた財産処分であると認められるような特段の事情のない限り，詐害行為とならない（最判平12.3.9）。特段の事情が認められれば，その不相当に過大な部分について，その限度で詐害行為として取り消すことができる（同判例）。

この表（9-7）をもとに，　**設問15**　をしっかりと読んでいきましょう。

設問15

❶▶ 遺産分割協議は，共同相続人の間で相続財産の帰属を確定させる行為であるが，相続人の意思を尊重すべき身分行為であり，詐害行為取消権の対象となる財産権を目的とする法律行為にはあたらない。　　　（H25-30-1）

遺産分割協議も，財産権を目的とする法律行為にあたるため，詐害行為取消権の行使の対象とすることができます。本問は誤りです。

❷▶ 相続放棄は，責任財産を積極的に減少させる行為ではなく，消極的にその増加を妨げる行為にすぎず，また，相続放棄は，身分行為であるから，他人の意思によって強制されるべきではないので，詐害行為取消権行使の対象とならない。　　　　　　　　　　　　　　　　　　　　　　（H 25 – 30 – 2）

相続の放棄（938条以下）は，既得財産の増加を消極的に妨げる行為にすぎず，かつ，このような身分行為については他人の意思による強制をすべきでないことから，詐害行為取消権行使の対象となりません。本問は正しいです。

❸▶ 離婚における財産分与は，身分行為にともなうものではあるが，財産権を目的とする法律行為であるから，財産分与が配偶者の生活維持のためやむをえないと認められるなど特段の事情がない限り，詐害行為取消権の対象となる。　　　　　　　　　　　　　　　　　　　　　　（H 25 – 30 – 3）

離婚における財産分与は，768条3項の規定の趣旨に反して不相当に過大であり，財産分与に仮託してなされた財産処分であると認められるような特段の事情のない限り，詐害行為となりません。本問は誤りです。

以上のように，問題文の冒頭のキーワードにどれだけ素早く反応して表（9-7）の内容を正確に想起できるか。この論点の攻略はそれにかかっています。

次に，主観要件の検討です。**9-8**を見ましょう。

● 9-8　主観要件（424条1項）

①	債務者に詐害意思があること →　債務者が債権者を害することを積極的に意欲していたことまでは必要ない →　債務者は，一般の債権者を害することの認識があれば足り，特定の債権者を害することまで認識している必要はない（最判昭35.4.26）
②	受益者が悪意であること

問われることは，債務者の詐害意思の具体的内容です。そこだけ狙い撃ちでいけばよいでしょう。

設問16

AはBに対して100万円の債権を有していたところ，Bが，Cに対して，B

所有の甲動産を贈与した。Bは，この贈与によりAを害する認識はあったものの，Aを積極的に害する意図まではなかった場合，Aは，この贈与について詐害行為取消請求をすることができない。 (オリジナル)

　詐害行為取消しという言葉のインパクトが強いため，なんとなく債務者には，債権者を積極的に害する意図まで必要な気がしてしまいます。しかし，一般的な詐害行為取消しの要件としては，「債務者に詐害意思があること」というのは，債務者が債権者を害することを積極的に意欲していたことまでは必要ないと考えられています。この点は，詐害行為の特則の要件とは異なるので注意をしておきましょう。したがって，本問は誤りです。

　ここまでは，受益者に対する詐害行為取消請求の話でした。

　最後に，転得者に対する詐害行為取消請求の要件を検討して終了です。

　この要件は，次の9-9のとおりです。

● 9-9　転得者に対する詐害行為取消請求 (424条の5)

①	受益者に対して詐害行為取消請求をすることができること
②	被告となる転得者が，転得の当時，債務者がした行為が債権者を害することを知っていたこと

　重要なポイントは，転得者に対して詐害行為取消請求をするためには，受益者に対して詐害行為取消請求をすることができることが前提になっている点です。

　したがって，受益者が詐害行為について善意である場合には，たとえ転得者が悪意であったとしても，転得者に対して詐害行為取消請求をすることはできないわけです。

● 9-10　受益者・転得者に対する詐害行為取消しの可否

受益者	転得者	受益者に対する請求	転得者に対する請求
善意	善意	不可	不可
善意	悪意	不可	不可
悪意	善意	可能	不可
悪意	悪意	可能	可能

設問17

詐害行為の受益者が債権者を害すべき事実について善意であったとしても，転得者が，転得の当時，当該事実について悪意であるときは，債権者は，転得者に対して詐害行為取消権を行使することができる。　　　　（オリジナル）

　本問では，「受益者が債権者を害すべき事実について善意」であったとされています。とすれば，債権者は**受益者に対して**詐害行為取消請求をすることができません。したがって，債権者は，転得者に対しても，詐害行為取消請求をすることができません。本問は誤りです。

　以上が，詐害行為取消しの要件該当性の解法手順です。まずは，**詐害行為の特則の検討 → 一般的な詐害行為取消しの要件検討 → 転得者に対する請求**と順序立てて問題を解いていくようにしてください。

到達度チェック ▶▶▶

② 効果の検討

解法の鉄則その2

① 裁判上請求しているか
② 行使の範囲は被保全債権の範囲か
③ 出訴期間内か

　次に，効果の検討です。ここも検討材料はかなり絞られるため，あらかじめどれだけ問題を想定できているかが重要です。また，債権者代位権との相違点を意識しながら考えていくことも忘れないようにしてください。

　例えば，解法の1つめ。詐害行為取消権は，**裁判上の訴え**による必要がありますが，債権者代位権は，必ずしもその必要はありません。こういう部分を見落とさないように，しっかりと検討できる準備をしておきたいですね。

　なお，権利行使の範囲については，債権者代位権とほぼ同様です。

設問18

❶▶ 詐害行為取消権は，総ての債権者の利益のために債務者の責任財産を保

全する目的において行使されるべき権利であるから，債権者が複数存在する
ときは，取消債権者は，総債権者の総債権額のうち自己が配当により弁済を
受けるべき割合額でのみ取り消すことができる。　　　　　（H 25 - 30 - 4）

　債権者代位権のときは，自己の債権額の範囲内に限られるという話でした。こ
の点は，詐害行為取消権についても同様です（424条の8第1項）。つまり，取り
消し得る範囲は詐害行為時を基準とした債権者の被保全債権の範囲に限定される
ため，総債権者の総債権額のうち自己が配当により弁済を受けるべき割合額では
ないのです。本問は誤りです。他にも，次のような問題があります。

❷▶ 詐害行為取消権は，総ての債権者の利益のために債務者の責任財産を保
全する目的において行使されるべき権利であるから，取消しに基づいて返還
すべき財産が金銭である場合に，取消債権者は受益者に対して直接自己への
引渡しを求めることはできない。　　　　　　　　　　　（H 25 - 30 - 5）

　直接自己への引渡しを請求することは可能でしたよね（424条の9第1項前
段）。本問は誤りです。問題文に対する着眼点が確実になってくると，こういう
点にも素早く気づけるようになります。しっかりと訓練してください。

設問19

　詐害行為取消権の行使により法律行為が遡及的に無効とされることは，取引
の安全に重大な影響を与えるため，法律関係の安定の観点から出訴期間が定め
られている趣旨に照らすと，詐害行為取消権の出訴期間は，債権者が債務者に
詐害の意思があることを知ったか否かにかかわらず，債権者が詐害行為の客観
的事実を知った時から進行する。　　　　　　　　　　　（司書H 11 - 7 - オ改）

　詐害行為取消権は，債務者が債権者を害することを知って行為をしたことを債
権者が知った時から2年間または行為の時から10年を経過したときは，出訴す
ることができなくなります（426条）。ここでいう，債務者が債権者を害するこ
とを知って行為をしたことを債権者が知った時とは，債権者が詐害の客観的事
実，及び債務者に詐害意思があることを知ったことをいいます（最判昭47. 4.
13）。したがって，本問は誤りです。

問題 債権者代位権と詐害行為取消権に関する次のアからオまでの各記述のうち，判例の趣旨に照らし誤っているものを組み合わせたものは，後記１から５までのうちどれか。

ア　債権者代位権を行使するためには，代位行使する権利よりも前に被保全債権は成立している必要はないが，詐害行為取消権を行使するためには，被保全債権が取消しの対象となる詐害行為の前の原因に基づいて生じたものであることが必要である。

イ　詐害行為の成立には，債務者がその債権者を害することを知って法律行為をしたことを要するが，必ずしも害することを意図してしたことを要しない。

ウ　債権者が債務者に対する金銭債権に基づき債務者の第三債務者に対する金銭債権を代位行使することができるのは，自己の債権額の範囲内に限られる。

エ　詐害行為取消権は，訴訟において，抗弁として行使することができる。

オ　法律行為の時に債権者を害する状態であれば，その後の事情によって債権者を害さないこととなっているとしても，詐害行為取消権を行使することができる。

1 ア・イ　　**2** ア・エ　　**3** イ・ウ　　**4** ウ・オ　　**5** エ・オ

(司法Ｈ20－16)

ア　債権者代位権の場合，被保全債権は，被代位権利の成立時点で存在している
○　必要はない（最判昭和33.7.15）。これに対して，詐害行為取消権の被保全債
　　権は，詐害行為があることが要件とされていることとの関係で，取消しの対
　　象となる詐害行為の前の原因に基づいて生じたものであることが必要である
　　（424条3項）。

イ　債務者の詐害意思について，判例は，「詐害行為の成立には債務者がその債
○　権者を害することを知って法律行為をしたことを要するが，必ずしも害する
　　ことを意図しもしくは欲してこれをしたことを要しない」としている（最判
　　昭35.4.26）。

ウ　債権者が債務者に対する金銭債権に基づいて債務者の第三債務者に対する金
○　銭債権を代位行使する場合には，債権者は自己の債権額の範囲内においての
　　み行使が可能である（423条の2）。

エ　詐害行為取消権は訴えをもって行使しなければならない（424条1項本文参
✕　照）。

オ　詐害行為取消権の要件である「無資力」について，判例は，無資力となった
✕　後，資力が回復し債務を弁済するのに十分になった場合には，詐害行為にな
　　らないとしている（大判大15.11.13）。

　　以上により，誤っているものを組み合わせたものはエ・オであり，正解は
　　5 となる。

到達度チェック ▶▶▶

10. 債権譲渡

➡ 総合テキスト **Chapter 26**, 総合問題集 **Chapter 14**

イントロダクション

　債権譲渡は, ①債権の自由譲渡性, ②対抗要件, ③抗弁の承継という論点に分けられます。それぞれ, 検討順序をしっかりと確定し, 原則・例外・再例外の形で知識整理をしていきましょう。

　なお, 当該テーマは, 本試験において記述式で出題されたことがあるのみで, 択一式での出題実績がありません。そのため, 出題予想の観点からもしっかりと学習をしていきましょう。

1 債権の自由譲渡性の原則・例外

> **解法の鉄則 その1**
>
> ① 債権は, 原則として, 自由に譲渡が可能である
> ② もっとも, 以下の場合には, 例外的に譲渡ができない
> 　・法律上の制限
> 　・性質上の制限
> ③ 譲渡制限特約についての処理手順を確立させる
> 　→ 譲渡制限特約があっても, 債権譲渡自体は有効
> 　→ 債務者が譲受人からの請求を拒むことができるかを検討
> 　→ 譲受人からの反論を検討
> 　→ 預貯金債権・差押えについての例外を検討

　まずは, 債権の自由譲渡性について確認していきます。最初に確認しておきたいのが, 次のような問題です。

設問1

　AのBに対する債権をCが譲り受けようとしている。Aの有する債権が, BにAの肖像画を描かせることを内容とするものである場合, Cは, 債権を取得することができない。

(司書H11 - 5 - 1)

「肖像画を描かせることを内容」という部分がポイントです。債権は原則として自由に譲渡することができますが、例外的に、法律上・性質上制限されている場合があります。肖像画を描くということですから、債権者が変わってしまうと給付内容も全く変わってしまいますよね。このような債権は、事の性質上、譲渡することができないのです。本問は正しいです。まずは、こういうわかりやすい選択肢をパッと切ってしまってください。

次に、譲渡制限特約についてです。譲渡制限特約が問題文に盛り込まれると、一気に検討事項が増えます。そのため、**何をどの順序で検討していくか**を明確にしておいてください。

まずは、次の **設問2** のような当たり前のことを確認していきます。

> **設問2**
> ❶▶ 譲渡制限の意思表示のされた債権を譲り受けた者がその特約を知らなかったことにつき重過失がある場合には、当該譲受人は、当該債権を取得することができない。
> 　　　　　　　　　　　　　　　　　　　　　　　　（オリジナル）

譲渡制限特約に違反した債権譲渡も、有効です（466条2項）。したがって、たとえ譲受人に重過失があったとしても、譲受人は、当該債権を取得することができます。本問は誤りです。

もっとも、譲受人の主観が悪意または善意重過失の場合には、次の点を更に検討する必要があります。

> ❷▶ 譲渡制限の意思表示のされた債権を譲り受けた者がその特約を知らなかったことにつき重過失がある場合でも、当該譲受人は、当該債権を取得することができるため、債務者は、譲受人からの請求を拒むことができない。
> 　　　　　　　　　　　　　　　　　　　　　　　　（オリジナル）

この問題は、**設問1** をアレンジしました。

民法の規定によれば、債務者は、譲渡制限の意思表示がされたことを知っていた（悪意）、または重大な過失によって知らなかった（善意重過失）の譲受人その他の第三者に対して、①その債務の履行を拒むことができ、かつ②譲渡人に対する弁済その他の債務を消滅させる事由をもってその第三者に対抗することができるとされています（466条3項）。

本問では、債権の譲受人は**重過失**であるとされています。したがって、譲受人

は、当該債権を取得するものの、債務者からはその履行を拒まれるということになります。本問は誤りです。

このように、譲受人の主観が**悪意**、または**善意重過失**の場合には、**譲受人は債権を取得すること自体はできる → もっとも、債務者から履行を拒まれてしまう**ということを思い出せるようにしておきましょう。

ここまで検討したら、さらに、譲受人からの反論を考えていきましょう。

> **❸▶** 譲渡制限の意思表示がなされている債権を譲り受けた悪意の譲受人は、債務者が債務を履行しない場合において、相当の期間を定めて譲渡人への履行の催告をし、その期間内に履行がないときは、債務者から履行拒絶を受けなくなる。
> （オリジナル）

債務者から履行を拒まれてしまった譲受人は、「**それならば、本来の債権者（譲渡人）の方に早く弁済してくださいよ。私は、その人からお金をもらいますから**」と言いたいわけです。民法の規定によれば、譲受人のこのような主張が認められています。すなわち、債務者が債務を履行しない場合に、譲渡制限の意思表示の存在について悪意または善意重過失の譲受人その他の第三者が相当の期間を定めて譲渡人への履行の催告をし、その期間内に履行がないときは、債務者は当該第三者に対して履行を拒むことができなくなるのです（466条4項）。したがって、本問は正しいです。

以上のように、**債権の取得自体は可 → 債務者から拒まれることがある → 履行の催告をすることができる**という流れをしっかりと押さえておき、問題を解く際には、テンポよく検討できるように準備しておきましょう。

最後に、預貯金債権・差押えがあった場合の検討をして終了です。

> **❹▶** 預貯金債権について当事者が譲渡制限の意思表示をした場合であっても、債務者は、当該譲渡制限付債権につき悪意である譲受人その他の第三者に対抗することができない。
> （オリジナル）

本問は、譲受人が悪意のケースです。とすれば、先ほど検討したとおり、譲受人は債権自体を取得することはできる。もっとも、債務者から履行を拒まれてしまう。そこで、譲受人は、債務者に対し、譲渡人への履行をするように催告をすることができる。もし、債務者が譲渡人に履行しなかったならば、債務者は、履行を拒むことができなくなる。こういう結論になりそうです。

しかし，預貯金債権については，上記のようなルールそのものが適用されません。すなわち，預貯金債権については，譲渡制限特約につき悪意または重過失の譲受人に対し，譲渡制限特約を対抗することができるのです（466条の5第1項）。この場合，債権譲渡自体が無効になるということですね。したがって，債務者は，預貯金債権の譲受人が悪意であるならば，譲渡制限特約があることを対抗することができます。したがって，本問は誤りです。

> ❺▶ 譲渡制限の意思表示のある債権を差し押さえて，その転付命令を得た債権者が，差押え前に同意思表示の存在することを知っていたとしても，転付命令の効力は否定されず，債務者は履行を拒むことができない。
>
> （司法H24-21改）

本問も，差押債権者が譲渡制限特約について悪意であるケースです。とすれば，やはり同じ処理手順によることになりそうです。もっとも，差押債権者との関係では，今まで学習してきた処理手順は適用されません。すなわち，債務者は，たとえ差押債権者が譲渡制限特約の存在につき悪意であったとしても，その履行を拒むことができないということになります（466条の4第1項）。したがって，本問は正しいです。

以上のように，譲渡制限特約が問われた際には，原則的な処理手順を一気に考えてしまい（**債権の取得自体は可 → 債務者から拒まれることがある → 履行の催告をすることができるという流れ**），その後に，預貯金債権と差押債権者の例外的な取扱いを処理してしまうとよいでしょう。

到達度チェック ▶▶▶

2 対抗要件

解法の鉄則 その2

① 前提として，本当に二重譲渡の場面か，譲渡・弁済・譲渡になっていないかを考えておく
② 債務者と第三者に分けて考える
　・債務者に対するもの → 債務者への通知または承諾
　〈以下のひっかけポイントを先に確認〉
　　・「代位通知」→できない　通知請求→できる

・第三者に対するもの
　→　確定日付のある通知または承諾
〈以下の手順で考えて，自動的に答えを出すようにしたい〉
・確定日付のある通知の有無
・到達時の先後
　→　確定日付の先後ではない
・同時に到達した場合，優先関係なし
　→　全額請求可

　次に，債権譲渡の対抗要件について検討していきます。この論点も検討事項が多いですから，ケアレスミスが起きないようにしっかりと解法を確立させていきましょう。

　まずは，読み間違えが起きやすい問題を先に疑ってください。具体的には，次のような問題です。

設問3

　AのBに対する債権がCに譲渡され，確定日付のない譲渡通知がなされた。当該債権の弁済期はいまだ到来していなかったが，BはCに弁済をした。その後，当該債権が，AからDにも譲渡され，確定日付のある譲渡通知がなされた。この場合，BはDから弁済を請求されても，弁済する必要はない。（オリジナル）

　本問は，一見すると**債権の二重譲渡**の場面に思えます。しかし，債権の二重譲渡はあくまでも，Cに譲渡 → Dに譲渡 → いずれに弁済するかという問題です。本問は，Cに譲渡 → Cに弁済 → Dに譲渡という時系列です。Dはすでに消滅した債権を譲り受けたことになっているため，C・D間で対抗問題が生ずる余地はないということになります。したがって，BはDから弁済を請求されても，弁済をする必要はありません。本問は正しいです。二重譲渡のように見えて，二重譲渡ではない。こんな問題は先に探していかないとケアレスミスを引き起こしがちです。

　さて，ここから本格的に対抗要件の問題を処理していきましょう。債権譲渡の対抗要件の問題は，**債務者に対するものと第三者に対するもの**で分けて考えることがポイントです。まずは，**債務者に対するもの**に関する論点を検討していきます。

設問4

❶▶ AはBに対し，100万円を貸し付けた。その後，Cはその貸金債権をA
から譲り受けた。CがAに代位して，貸金債権を譲り受けた事実をBに通知
した。Cはこの債権の譲受けを第三者に対抗できないが，債務者であるBと
の関係では，自己が債権者であることを対抗できる。　　　　（オリジナル）

　債権譲渡の債務者に対する対抗要件は，債務者への通知または債務者の承諾で
した。本問は通知がなされていますが，代位通知はできませんよね。したがっ
て，誤りです。通知 → 代位は不可という公式をマスターしておきましょう。
ただし，次のような問題には注意を払っておく必要があります。

❷▶ AはBに対し，100万円を貸し付けた。その後，Cはその貸金債権をA
から譲り受けた。Cがさらに貸金債権をDに譲渡した場合，DはCに代位し
てAに対し，AからCへの譲渡の通知をBにするよう請求することができる。
　　　　　　　　　　　　　　　　　　　　　　　　　　　　（オリジナル）

　通知 → 代位は不可という公式を先ほど学びましたが，本問は，通知請求
権 → 代位は可というものです。本問は正しいです。この2つは混同しやすい
ところなので，セットで押さえておくとよいでしょう。
　次に，第三者対抗要件について，検討していきましょう。これは，確定日付の
有無 → 到達時の先後 → 同時到達のケースという順序で検討していくように
してください。

設問5

❶▶ AのBに対する債権を担保するため，Bの不動産に抵当権が設定・登記
されている。この債権がCに譲渡され，確定日付のない譲渡通知と抵当権の
移転登記がなされた。その後，当該債権がDにも譲渡され，確定日付のある
譲渡通知がなされた。この場合，当該債権の弁済期が到来したにもかかわら
ずBが弁済しなかったとしても，Cは抵当権を実行することができない。
　　　　　　　　　　　　　　　　　　　　　　　　　　　　（オリジナル）

　典型的な事例です。CとDの優先関係は，確定日付の有無で決まります。本問
では，Cは確定日付のない通知，Dが確定日付のある通知をなしていますから，

Dが債権を取得し，それを対抗することができます。したがって，Cは債権を取得することができず，それに伴って抵当権も実行することはできません。

それでは，いずれも確定日付を備えている場合はどうなるのでしょうか。

❷▶ AのBに対する同一の債権について，AからCとDに二重に譲渡がされた。Dへの譲渡についての確定日付のある通知が，Cへのそれよりも早くBに到達している場合でも，弁済のされる前にCがさらにこの債権を差し押さえて転付命令を得れば，Cは転付命令の送達のあったことを立証してDに優先できる。 (司法プレ－3－オ)

この場合，確定日付のある通知の到達の先後で優先関係が決まります。したがって，Dの通知のほうが先に到達している以上，CはDに優先することはできません。

さらに，同時に到達した場合はどうなるのでしょうか。

❸▶ AのBに対する600万円の債権がCに譲渡され，確定日付のある譲渡通知がなされた。その後，その債権がAからDにも譲渡され，確定日付のある通知がなされたが，その通知は，Cへの譲渡についての通知と同時にBのもとに到達した。この場合において，CがBに対して請求できるのは，300万円ということになる。 (オリジナル)

● 10-1　債権譲渡と第三者対抗要件

○：優先することを示す　　×：劣後する　　△：優劣関係は生じない

			第1譲受人	第2譲受人
第2譲受人のみに確定日付がある場合			×	○
ともに確定日付がある場合	異時到達	第1譲受人の通知が，先に債務者に到達した場合	○	×
		第2譲受人の通知が，先に債務者に到達した場合	×	○
		通知の確定日付は第2譲受人が先であるが，第1譲受人の通知が先に債務者に到達した場合	○	×
	同時到達		△	△

この場合，両者に優先関係は生じません。そして，判例は，各譲受人は債権全額の弁済を請求し得るとしています（最判昭55.1.11）。早い者勝ちといってもいいですね。したがって，CがBに対して請求できるのは，600万円です。

以上，論点が多かったですが，きちんと整理をしていき，問題文のどこに着目していけばいいのかをしっかりと把握するようにしておきましょう。最終的には，10-1のように知識を整理しておいてください。

到達度チェック ▶▶▶

総合問題に 挑戦

問題 債権譲渡に関する次の1から5までの記述のうち，民法の規定及び判例の趣旨に照らし妥当なものはどれか。

1　同一の債権につき，確定日付に先後のある複数の債権譲渡通知が同時に債務者に到達した場合，遅れた日付の通知に係る譲受人も，債務者に対し，当該債権全額の支払を請求することができる。

2　将来発生すべき債権を目的とする債権譲渡契約は，その目的とされる債権が発生する相当程度の可能性が契約締結時に認められないときは，無効である。

3　債権の譲受人が，債務者に対し，譲渡人に代位して債権の譲渡の通知をしたときは，譲受人は，その債権の譲渡を債務者に対抗することができる。

4　譲渡制限の意思表示が付された債権が譲渡された場合において，譲受人がその特約を知っていたときは，譲渡人は，譲渡が無効であることを主張して，債務者に対し，その債務の履行を請求することができる。

5　譲渡制限の意思表示が付された債権について差押えをした者が，その特約を知っていた場合，当該債権の債務者は，その債務の履行を拒むことができる。

（オリジナル）

※**○：妥当である　✕：妥当でない**

1　債権が二重に譲渡され，各譲渡につき確定日付のある証書による通知または
○　承諾がされた場合の優劣関係は，通知が債務者に到達した日時または債務者
　　が承諾した日時の先後で決する（最判昭49.3.7）。確定日付の先後を基準と
　　するのではない。また，確定日付のある証書による通知が債務者のもとに同
　　時に到達した場合，各譲受人は，債務者に対してそれぞれ譲受債権の全額を
　　請求することができ，債務者は，他の譲受人に対する弁済など債権の消滅事
　　由がない限り，同順位の譲受人がいることを理由に弁済の責任を免れること
　　ができない（最判昭55.1.11）。

2　債権の譲渡は，その意思表示の時に債権が現に発生していることを要しない
✕　（466条の6第1項）。また，判例は，「将来発生すべき債権を目的とする債権
　　譲渡契約にあっては，契約当事者は，譲渡の目的とされる債権の発生の基礎
　　を成す事情をしんしゃくし，右事情の下における債権発生の可能性の程度を
　　考慮した上，右債権が見込みどおり発生しなかった場合に譲受人に生ずる不
　　利益については譲渡人の契約上の責任の追及により清算することとして，契
　　約を締結するものと見るべきであるから，右契約の締結時において右債権発
　　生の可能性が低かったことは，右契約の効力を当然に左右するものではない
　　と解するのが相当である」としている（最判平11.1.29）。

3　債権の譲渡は，譲渡人が債務者に通知をし，または債務者が承諾をしなけれ
✕　ば，債務者その他の第三者に対抗することができない（467条1項）。同条の
　　「通知」は，債権の譲渡人から債務者に対してすることを要し，譲受人が譲
　　渡人に代位して行うことはできない（大判昭5.10.10）。

4　当事者が債権の譲渡を禁止し，又は制限する旨の意思表示（譲渡制限の意思
✕　表示）をしたときであっても，債権の譲渡は，その効力を妨げられない
　　（466条2項）。譲渡制限の意思表示が付された債権の譲受人が当該特約が付
　　されていることを知っていたとしても，債権譲渡契約は有効である。したが
　　って，譲渡人は，譲渡が無効であることを主張して，債務者に対し，その債
　　務の履行を請求することができない。

5　譲渡制限の意思表示がされたことを知り，又は重大な過失によって知らなか
✕　った譲受人その他の第三者に対しては，債務者は，その債務の履行を拒むこ
とができる（466条3項）。もっとも，この規定は，譲渡制限の意思表示がさ
れた債権に対する強制執行をした差押債権者に対しては，適用されない
（466条の4第1項）。したがって，譲渡制限の意思表示が付された債権につい
て差押えをした者が，その特約を知っていた場合であっても，当該債権の債
務者は，その債務の履行を拒むことができない。

以上により，妥当なものは肢1であり，正解は1となる。

到達度チェック ▶▶▶

11. 多数当事者の債権・債務

→ 総合テキスト **Chapter 25**, 総合問題集 **Chapter 13**

> ・・・・・・・・・・・・ **イントロダクション** ・・・・・・・・・・・・
>
> 　本章は，考える順序を明確に決めてしまうことが攻略の鍵です。
> 　どのような問題になったとしても，本章で扱う順序で考えていけば，特に
> 混乱することなく問題を解くことができるようになります。最初はちょっと窮
> 屈なイメージになるかもしれませんが，しっかりと慣れていくようにしてくだ
> さい。

① 連 帯 債 務

1 対外的効力（相対効・絶対効）

解法の鉄則 その1

① 債権額，起こった出来事，負担部分を捉える
② 原則として相対効であることを考える
→ 他の連帯債務者に影響はしない
③ 例外としての絶対効を考える
→ 相殺・更改・弁済等・混同
④ 相殺の特殊性を考慮する
→ 援用ではなく拒絶

　連帯債務の最大の論点は，連帯債務者の1人に起こった出来事が他に影響するかです。ここでは，この論点をしっかりと解法として攻略していきましょう。この論点を考えるうえで必須なのは，次のような問題です。

設問1

❶▶ 連帯債務者のうちの1人の債務についてのみ，担保物権を設定したり，保証人を立てたりすることも可能である。　　　　　　　　（オリジナル）

　連帯債務の基本は，別個独立です。したがって，本問のような取扱いも可能です。まずは，別個独立であるという点からしっかりと考えられるようにしていき

ましょう。これを前提にして，次の問題はどうでしょうか。

❷▶ 連帯債務者の１人による権利の承認があれば，他の連帯債務者にも時効
の更新の効力が生じる。 （オリジナル）

権利の承認は，**時効の更新事由**に該当します（152条）。
さて，これが他の連帯債務者に影響するのかということですが，先ほどの考え
から，これは影響しないというように考えていきます。このように，連帯債務の
問題を考えるときは，**基本は別個独立の債務である → 原則として相対効であ
る**ということをしっかりと認識しておいてください。この考え方さえ身につけて
しまえば，次のような問題にも対応できますよね。

❸▶ 契約によって連帯債務が成立する場合，連帯債務者の１人について無効
または取消しの原因があると，他の連帯債務者の債務もその影響を受けるこ
とになる。 （オリジナル）

❹▶ 債権者は，連帯債務者の中のある者に対する債権を，他の連帯債務者に
対する債権と分離して，譲渡することができる。 （オリジナル）

❺▶ A及びBがCに対して100万円の連帯債務を負担している場合に，Cが
Aのみに対して100万円の債務全額の支払について裁判上の請求をしたとき
は，その請求は，Bとの関係では，消滅時効の完成猶予の効力は生じない。
（司書H21-16-オ改）

しつこいようですが，連帯債務は基本的に別個独立の債務です。したがって，
無効または取消しの原因があっても，他の連帯債務者に影響はありませんし，債
権者が他の連帯債務者に対する債権と分離して譲渡することも可能です。**❸**は誤
りで，**❹**と**❺**は正しいです。
このステップを踏んだうえで，次に他の債務者に影響が及ぶ場合，つまり絶対
効のケースを考えていきましょう。この点は，**相殺・更改・弁済等・混同**という
キーワードを探していけばよいということになります。先ほどの説明のとおり，
連帯債務は相対効が原則ですから，これを確認した後に，キーワードである絶対
効の場合ではないかを疑っていけばよいのです。
早速，問題から解法を身につけていきましょう。

設問2

❶▶ Aに対して300万円の連帯債務を負うB，C及びD（各自の負担部分は平等とする。）のうちBが，Aに対して100万円の反対債権を有している場合，Bが対当額で相殺するとB，C及びDは200万円の連帯債務を負うことになる。 (オリジナル)

キーワードである**相殺**を発見してください。**相殺 → 絶対効である**という公式から，100万円の相殺はCとDにも影響があります。したがって，**300万円 － 100万円**で，200万円の連帯債務を負うことになります。本問は正しいです。

❷▶ A・BがCに対して2000万円の連帯債務を負っている（A・Bの負担部分は平等とする。）。A・C間で2000万円の支払義務を消滅させるためAが特定の不動産をCに移転すべき債務を負担する旨の契約をした場合であっても，Cは，Bに対しては2000万円の支払いを求めることができる。 (オリジナル)

直接的にキーワードが書かれていませんが，「Aが特定の不動産をCに移転すべき債務を負担する旨の契約」という記載から，**更改契約**であることを見抜きます。したがって，**更改 → 絶対効**の公式から，Bにも影響があると判断します。Cは，Bに対して2000万円の支払いを求めることはできません。

❸▶ Aに対してBと連帯して債務を負うCが，自己及びBに対するAの債権をAから譲り受けたときは，BもAに対する債務を免れる。 (オリジナル)

こちらも，直接的なキーワードがありません。見抜くのが難しいですが，この事案では債権者と債務者の立場が同じになっていますから，**混同**が起きていると考えられるようにしておきましょう。したがって，こちらも絶対効ですから，BもAに対する債務を免れることになります。

さて，今度は注意すべき点を扱っていきましょう。

設問3

B及びCは，Aに対して，連帯して1000万円の借入金債務を負担した（負担部分は平等であるものとする）。BがAに対し600万円の反対債権を有してい

る場合，Cは，反対債権を自働債権とする相殺を援用することにより，自己の
負担部分である500万円の限度で債務を免れることができる。　　（オリジナル）

　相殺 → 絶対効であるという公式からすると，正しく見えそうです。もっと
も，**設問3** は，**設問2 ❶**と異なり，相殺を主張する者が反対債権を有して
いない場合です。民法の規定によれば，反対債権を有する連帯債務者が相殺を援
用しない間はその連帯債務者の負担部分の限度において，他の連帯債務者は，債
権者に対して債務の履行を拒むことができるとされています（439条2項）。し
たがって，Cは，Bの負担部分である500万円の限度で，債権者に対して債務
の履行を拒むことができるだけであり，相殺を援用すること自体はできません。
Bの権利を勝手に行使することはできないんだと思っておくとよいでしょう。本
問は，誤りです。
　連帯債務の問題において，**相殺**が問われた場合には，**自己が反対債権を有して
いる場合と他の連帯債務者が反対債権を有している場合**とを明確に分けて検討す
るようにしてください。
　なお，連帯債務の対概念として，連帯債権というものがあります。連帯債務と
解法手順がほとんど同じなので，ここで扱ってしまいます。
　まずは，次の問題を読んでみてください。

設問4
　A及びBがCに対して2000万円の連帯債権を有している。Aが契約締結当
時，意思無能力であった場合であっても，Bは，Cに対して2000万円の支払
を求めることができる。　　　　　　　　　　　　　　　　　（オリジナル）

　Aが契約締結時に意思無能力の状態であったとしても，他の債権者へ影響しま
せん（相対的効力　435条の2）。これが原則になることは，連帯債務と同様で
す。

設問5
　A及びBは，Cに対して連帯して1000万円の債権を有している。この場合，
AがCに対して債務の履行を請求したときは，CのA及びBに対する債務の消
滅時効の完成が猶予される。　　　　　　　　　　　　　　　（オリジナル）

例外的に絶対効が生じるというのも同様です。もっとも，連帯債務と連帯債権とでは，絶対効が生じる事由が若干異なります。

● 11-1　連帯債権の整理

原　則	連帯債権者の1人の行為または1人について生じた事由は，他の連帯債権者に対してその効力を生じない（相対的効力の原則　435条の2本文）
例　外	①　（1人の）連帯債権者の債務者に対する履行の請求（432条） ②　債務者の（1人の）連帯債権者に対する履行（432条） ③　連帯債権者の1人と債務者との間の更改及び免除（433条） ④　債務者が連帯債権者の1人に対して債権を有する場合の，債務者の相殺援用（434条） ⑤　連帯債権者の1人と債務者との間の混同（435条）

履行の請求は，絶対効が生じる事由です。したがって，本問は正しいです。連帯債務では，履行の請求は相対効でした。このように，連帯債務と連帯債権は，考え方そのものは同じですが，絶対効の事由が異なるため，その点だけ注意をしておくようにしましょう。

2　対内的効力（求償関係）

解法の鉄則その2

①　求償関係について考える
→　負担部分を超える必要はない
②　無資力者がいた場合の処理
→　各自の負担部分に応じて分割して負担

対外的な効力を検討し終えたら，次に連帯債務者間の求償関係を検討していきます。出題のパターンはある程度決まっていますから，問題を通して，しっかりと検討事項を抽出しておいてください。

設問6

❶▶ 債務者A，B，Cが，負担部分平等で，1200万円の連帯債務を負っている場合に，Cがその負担部分400万円を超えない300万円しか弁済しなかった。この場合，Cはその300万円について，AとBに各100万円ずつ，求償をすることができない。

（オリジナル）

　自己の負担部分を超えていないのに求償をすることができるのか。そんなことが疑問になるところですが，民法の規定によれば，本問のように自己の負担部分を超えない範囲で弁済をしたとしても，各債務者の負担部分の割合で求償することができるとされています（442条1項）。したがって，本問は誤りです。この原則を確認したら，ちょっと特殊なケースの検討をしてしまいます。

> ❷▶ A，B，C三人がDに対して60万円の連帯債務を負っている。AがDに60万円を弁済した場合に，A，B，C三人の負担部分が平等であるときは，Aは，B，Cに20万円ずつ求償できるが，もしCが無資力のときは，Bに対して30万円の求償をすることができる。　　　　（H21‐31‐ア）

　前段の考え方は，❶と同様です。本問の特殊性は，Cが無資力である点です。無資力者がいた場合には，すぐに444条を連想できるようにしてください。

第444条（償還をする資力のない者の負担部分の分担）
1　連帯債務者の中に償還をする資力のない者があるときは，その償還をすることができない部分は，求償者及び他の資力のある者の間で，各自の負担部分に応じて分割して負担する。
2　前項に規定する場合において，求償者及び他の資力のある者がいずれも負担部分を有しない者であるときは，その償還をすることができない部分は，求償者及び他の資力のある者の間で，等しい割合で分割して負担する。
3　前2項の規定にかかわらず，償還を受けることができないことについて求償者に過失があるときは，他の連帯債務者に対して分担を請求することができない。

　本問では，A・B・Cの負担部分が平等であり，Cが無資力となっているため，AとBが30万円ずつを負担することになります。したがって，本問は正しいです。比較的キーワードが目につきやすい点ですから，しっかりと対応できるようにしておいてください。

到達度チェック ▶▶▶

② 保　　証

1 債権者との関係

> **解法の鉄則その1**
>
> ① 要式性，保証債務の範囲を考える
> ② どちらについて生じたのかを考える
> → 主たる債務について生じた事由
> → 保証人について生じた事由
> ③ 2つの抗弁権について考える
> → 催告の抗弁権
> → 検索の抗弁権

次に，保証について検討していきます。保証関係は事案が複雑なものも多いですが，検討すべき事項は多くありません。基本的な知識から考えられるように訓練をしていきましょう。

まずは，簡単に見抜ける問題から検討していきます。

設問7

連帯保証契約は書面でしなければ効力を生じないが，単純保証契約であれば書面でしなくても効力を生じる。　　　　　　　　　　　　　　　（オリジナル）

保証の要式性に関する問題です。保証契約は，**書面**によってなされる必要があります。したがって，本問は誤りです。

他にも，**設問8** のような問題を先に検討しておくと，解答のスピードが速くなります。

設問8

❶▶ 保証人が債権者との間で保証債務について，別途違約金を約定することができる。　　　　　　　　　　　　　　　　　　　　　　　　　（オリジナル）

主債務と保証債務は，別個独立の債務です。したがって，本問のような約定をすることもできます（447条2項）。

❷▶ 保証債務が内容や態様において主たる債務より軽くなってもよく，また保証人が同意している場合には，保証人の保護に欠けるところがないため，保証債務が主たる債務より重くなることも許される。　　　　　（オリジナル）

とはいえ，主債務を保証するための保証ですから，主債務より内容が重いというのはおかしいですよね。したがって，本問は誤りです（448条参照）。

以上，この辺りの論点は見た感じですぐに見抜くことができますから，先に検討しておくと後々楽になります。

次に，保証の範囲の検討をしていきます。こちらは様々なことが問われてきますが，とにかく保証の範囲は広く，ことごとく含まれるという方向で考えると，解答を導けることが多いです。民法上の規定では，保証債務の範囲は，特約のない限り，元本のほか，利息，違約金，損害賠償，その他すべての債務に従たるものを含むとされています（447条1項）。

設問9

❶▶ 「私は，AがBとの間に締結した土地の売買契約につき，売主であるAの土地引渡等の債務につき保証人となりましたが，このたびBがAの債務不履行を理由として売買契約を解除しました。Bは，私に対して，Aが受領した代金の返還について保証債務を履行せよと主張しています。私が保証債務の履行を拒むことは可能でしょうか」との相談に対して，「可能です」と回答しうる。　　　　　（H 22 - 31 - 1）

❷▶ 「私は，AがB所有のアパートを賃借するにあたりAの保証人となりました。このたびA・B間の契約がAの賃料不払いを理由として解除されたところ，Bは，Aの滞納した賃料だけでなく，Aが立ち退くまでの間に生じた損害の賠償についても保証債務の履行をせよと主張しています。私は保証債務の履行を拒むことは可能でしょうか」との相談に対して，「可能です」と回答しうる。　　　　　（H 22 - 31 - 4）

❶・❷のいずれも，かなり長い問題文ですが，先ほどのとにかく保証の範囲は広く，ことごとく含まれるという感覚をもって読んでみてください。いずれも保証債務に含まれると考えてしまえば，保証債務の履行を拒むことはできないという結論を導き出せます。つまり，いずれも「可能です」とは回答できません。

次に，主債務者・保証人について生じた事由がどのように影響してくるかという点を考えていきます。この点は，基本的な方向性として，主債務に起こった出

来事は，ことごとく保証に影響を及ぼす，保証債務に起こった出来事は，債務の消滅につながらない限り，主債務に影響してこないと考えていくとよいでしょう。

設問10

❶ ▷ AはBから1000万円借り受け，Aの依頼によってC及びDがこの債務について連帯保証人となった。この債務の弁済期到来後，Aは3年間金銭の返済をしなかったが，A・B間の話し合いで，Aが直ちに返済するとの約束をした場合，この権利の承認による時効の更新の効果は，C及びDにも及ぶ。

(オリジナル)

本問は，**主債務**に時効の更新が起きています。主債務に起こった出来事は，基本的に保証人にも影響します。したがって，時効の更新の効果は，保証人であるC及びDにも及びます。

❷ ▷ 債権の譲渡がされた場合に，保証人に対して債権譲渡の通知をしても，譲受人は，主たる債務者に譲渡を対抗することができない。

(司書H5-5-オ)

保証人に起こった出来事は，主債務者に影響を及ぼしません。したがって，本問の債権譲渡の通知は無意味です。本問は正しいです。

以上をまとめると，11-2のようになります。連帯債務の場合と比較しながら，覚えていくようにしてください。

● 11-2　主債務に起こった出来事は保証債務に影響するか

原　則	主たる債務者について生じた事由の効力は，付従性に基づき，保証人に及ぶ ※　債権譲渡の通知(467条)は，主たる債務者への通知のみで足り，これによって保証人に対しても対抗することができる。逆に，保証人への通知は，主たる債務者に対する対抗要件にならないだけでなく，保証人に対する対抗要件にもならないことに注意する
例　外	①　債権者と主たる債務者との間で，保証契約後に主たる債務を加重した場合(448条2項) ②　主たる債務者による時効利益の放棄(146条参照)等

最後に，催告の抗弁権・検索の抗弁権について考えておきます。この2つは，

基本的には要件検討をしっかりとしていけば答えを導き出すことができます。

● 11-3　催告の抗弁権・検索の抗弁権

催告の抗弁権	債権者が主たる債務者に請求しないでいきなり保証人に請求してきた場合において，保証人が，まず主たる債務者に催告すべきことを請求できる権利(452条本文) ※　例外的に，主たる債務者が破産手続開始決定を受けたとき，またはその行方が知れないときは，行使できない(452条ただし書)
検索の抗弁権	債権者が主たる債務者に催告をした後であっても，①主たる債務者に弁済をする資力があり，かつ，②執行が容易なことを証明して，まず主たる債務者の財産について執行すべきことを主張できる権利(453条)

設問11

　AがBに金銭を貸し付けるにあたり，書面により，Cが保証人（Bと連帯して債務を負担する連帯保証人ではない。）となり，また，Dが物上保証人としてD所有の土地に抵当権を設定しその旨の登記がなされた。弁済期を徒過したので，Aは，Bに弁済を求めたところ，Bは，「CまたはDに対して請求して欲しい」と応えて弁済を渋った。そこで，Aは，Dに対しては何らの請求や担保権実行手続をとることなく，Cに対してのみ弁済を請求した。この場合において，Cは，Aの請求に対し，どのようなことを証明すれば弁済を拒むことができるか。40字程度で記述しなさい。

(H 24 - 45)

　本問は，検索の抗弁の条文上の要件に関する問題です。

　Cは単なる保証人であり，連帯保証人ではないため，催告の抗弁と検索の抗弁を主張することができます（454条参照）。ただし，AはBに対してすでに催告をしているので，催告の抗弁は問題となりません。そこで，検索の抗弁が問題となるのです。民法の規定によると，検索の抗弁は「債権者が前条の規定に従い主たる債務者に催告をした後であっても，保証人が主たる債務者に弁済をする資力があり，かつ，執行が容易であることを証明したときは，債権者は，まず主たる債務者の財産について執行をしなければならない。」（453条）とされています。

　したがって，本問では，主たる債務者であるBに弁済する資力があり，かつ，執行が容易であることを証明すれば，Aからの請求を拒むことができます。

2 求償関係

解法の
鉄則
その2

① 求償の範囲について考える
② 誰に対してなしているか
　・主債務者か他の保証人か
　・負担部分を超えているか

　求償関係もしっかりと出題のパターンを整理しておかないと，混乱しがちなところです。まずは，求償の範囲について，次の**11-4**のように整理しておきましょう。

● 11-4　保証人の求償の範囲

委託を受けた保証人	原　則 　免責行為があった日以後の法定利息，及び避けることのできなかった費用，その他の損害(459条2項・442条2項) 例　外 　委託を受けた保証人が，主たる債務の弁済期前に債務の消滅行為をしたときは，その保証人は，主たる債務者に対し，主たる債務者がその当時利益を受けた限度において求償権を有する(459条の2第1項前段)
委託を受けない保証人	主たる債務者の意思に反しない場合 　免責行為があった当時に，主たる債務者が利益を受けた限度(462条1項・459条の2第1項前段) ───────────────────── 主たる債務者の意思に反する場合 　求償時に，主たる債務者が現に利益を受けている限度(462条2項前段)

　これを前提に，次の問題を読んでみてください。

設問12

❶▶ 主たる債務者B（債務額50万円）の委託を受けないでAが保証人になり，弁済期である令和2年2月15日にAが債権者Cに弁済したところ，同年4月15日にBはCに対して30万円の債権を取得した。その後，同年5月15日にAがBに求償した場合，Aは，Bの意思に反して保証人となっていなければ，Bに対して20万円の限度で求償することができる。　　　（オリジナル）

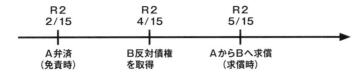

R2　　　　　　　R2　　　　　　　R2
2/15　　　　　　4/15　　　　　　5/15

A弁済　　　　　B反対債権　　　AからBへ求償
（免責時）　　　を取得　　　　　（求償時）

11-4の内容をしっかりと思い出し，問題にあてはめるようにしてください。本問は，委託を受けない（受託のない）保証人の場合です。この場合，債務者の意思に反しなければ免責行為があった当時，債務者の意思に反するのであれば求償時を基準として，債務者が利益を受けている限度での求償となります。本問の時系列は，保証人が弁済 → 債務者が反対債権取得 → 保証人が求償です。この場合，免責行為があった当時を基準とすると，50万円の求償が可能ですが，求償時を基準とすると，20万円の求償ということになりますよね（BはCに相殺をすることも可能だからです）。本問は，債務者の意思に反しないケースですから，誤りです。

次に，誰にどれだけ求償することができるか。この点は，次の問題から学ぶことができます。

❷▶ AがBから金1000万円を借り受けるにあたって，CおよびDがそれぞれAから委託を受けて保証人（連帯保証人ではない通常の保証人で，かつお互いに連帯しない保証人）となり，その後CがBに対して，主たる債務1000万円の全額を，同債務の弁済期日に弁済した。この場合に関する以下の記述のうち，民法の規定に照らし，正しいものはどれか。なお，CD間には負担部分に関する特段の合意がないものとする。

1　CはAおよびDに対して求償することができ，求償権の範囲は，Aに対しては，1000万円および求償権行使までに生じた利息，遅延損害金に及び，Dに対しては，500万円および求償権行使までに生じた利息，遅延損害金に及ぶ。

2　CはAおよびDに対して求償することができ，求償権の範囲は，Aに対しては，1000万円および求償権行使までに生じた利息，遅延損害金等に及び，Dに対しては，500万円である。

3　CはAに対してのみ求償することができ，求償権の範囲は，1000万円および求償権行使までに生じた利息，遅延損害金等に及ぶ。

4　CはAに対してのみ求償することができ，求償権の範囲は，500万円および求償権行使までに生じた利息，遅延損害金等に及ぶ。

5 CはDに対してのみ求償することができ，求償権の範囲は，500万円および求償権行使までに生じた利息，遅延損害金に及ぶ。 (H 26-31)

　保証人が主たる債務者の委託を受けて保証をした場合において，過失なく債権者に弁済をすべき旨の裁判の言渡しを受け，または主たる債務者に代わって弁済をし，その他自己の財産をもって債務を消滅させるべき行為をしたときは，その保証人は，主たる債務者に対して求償権を有します（459条1項）。そして，この求償は，弁済その他免責があった日以後の法定利息及び避けることができなかった費用その他の損害の賠償を含むのは先ほどの表（11-4）のとおりです。したがって，Aに対しては，1000万円及び求償権行使までに生じた利息，遅延損害金に及びます。

　そして，互いに連帯しない共同保証人間の求償については，委託を受けない保証人の求償権の規定が準用されており，保証人は，その当時利益を受けた限度において償還を請求することができます。したがって，Dに対しては，500万円の限度で求償をすることができます。

到達度チェック ▶▶▶

3　通知義務と求償の関係

解法の鉄則その3
① 通知義務の有無を検討する
② 通知義務の懈怠のパターンを整理する
・ 事前通知を怠った場合
・ 事後通知を怠った場合
・ 事前・事後の通知を怠った場合

　求償をするためには，事前・事後に通知をする必要がある場合があります。この論点について検討していきましょう。

　この論点を考えるときには，まず，「そもそも通知義務があるのか」ということを検討することを忘れないでください。そもそも通知義務がなければ，その懈怠という話も出てこないからです。

● 11-5　通知義務の整理

	事前通知	事後通知
委託を受けた保証人 　→　主たる債務者への通知	必　要	必　要
委託を受けていないが，主たる債務者の意思に反しない保証人 　→　主たる債務者への通知	不　要	必　要
委託を受けておらず，主たる債務者の意思にも反する保証人 　→　主たる債務者への通知	不　要	不　要
主たる債務者 　→　委託を受けた保証人	不　要	必　要
主たる債務者 　→　委託を受けていない保証人	不　要	不　要

設問13

❶▶ AがBに負う債務についてCが保証した場合，CがAの委託を受けて保証をしたか否かを問わず，AがBに対して債務の弁済をしたにもかかわらず，Cに対する通知を怠ったため，Cがその弁済を知らないままBに対し更に弁済をしたときは，Cは自己がした弁済を有効とみなすことができる。

(司書H7－6－イ)

　通知義務の検討をするクセをつけるにはよい問題です。❶は，「CがAの委託を受けて保証をしたか否かを問わず」としています。この点，主債務者は，委託を受けていない保証人に対して通知をする必要はありません。この場合に通知義務の懈怠ということは問題になりません。したがって，本問は誤りであると判断できます。そもそも通知義務があるのかという論点を先に検討しないと，絶対に見落としてしまいます。まずは，通知義務があるかどうかを確定させてしまうこと。これを解法としてしっかりともっておきましょう。

　さて，そのうえで，実際に通知懈怠があった場合はどうなるのか。こちらを問題を通して検討していきましょう。問題として出されるのは，①事前通知を怠ったケース，②事後通知を怠ったケース，③事前・事後の両方に懈怠があるケースの3パターンです。あとは，問題がどのケースか見抜けばおしまいです。この点は，次ページの11-6のように知識をまとめておくとよいでしょう。

● 11-6　**通知義務懈怠による求償権の制限** (債権者をA，連帯債務者をB及びCとする)

	事　例	結　論
I	事前通知懈怠 ① BがAに対して債権を取得 ② CがBに事前の通知をせずにAに対し弁済	Bは，Aに対抗することができる事由をもってCの求償に対抗することができる(443条1項)
II	事後通知懈怠 ① CがAに弁済 ② Bへの事後通知を怠っている間にBが善意でAに弁済	Bは自己の弁済を有効とみなすことができる(443条2項) → Cからの求償を拒むことができる → BはCに対して求償できる
III	事前・事後通知懈怠 ① CがAに弁済 ② Bへの事後通知を怠っている間に，BがCへの事前の通知をせずに善意でAに弁済	先にされたCの弁済が有効となり，Bは，Cからの求償を拒むことができない(最判昭57.12.17)

> ❷ ➤ AがBに負う債務についてCがAの意思に反せず保証した場合，CがAの委託を受けて保証をしたか否かを問わず，CがBに対して債務の弁済をしたにもかかわらず，Aに対する通知を怠ったためにAがその弁済を知らないままBに対し更に弁済したときは，CはAに対して求償権を行使することができない。
>
> (司書H7-6-ア)

　まず，通知義務の有無を検討しましょう。保証人であるCは，委託を受けて保証をしたか否かを問わず，弁済した事実を通知する必要がありました（事後通知）。したがって，通知義務はあるということをしっかりと確認しておきましょう。すると，通知義務はあるにもかかわらず，これを怠ったということになります。これは，先ほどの表11-6のIIのケースに該当します（463条2項）。よって，CはAに対して求償権を行使することはできません。

問題 共同事業を営むAとBは，Cから事業資金の融資を受けるに際して，共に弁済期を1年後としてCに対し連帯して1,000万円の貸金債務（以下，「本件貸金債務」という。）を負担した（負担部分は2分の1ずつとする。）。この事実を前提とする次の記述のうち，民法の規定及び判例に照らし，妥当でないものはどれか。

1　本件貸金債務につき，融資を受けるに際してAが錯誤に陥っており，錯誤に基づく取消しを主張してこれが認められた場合であっても，これによってBが債務を免れることはない。

2　本件貸金債務につき，A・C間の更改により，AがCに対して甲建物を給付する債務に変更した場合，Bは本件貸金債務を免れる。

3　本件貸金債務につき，弁済期到来後にAがCに対して弁済の猶予を求め，その後更に期間が経過して，弁済期の到来から起算して時効期間が満了した場合に，Bは，Cに対して消滅時効を援用することはできない。

4　本件貸金債務につき，AがBの存在を知りながら，共同の免責を得ることをBに通知することなくCに弁済した。その当時，BはCに対して500万円の金銭債権を有しており，既にその弁済期が到来していた場合，BはAから500万円を求償されたとしても相殺をもって対抗することができる。

5　本件貸金債務につき，AがBの存在を知りながら，Cに弁済した後にBに対してその旨を通知しなかったため，Bは，これを知らずに，Aに対して事前に弁済する旨の通知をして，Cに弁済した。この場合に，Bは，Aの求償を拒み，自己がAに対して500万円を求償することができる。

（H29-32改）

※◯：妥当である　　✕：妥当でない

1　連帯債務者の1人について法律行為の無効または取消しの原因があっても，
◯　他の連帯債務者の債務は，その効力を妨げられない（437条）。したがって，Aが本件貸金債務の融資を受ける際に，錯誤に陥っており，錯誤取消しを主張して，これが認められたとしても，Bが債務を免れることはない。

2　連帯債務者の1人と債権者との間に更改があったときは，債権は，すべての
◯　連帯債務者の利益のために消滅する（438条）。したがって，Aが，Cとの間の更改により，AがCに対して甲建物を給付する債務に変更した場合，Bは本件貸金債務を免れる。

3　本件貸金債務につき，弁済期到来後にAがCに対して弁済の猶予を求めたこ
✕　とは，時効更新事由の1つである権利の承認にあたる（152条1項）。そして，438条，439条1項及び440条に規定する場合を除き，連帯債務者の1人について生じた事由は，原則として，他の連帯債務者に対してその効力を生じないところ（441条），権利の承認については，438条，439条1項，440条までに規定されていない。したがって，AのCに対する権利の承認は，Bには影響を与えず，時効は更新していないため，Bは，本件貸金債務の弁済期の到来から起算して時効期間が満了した場合，Cに対して消滅時効を援用することができる。

4　他の連帯債務者があることを知りながら，連帯債務者の1人が共同の免責を
◯　得ることを他の連帯債務者に通知しないで弁済等をした場合において，他の連帯債務者は，債権者に対抗することができる事由を有していたときは，その負担部分について，その事由をもってその免責を得た連帯債務者に対抗することができる（443条1項前段）。したがって，AがBの存在を知りながら，共同の免責を得ることをBに通知することなくCに弁済した当時に，BがCに対する金銭債権500万円を有して，すでに弁済期が到来していた場合には，BはCに対して相殺を主張することが可能であったのだから，BはAから500万円を求償されたとしても，相殺をもって対抗することができる。

5　弁済をし，その他自己の財産をもって共同の免責を得た連帯債務者が，他の
○　連帯債務者があることを知りながらその免責を得たことを他の連帯債務者に
　　通知することを怠ったため，他の連帯債務者が善意で弁済その他の行為をし
　　たときは，当該他の連帯債務者は，その免責を得るための行為を有効であっ
　　たものとみなすことができる（443条2項）。したがって，AがBの存在を知
　　りながら，Cに弁済した後にBに対してその旨を通知しなかったため，B
　　は，これを知らずに，Aに対して事前に弁済する旨の通知をして，Cに弁済
　　した場合には，Bは，自己の弁済が有効であったとして，Aの求償を拒み，
　　さらにAに対して500万円の求償をすることができる。

　　以上により，妥当でないものは肢3であり，正解は3となる。

到達度チェック ▶▶▶

12. 債権の消滅

➡ 総合テキスト **Chapter 27**, 総合問題集 **Chapter 15**

イントロダクション

　債権の消滅では，主に弁済・相殺について学習していきます。いずれも本試験対策としては重要なテーマですから，じっくりと学習をしていくようにしてください。

　このテーマのポイントは，①考える順序を確定させること，②あらかじめ解釈できる部分を分析しておくこと，③制度趣旨から思い出せるように訓練することです。似たような知識が多いテーマですから，この3つを切り口にしっかりと整理をしていきましょう。

① 弁　済

1 第三者弁済

> **解法の鉄則 その1**
>
> 第三者弁済については，以下の禁止されているケースを想定していくこと
> ① 債務の性質が第三者弁済を許さない場合
> ② 当事者が第三者弁済を制限する旨の意思を表示した場合
> ③ 正当な利益を有する者でない第三者が債務者または債権者の意思に反して弁済をする場合

　まずは，第三者弁済について見ていきましょう。

　債務は債務者が弁済をすることが原則です。もっとも，民法は第三者が弁済をすることもできる旨を規定しています。この論点は，とにかく第三者弁済ができる場面か否かを見抜くことが重要です。問題を検討しながら，この点を訓練していきましょう。

　それでは，**設問1**を見てください。

設問1

　Aが債権者，Bが債務者，Cが第三者であり，AとBが第三者の弁済を禁ずる旨の合意をしていたにもかかわらず，CがAに弁済した場合であっても，CがA・B間の合意の存在を知らず，かつ，知らないことに過失がないときは，その弁済は効力を有する。

(司書H10-5-イ)

　「第三者の弁済を禁ずる旨の合意」とありますから，**当事者が第三者弁済を制限する旨の意思を表示した場合**に該当します。したがって，第三者弁済をすることはできません。善意無過失である場合というひっかけがちょっと嫌な問題ですが，正確な理解と知識で乗り切りましょう。

　さて，次に正当な利益について検討していきましょう。この点については，場合分けがとても複雑です。そのため，すべての場合分けをあらかじめ覚えてしまい，それぞれどういう結論になるのかを瞬間的に判断できるようになってしまいましょう。

● 12-1　第三者弁済の可否──出題の全パターン（474条2項，3項）

> ① 正当な利益を有する者は，債務者または債権者の意思に反しても弁済することができる
> ② 正当な利益を有しない者は，債務者の意思に反して弁済することができない。逆にいえば，正当な利益を有しない者は，債務者の意思に反しなければ弁済することができる
> ③ 正当な利益を有しない者は，債務者の意思に反していても，債権者が当該事実について善意であるときは，弁済することができる
> ④ 正当な利益を有しない者は，債権者の意思に反して弁済することができない。逆にいえば，正当な利益を有しない者は，債権者の意思に反しなければ弁済することができる
> ⑤ 正当な利益を有しない者は，債権者の意思に反していても，債務者の委託を受けて弁済をする場合において，債権者が当該事実を知っていたときは，弁済することができる

　次に，**正当な利益**について，解釈しておきます。「正当な利益」とは，**法律上の利害関係**を意味し，事実上の利害関係を意味しません。具体的には，次ページの表（12-2）のように考えられています。こちらも，理解したうえで記憶してしまってください。

● 12-2　正当な利益の有無

関　係	正当な利益
親子関係・友人関係	なし（大判昭14.10.13参照）
物上保証人（被担保債権の弁済につき）	あり（最判昭39.4.21）
担保不動産の第三取得者（被担保権の弁済につき）	あり（同判例）
借地上の建物賃借人（敷地の地代弁済につき）	あり（最判昭63.7.1）
保証人（主債務につき）＊	あり

＊　保証債務については，自己が負う債務であるため，主債務者の意思に関係なく，当然に弁済ができる。

　このような知識の整理を前提に問題を読んでいけば，第三者弁済に関する解法が完成します。

設問2

❶▶ 弁済をするについて正当な利益を有する第三者が債務者の意思に反してした弁済は，その効力を生じない。　　　　　　　　　　（司書H25-17改）

　正当な利益を有する第三者は，債務者の意思に反して弁済をすることができます。したがって，本問は誤りです。この問題にアレンジを加えて，解法の練習をしましょう。

❷▶ 弁済をするについて正当な利益を有する第三者が債権者の意思に反してした弁済は，その効力を生じない。　　　　　　　　　　（司書H25-17改）

　正当な利益を有する第三者は，債権者の意思に反して弁済をすることができます。したがって，本問は誤りです。このように，正当な利益を有する第三者は，とにかく意思に反して弁済をすることができます。そのため，問題を解くうえでも，ここから検討すると楽に解けるかもしれません。

❸▶ 弁済をするについて正当な利益を有する者でない第三者が債務者の意思に反してした弁済は，債権者がそのことを知らずに受領した場合であっても，その効力を生じない。　　　　　　　　　　（司書H25-17改）

　正当な利益を有する者でない第三者は，債務者の意思に反して弁済することが

できません。もっとも，債権者が，今回の弁済が債務者の意思に反することを知らなかった（善意）場合は，例外的に弁済は有効です。したがって，本問は誤りです。

❹ ▶ 弁済をするについて正当な利益を有する者でない第三者が債権者の意思に反してした弁済は，第三者が債務者から委託を受けて弁済をする場合であり，そのことを債権者が知っていたとしても，効力を生じない。

(司書H25-17改)

正当な利益を有しない第三者は，債権者の意思に反して弁済をすることができません。もっとも，第三者が債務者から委託を受けて弁済をしており，かつ債権者がそのことを知っていたのであれば，例外的に弁済は有効です。したがって，本問は誤りです。

アレンジした問題を連続的に解いてきたので，なんとなく問題文の着眼点が理解できたでしょうか。要は，正当な利益の有無×債務者または債権者の意思で原則的な結論を出す。そのうえで，❸，❹のような例外事由の検討をする。このように検討をしていくとよいでしょう。

最後に，正当な利益の有無を見抜けるかどうかを，問題を通して確認していきます。

❺ ▶ Aは，B所有の甲土地上に乙建物を建てて保存登記をし，乙建物をCが使用している。Aが，Bとの間の土地賃貸借契約に基づいて乙建物を建て，Cとの間の建物賃貸借契約に基づいてCに乙建物を使用させている場合，Cは，Aに無断で甲土地の賃料をBに対して支払うことはできない。

(H25-32-ウ)

問題文が複雑ですが，しっかりと借地上の建物の賃借人であることを見抜いてください。「借地上の建物の賃借人」は，正当な利益を有しますから，債務者の意思に反しても弁済をすることができます。本問は誤りです。問題を解く思考過程としては，Aに無断で → 意思に反して弁済している → 正当な利益が必要 → 借地上の建物の賃借人だから正当な利益あり → よって，弁済可というイメージです。

到達度チェック ▶▶▶

② 弁済の提供

解法の
鉄則
その2

① 原則として，現実の提供が必要
② 以下の場合，口頭の提供で足りる
　・債権者があらかじめその受領を拒んだ場合
　・債務の履行について債権者の行為を要する場合
③ 口頭の提供すら不要の場合を考える
　・債権者の不受領意思が明確な場合

　この論点は，考えるべきことが限定されているため，問題文のキーワードをしっかりと捉え，スピーディーに判断していってください。

設問3

❶▶ AがBに対して電器製品を売却する旨の売買契約（両債務に関する履行期日は同一であり，AがBのもとに電器製品を持参する旨が約されたものとする。以下，「本件売買契約」という。）に関して，Bが予め受領を拒んだため，Aは履行期日に電器製品をBのもとに持参せず，その引渡しの準備をしたことをBに通知して受領を催告するにとどめた場合，Bは，Aに対して，電器製品の引渡しがないことを理由として履行遅滞に基づく損害賠償責任を問うことはできない。
(H 27－32－3)

　弁済の提供は現実になすことが原則です。もっとも，債権者があらかじめその受領を拒んでいる場合には，この限りではありません。本問では，「Bが予め受領を拒んだ」という部分に着目し，「口頭の提供で足りるな」とすぐに連想していきます。したがって，本問では適切に弁済の提供がされているため，Bは，Aに対して，履行遅滞に基づく損害賠償を請求することはできません。

❷▶ AがBに対して電器製品を売却する旨の売買契約（両債務に関する履行期日は同一であり，AがBのもとに電器製品を持参する旨が約されたものとする。以下，「本件売買契約」という。）に関して，履行期日になってBが正当な理由なく売買代金の支払をする意思がない旨を明確に示した場合であっても，Aは，電器製品の引渡しの準備をしたことをBに通知して受領を催告しなければ，Bに対して履行遅滞に基づく損害賠償責任を問うことができない。
(H 27－32－5)

　本問は，「正当な理由なく売買代金の支払をする意思がない旨を明確に示した」とありますから，債権者の不受領意思が明確な場合であると見抜きます。すると，現実の提供はおろか，口頭の提供すら不要の場面です。したがって，Aは弁済の提供をしていなかったとしても，Bに対して履行遅滞に基づく損害賠償責任を問うことができます。よって，本問は誤りです。

③　表見受領権者に対する弁済

解法の鉄則その3

①　要件をしっかりと検討する
　・弁済の受領者が債権の表見受領権者にあたること
　・弁済者が善意無過失であること
②　効果の検討をする
　・弁済は有効となり，債務者は債務を免れる
　→　もっとも，真の債権者は，表見受領権者に対して，不当利得の返還請求（703条，704条），または不法行為に基づく損害賠償請求（709条）をすることができる

　次に，表見受領権者に関する問題です。これは，一種の公信力であると考えられています。したがって，要件としては，即時取得などと同じように，①本来権限を有しない者（表見受領権者）に，②善意無過失で弁済をしてしまったと考えておけばいいでしょう。このことをしっかりと認識していれば，以下のように，芋づる式に正解を導き出すことができます。

設問4

❶▶　他人名義の預金通帳と届出印を盗んだ者が銀行の窓口でその代理人と称して銀行から払戻しを受けた場合に，銀行が，そのことにつき善意であり，かつ過失がなければ，当該払戻しは，表見受領権者への弁済として有効な弁済となる。　　　　　　　　　　　　　　　　　　　　　　（H26-33-ア改）

❷▶　他人名義の定期預金通帳と届出印を盗んだ者が銀行の窓口で本人と称して，定期預金契約時になされた定期預金の期限前払戻特約に基づいて払戻しを受けた場合に，銀行が，そのことにつき善意であり，かつ過失がなければ，

当該払戻しは，表見受領権者への弁済として有効な弁済となる。

（H26-33-イ改）

❸▶ 他人名義の定期預金通帳と届出印を盗んだ者が銀行の窓口で本人と称して銀行から定期預金を担保に融資を受けたが，弁済がなされなかったため，銀行が当該貸金債権と定期預金債権とを相殺した場合に，銀行が，上記の事実につき善意であり，かつ過失がなければ，当該相殺は，表見受領権者への弁済の規定の類推適用により有効な相殺となる。　　　　　（H26-33-ウ改）

❹▶ 債権者の被用者が債権者に無断でその印鑑を利用して受取証書を偽造して弁済を受けた場合であっても，他の事情と総合して当該被用者が債権の表見受領権者と認められるときには，債務者が，上記の事実につき善意であり，かつ過失がなければ，当該弁済は，表見受領権者への弁済として有効な弁済となる。　　　　　　　　　　　　　　　　　　　　　　（H26-33-エ改）

❺▶ 債権が二重に譲渡され，一方の譲受人が第三者対抗要件を先に具備した場合に，債務者が，その譲受人に対する弁済の有効性について疑いを抱いてもやむをえない事情があるなど，対抗要件で劣後する譲受人を真の債権者であると信ずるにつき相当の理由があるときに，その劣後する譲受人に弁済すれば，当該弁済は，表見受領権者への弁済として有効な弁済となる。

（H26-33-オ改）

　事案把握が難しい問題でしたが，いずれも表見受領権者に対して，善意無過失で弁済をしていることだけを把握していけばよいのです。したがって，設問はすべて正しいということになります。表見受領権者の解法はこのことを念頭に置いておくとよいでしょう。

到達度チェック ▶▶▶

4 弁済による代位

解法の
鉄則
その4

① 任意代位か法定代位か
・「弁済について正当な利益」を有する者かを検討
→ 「弁済についての正当な利益」があれば法定代位となり，なければ任意代位となる

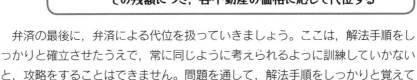

② 代位する人物をパターン分けして検討する
・保証人と第三取得者間
→ 第三取得者から保証人へは，代位不可
・第三取得者（物上保証人）間
→ 各不動産の割合に応じて代位
・保証人と物上保証人間
→ 頭数で割る → 保証人の額が確定
→ 複数の物上保証人がいる場合には，
①まず，頭数による計算で保証人の負担部分を除き，②
その残額につき，各不動産の価格に応じて代位する

　弁済の最後に，弁済による代位を扱っていきましょう。ここは，解法手順をしっかりと確立させたうえで，常に同じように考えられるように訓練していかないと，攻略をすることはできません。問題を通して，解法手順をしっかりと覚えていってください。

　弁済による代位は，まず任意代位か法定代位かを確認しておくようにしましょう。弁済について正当な利益があれば法定代位，なければ任意代位です。法定代位と任意代位は，代位を対抗するために，債権譲渡の対抗要件を具備する必要があるか否かが異なります。すなわち，法定代位の場合には債権譲渡の対抗要件を備える必要はありませんが，任意代位の場合は必要です（500条）。そのため，この一点のみを狙い撃ちで解いていくとよいでしょう。

設問5

　Ａは，Ｂから，弁済期を1年後として5000万円の融資を受け，Ｃがその保証人となった。さらに，Ｄは，Ａの債務を担保するために自己の所有する不動産に抵当権を設定した。ＣがＢに対して弁済をした場合，Ｃは，弁済によって当然にＢに代位するが，代位を対抗するためには，債権譲渡の対抗要件を備える必要がある。

（オリジナル）

　本問は，保証人Ｃが弁済した場合です。Ｃは，弁済をするについて正当な利益を有する者であるといえます。したがって，債権譲渡の対抗要件を備える必要はありません。本問は誤りです。

　次に，代位不可の事案ではないかの検討をしておきましょう。

設問6

　債権者Aに対して，債務者Bのために第三者であるCが弁済をする場合において，CがAのために抵当権が設定されているB所有の不動産の第三取得者であるときは，Cは，弁済によりBの保証人であるDに対してAに代位する。

(司書S 57 - 1 - 4 改)

　<u>第三取得者 → 保証人</u>へ代位をすることはできません。したがって，第三取得者であるCは，保証人Dに対して，代位することはできません（501条3項1号）。第三取得者は抵当権の負担含みの値段で買い受けているケースが通常であるため，このような場合にまで代位を認める必要はないだろうという趣旨です。
　さて，弁済による代位の最後に，面倒な計算の問題を検討しておきましょう。ここでは，どの間の話なのかを明確にする必要があります。

設問7

❶▶ 乙が甲に対し1500万円の債務を負っている。乙の甲に対する債務を担保するために，乙は，自己所有の不動産X（1200万円）及び，Y（800万円）に抵当権を設定していたが，XをAに，YをBにそれぞれ譲渡した。Aが乙に代わって債務を弁済した場合，Aは，Bに対し600万円の限度で代位できる。

(オリジナル)

　第三取得者間の話です。第三取得者相互間では，第三取得者の1人は他の第三取得者に対して各不動産の価格に応じて債権者に代位します（501条3項2号）。したがって，Aの負担額は900万円（1500万円×5分の3），Bの負担額は600万円（1500万円×5分の2）となります。上記の話は，物上保証人間でも同様です（501条3項3号）。よって，本問は正しいです。

❷▶ 乙が甲に対し1500万円の債務を負っている。乙の甲に対する債務を担保するために，Aが保証人となり，BCはその所有する不動産（B所有：1500万円，C所有：500万円）に抵当権を設定した。Aが乙に代わって債務を弁済した場合，Aは750万円の限度でBの不動産上の抵当権に，250万円の限度でCの不動産上の抵当権に代位できる。

(オリジナル)

　❷は，保証人・物上保証人が混ざった場合です。保証人だけなら頭数で割ればいいだけのですが，保証人と物上保証人が混ざったケースはやや複雑です。保

証人と物上保証人がいる場合には，頭数に応じて負担部分を分け，物上保証人が複数いる場合には，保証人の負担部分を除いた残額について各不動産の価格に応じて代位できます（501条3項4号）。本問では，Aの負担部分は500万円（1500万円÷3），BCの負担部分は，残額1000万円をBCの不動産の価格の割合で分割した額で，B 750万円（1000万円×4分の3），C 250万円（1000万円×4分の1）となります。したがって，本問は正しいです。

② 相　　殺

❶ 単純な知識事項

> **解法の鉄則 その1**
> ①　相殺契約
> ②　条件，期限を付すことはできない

　相殺は，後に検討する相殺の可否の判断に時間を取られます。したがって，比較的検討することが少なく，かつ判定しやすい選択肢を優先的に見ていくとよいでしょう。具体的には，次のような問題です。

> **設問8**
> ❶▶ 相殺契約においては，両債権が同種の目的を有することは必要ではない。
> (司法H20-20-オ)

　通常，相殺は一方的な意思表示によりますが，本問のように相殺契約をすることも可能です。そして，私的自治の原則から，本問のような取扱いも可能だと考えられています。

> ❷▶ 単独行為である相殺の意思表示には条件や期限を付することはできないが，相殺契約の場合には条件や期限を付することができる。　(オリジナル)

　単独行為である相殺の意思表示には条件や期限を付することはできません。しかし，相殺契約の場合は，私的自治の原則から条件や期限を付することも可能です。

到達度チェック ▶▶▶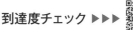

2 相殺の可否

解法の
鉄則
その2

① 要件の検討
→ 特に，当事者間に債権が対立していることという要件の検討が重要
② 以下の，相殺の可否に関する視点から思い出していく
・自働債権と受働債権の性質
・被害者救済の観点
・相殺の担保的機能

解法の鉄則その2 のような単純な知識事項の検討を終えたら，次に相殺の可否を検討していきます。最初に検討すべきは，債権の対立です。

設問9

抵当不動産の第三取得者は，被担保債権の債権者に対して自らが有する債権を自働債権とし，被担保債権を受働債権として，相殺をすることができる。

(オリジナル)

相殺の要件として，当事者間に対立した債権が存在することが必要です。抵当不動産の第三取得者の抵当権者に対する債権と抵当権者が債務者に対して有する債権に対立はありませんよね。したがって，相殺はできません。

これを前提として，相殺の可否を検討していきましょう。相殺の可否については，次ページの表（12-3）のように整理をすることができます。

まず，表12-3中①，②，③，⑤の解法をマスターしましょう。①，②，③，⑤に共通する視点は，自働債権は支払強制を意味するのに対し，受働債権は任意に支払ったことを意味するということです。

例えば，A・Bが，それぞれ対立する債権を持っていたとして，BがAに対して相殺の意思表示をすることによって，BのAに対する債権については強制的に回収することができますし，BがAに対して負っている債務については自分が弁済をしたのと同様になります。この視点から，自働債権としての相殺の可否，受働債権としての相殺の可否が決まってくるのです。次に，具体的な問題で検討していきましょう。

まずは，表12-3②についてです。

● 12-3　相殺の可否

○：可能　×：不可能

	自働債権として相殺	受働債権として相殺
①期限の定めのない債権を	○	○
②弁済期未到来の債権を	×	○
③時効消滅した債権を(508条)	原則：×　例外：○*1	○
④不法行為に基づく損害賠償債権を	○	×*2
⑤差押禁止債権を(510条)	○	×
⑥同時履行の抗弁権の付着した債権を	×	○
⑦差押えを受けた債権を　　　(511条)	×	差押前に取得：○*3 差押後に取得：×*4

＊1　自働債権が時効によって消滅した場合でも，自働債権が時効消滅前に相殺適状にあったのであれば，相殺することができる（508条）。これに対し，すでに消滅時効にかかった債権を譲り受け，これを自働債権として相殺することはできない。

＊2　受働債権が，①悪意による不法行為に基づく損害賠償の債務に係る債権である場合，②人の生命または身体の侵害による不法行為または債務不履行に基づく損害賠償の債務に係る債権である場合である（509条）。

＊3　自働債権と受働債権の弁済期の先後を問わない。

＊4　受働債権の差押え後に自働債権を取得した場合であっても，その自働債権が受働債権の差押えよりも前の原因に基づいて生じたものであるときには，相殺を差押債権者に対抗することができる（511条2項本文）。もっとも，第三債務者が受働債権の差押え後に他人の債権を取得した場合は，第三債務者は相殺を対抗することができない（同項ただし書）。

設問10

❶▶ 消滅時効にかかった債権を譲り受けて，これを自働債権として相殺することも，民法508条により許される。　　　　　　　　（司法H 20－20－エ）

　消滅時効にかかった債権を譲り受けて，自働債権として相殺するということは，消滅時効にかかった債権の「支払いを強制している」ことになります。したがって，このような相殺は原則としてできません。

　ちなみに，受働債権としての相殺であれば，それは時効の利益の放棄と同様になりますから可能だと考えられるのです。

❷ ▶ 時効によって消滅した債権も，自動債権として，相殺に供し得る。

(司法H 23 - 23 - ア)

これに対し，自動債権が時効消滅前に相殺適状にあったのであれば，相殺をすることができます。この場合，当事者間の意思としては，当然に決済したものと考えているからです。

❸ ▶ 建物賃借人Aは，賃貸人Bに対する賃料債務を消滅させるため，Aを売主，Bを買主とする動産の売買における引渡債務の履行を提供しなくても，履行期にあるその売買代金を自動債権として相殺をすることができる。

(司法H 24 - 30 - 4)

次に，表12-3⑥についてです。本問では，自動債権に同時履行の抗弁権が付着しています。相手方の同時履行の抗弁権を強制的に奪うことはできないので，このような相殺は認められません。

❹ ▶ AがBに対して平成20年5月5日を弁済期とする300万円の売掛代金債権を有し，BがAに対して平成20年7月1日を弁済期とする400万円の貸金債権を有している。この場合に，平成20年5月10日にAがBに対してする相殺は効力が生じる。

(H 20 - 34 - ア)

本問は，自動債権については弁済期が到来，受働債権については弁済期が未到来の場合です。弁済期未到来のものを任意に支払うことは可能ですから，本問の相殺は効力を生じることになるのです。このように，自動債権は支払い強制を意味するのに対し，受働債権は任意に支払ったことを意味するということを前提にして，❶から❹までを考えてみてください。

次に，表12-3の④，⑤の解法をマスターしていきます。④，⑤に共通する視点は，被害者救済（現金をもらう必要性）です。つまり，不法行為の被害者を救済するためには現実に支払いをさせるべきであり，加害者の側が，被害者に対してもっている債権と相殺することはできません。また，扶養債権などは実際に扶養してもらうことに重要な意味があることから，扶養義務者は扶養債権者に対してもっている債権と相殺して，扶養したことにすることはできません。

もっとも，不法行為に基づく損害賠償については，少し細かく相殺の可否が規定されています。次の設問を読んでポイントを確認しましょう。

設問11

❶▶「私は，Ｘ氏から200万円を借りていますが，先日自宅でその返済に関してＸ氏と話し合いをしているうちに口論になり，激昂したＸ氏が『こんなシャンデリアを買っている余裕があるのだったら，金を返せよな。』と言ったうえで，居間にあったシャンデリア（時価150万円相当）に向かって灰皿を投げて，シャンデリアを全損させました。Ｘ氏は，弁償すると言っていますが，私も貸したお金を返していないのだから，その分は差し引かせてもらうと言いました。私としては，新しいシャンデリアがすぐにほしいので，弁償は現金でほしいのですが，現金で支払ってほしいと言えるのでしょうか。」との相談に対し，「言えます」と回答し得る。 (H 22 - 46改)

　本問では，Ｘがシャンデリアを壊したことに対して，私は不法行為に基づく損害賠償を請求することができます。これに対して，Ｘは，貸金から差し引かせてもらうと言っているのですから，相殺を主張しているわけです。

　Ｘから相殺を主張しているのですから，Ｘの私に対する貸金債権が自働債権，私のＸに対する不法行為に基づく損害賠償請求権が受働債権ですね。

　不法行為に基づく損害賠償請求権を受働債権とする場合，その不法行為が悪意に基づくものである場合，相殺をすることができません（509条１号）。ここでいう悪意とは害意をもったものと考えておいてください。積極的に相手を害する意思でやったという意味です。

　本問では，Ｘは，シャンデリアに向かって灰皿を投げて全損させたというのですから，悪意（害意）をもっていることがわかります。とすれば，Ｘは，不法行為に基づく損害賠償請求権を受働債権として相殺を主張することができません。したがって，本問の相談に対しては，「言えます」と回答し得ます。

❷▶「私は，Ｘ氏から200万円を借りていますが，先日自宅でその返済に関してＸ氏と話し合いをしているうちに口論になり，激昂したＸ氏が投げた灰皿が，私の額に当たり，全治２週間のケガをしてしまいました。Ｘ氏はわざとではないにせよこの件については謝罪し，きちんと治療費は支払うとは言っていますが，私も貸したお金を返していないのだから，その分は差し引かせてもらうと言いました。私としては，治療費は現金でほしいのですが，現金で支払ってほしいと言えるのでしょうか。」との相談に対し，「言えます」と回答し得る。 (H 22 - 46改)

❶の問題にアレンジを加えました。

本問では，Ｘが私に対して全治２週間のケガを負わせたことに対して，私が不法行為に基づく損害賠償を請求することができます。これに対して，Ｘが相殺を主張しているのは，先ほどの問題と同様です。不法行為に基づく損害賠償請求権が受働債権となっている点も同様ですね。

不法行為に基づく損害賠償請求権を受働債権とする場合，それが人の生命・身体の侵害によるものであるときは，相殺をすることができません（509条２号）。人の生命・身体の侵害をしたということは，治療が必要です。治療費は現金で支払わせることにより，被害者の救済を図ろうという趣旨です。

本問では，確かに，Ｘは積極的に相手を害する意思でやったわけではありません。つまり，悪意（害意）に基づく不法行為ではないのです。しかし，Ｘは，私の額にケガをさせていますから，人の身体を侵害した不法行為であるといえます。とすれば，Ｘは，不法行為に基づく損害賠償請求権を受働債権として相殺を主張することはできません。したがって，本問の相談に対しては，「言えます」と回答し得ます。

❸ ▶「私は，Ｘ氏から200万円を借りていますが，先日自宅でその返済に関してＸ氏と話し合いをしているうちに口論になり，激昂したＸ氏が投げた灰皿が，居間にあったシャンデリア（時価150万円相当）に当たり，シャンデリアが全損してしまいました。Ｘ氏はわざとではないにせよこの件については謝罪し，きちんと弁償するとは言っていますが，私も貸したお金を返していないのだから，その分は差し引かせてもらうと言いました。私としては，新しいシャンデリアがすぐにほしいので，弁償は現金でほしいのですが，現金で支払ってほしいと言えるのでしょうか。」との相談に対し，「言えます」と回答し得る。
（H 22 − 46改）

さらに，問題をアレンジしました。

相殺が問題となっている点は，先ほどまでの問題と同様です。それでは，Ｘは，悪意（害意）をもって不法行為に及んでいるでしょうか。これは，違いますよね。Ｘは，積極的に私を害する意図でやったわけではありません。それでは，人の生命・身体を侵害しているのでしょうか。これも違います。本問ではシャンデリアが壊れただけであり，私がケガ等をしたわけではありません。とすれば，不法行為に基づく損害賠償請求権を受働債権とするＸからの相殺は，相殺が禁止されているいずれの場合にも該当しないということになります。したがって，Ｘ

は，相殺を主張することができます。よって，本問の相談に対しては，「言えます」と回答することができません。

このように，不法行為に基づく損害賠償請求権を受働債権とする相殺の可否が問われた場合には，①悪意（害意）があったか，②人の生命・身体を侵害していないかという2点をチェックしたうえで，結論を出していくようにしましょう。

最後に，相殺の担保的機能を重視した論点を攻略しておしまいです。

設問12

A銀行がBに対して平成19年7月30日に期間1年の約定で貸し付けた400万円の貸金債権を有し，他方，BがA銀行に対して平成20年7月25日を満期とする400万円の定期預金債権を有していたところ，Bの債権者CがBのA銀行に対する当該定期預金債権を差し押さえた。この場合に，平成20年8月1日にA銀行がBに対してする相殺の効力が生じる。 　　　　（H20-34-ウ）

A銀行は，Bに400万円を貸し付ける際，担保を何も取らない。そんなことは通常はないですよね。A銀行は，BのA銀行に対する定期預金に目をつけ，もしBが払わなければ，当該定期預金債権と相殺してしまおうと考えているのです。これを定期預金担保貸付けなどといいます。そして，いざとなったら相殺して債権を回収したことにしてしまう。これを相殺の担保的機能といいます。本問では，A銀行と債権者Cは同じ定期預金債権について利害関係がありますから，どちらが先に権利行使をしたかで優先関係が決定されるのです。したがって，A銀行が差押前に相殺適状になっている以上，A銀行の相殺は有効であるということになります。

なお，差押え後に相殺適状になったときに相殺を認めてしまうと，差押えが無意味になってしまい，差押債権者に不利益に及びます。さらに，受働債権の弁済期が自働債権の弁済期より先に来て，自分の債務について履行遅滞に陥らなければ，相殺できないようなときには，第三債務者の利益よりも差押債権者の利益を重視して相殺を認めないと考えるべきではないか，ということも問題となります。

民法の規定によれば，第三債務者は，自働債権が受働債権差押え前に取得されたものである限り，自働債権の弁済期が到来して相殺適状にさえなれば，差押え後においても相殺することができると考えることができます（511条1項参照）。相殺の担保的機能を重視した結論です。

> **問題** 相殺に関する次の1から5までの各記述のうち,正しいものは
> どれか。

1　判例によれば,受働債権の履行について確定期限がある場合,弁済
　期が到来しないと相殺は不可能であるから,相殺をすることができる
　のは,その確定期限到来後である。

2　債権が差し押さえられた場合,債務者は,差し押さえられた債権を
　自働債権とし,第三債務者が債務者に対して有する債権を受働債権と
　して,相殺をすることができる。

3　相殺適状が生じてから相殺の意思表示がされるまでの間に一方の債
　権が譲渡されたとき,他方の債権の債権者は,譲渡された債権を受働
　債権として相殺をすることができない。

4　受働債権が差し押さえられても,差押え前から自働債権となる債権
　を第三債務者が有していた場合,第三債務者は,それらの債権の弁済
　期の先後を問わず,相殺適状に達すれば,相殺をすることができる。

5　自働債権が時効によって消滅している場合には相殺をすることがで
　きないが,相手方は時効利益を放棄して相殺をすることができる。

(司法H 21 – 22)

1　判例は，債権者は期限の利益を放棄しうる場合であれば，その意思表示をし
✕　ていなくても相殺による債権（債務者が債権者に有する債権）の消滅を第三
　　者に対して主張できるとした（大判昭8.5.30参照）。したがって，本肢にお
　　いて，受働債権の履行について確定期限がある場合であっても，期限の利益
　　の放棄等により，確定期限到来前に相殺をすることはできる。

2　民事執行法145条1項は，「執行裁判所は，差押命令において，債務者に対
✕　し債権の取立てその他の処分を禁止し，かつ，第三債務者に対し債務者への
　　弁済を禁止しなければならない。」と規定している。そして，差し押さえら
　　れた債権を自働債権として相殺をしても，これをもって差押債権者に対抗で
　　きない。このような債権を相殺の用に供することは，あたかもその弁済を受
　　けることと同視されるからである。

3　民法469条1項は，「債務者は，対抗要件具備時より前に取得した譲渡人に
✕　対する債権による相殺をもって譲受人に対抗することができる。」と規定し
　　ている。また，同条2項は，「債務者が対抗要件具備時より後に取得した譲
　　渡人に対する債権であっても，その債権が次に掲げるものであるときは，前
　　項と同様とする。ただし，債務者が対抗要件具備時より後に他人の債権を取
　　得したときは，この限りでない。」として，同項1号で「対抗要件具備時よ
　　り前の原因に基づいて生じた債権」，2号で「前号に掲げるもののほか，譲
　　受人の取得した債権の発生原因である契約に基づいて生じた債権」を掲げて
　　いる。したがって，相殺適状が生じてから相殺の意思表示がされるまでの間
　　に一方の債権が譲渡されたとき，他方の債権の債権者は，譲渡された債権を
　　受働債権として相殺をすることができる。

4　民法511条1項は，「差押えを受けた債権の第三債務者は，差押え後に取得
○　した債権による相殺をもって差押債権者に対抗することはできないが，差押
　　え前に取得した債権による相殺をもって対抗することができる。」と規定し
　　ている。この場合に，自働債権と受働債権の先後関係は問題とならない。

5　民法508条は，「時効によって消滅した債権がその消滅以前に相殺に適する
✕　ようになっていた場合には，その債権者は，相殺をすることができる。」と
　　規定している。

　　以上により，正しいものは肢4であり，正解は4となる。

到達度チェック ▶▶▶

民法

第 4 編

債権各論

13. 財産移転型契約

➡ 総合テキスト **Chapter 32**，総合問題集 **Chapter 18** 問題 **34** **36**

> ・・・・・・・・・・・・・・ イントロダクション ・・・・・・・・・・・・・・
>
> 　ここから債権各論に入っていきます。
> 　債権各論は，細かい場合分けが非常に多いところです。したがって，1つ
> ひとつのポイントをしっかりと場面に応じて検討していくことが重要です。本
> 書では，このような観点から，過去問を適宜改題しながら幅広いパターンを
> 検討し，過去未出の事項にも対応できるような思考回路作りを目指します。

① 贈与契約

解法の鉄則その1
① 解除の可否について考える
② 契約不適合責任について，贈与の特徴をつかむ
③ 特殊贈与について考える

　贈与契約は論点も少なく，検討すべきものも比較的少ないですから，ポイントをしっかりと整理し，問題文のどこに着眼点を置いていけばいいのかをチェックしていきましょう。

設問1

❶ ➤ Aは，自己所有の甲建物をBに贈与する旨を約した。本件贈与が口頭によるものであった場合，贈与契約は諾成契約であるから契約は成立するが，書面によらない贈与につき贈与者はいつでも解除することができるため，甲がBに引き渡されて所有権移転登記手続が終了した後であっても，Aは本件贈与を解除することができる。　　　　　　　　　　　　　（H 27 – 33 – 1 改）

　「解除」という言葉にすぐに反応しましょう。そして，瞬時に，次の13-1の中身を思い浮かべましょう。
　本問では，甲建物の引渡し及び所有権移転登記手続がすでに終了しています。したがって，解除することはできません。

● 13-1 贈与の解除

書面によらない贈与	各当事者が解除することができる。ただし、履行の終わった部分（動産の場合は引渡し、不動産の場合は登記又は引渡し）については解除することができない（550条）
書面による贈与	解除することができない

❷➤ Aは、自己所有の甲建物をBに贈与する旨を約した。当該契約が書面による場合、甲がBに引き渡しおよび所有権移転登記手続が終了していなければ、Aは本件贈与を解除することができる。　　　（H 27 – 33 – 1 改）

❶を改題したものです。解除は**書面によらない贈与**の場合でしたよね。したがって、**書面による贈与**の時点で解除をすることができないとすぐに判断できるようにしてください。

　次に、贈与における契約不適合責任について検討していきます。

　贈与は、売買等と異なり無償契約です。そこで、「贈与者は、贈与の目的である物又は権利を、贈与の目的として特定した時の状態で引き渡し、又は移転することを約したものと推定する」とされています（551条1項）。要は、**タダであげるんだし、一定の品質は保証できないよ。その時の現状で渡すということで勘弁してね**、ということです。そのため、贈与契約において、不完全履行（契約不適合責任）を問うことは、基本的には難しいと考えられます。

　これを前提に、次の設問を読んでみましょう。

設問2

❶➤ AはBとの間で、自分の使っている中古のテレビをBに対して贈与する旨の契約を締結した。しかし、履行期を過ぎ、BはAに何度も催告をしたが、Aは「今度必ず渡すから」と言って、実際にはなかなか渡してくれない。BはAからようやくテレビの引渡しを受けたが、Aの説明と異なり、そのテレビは故障していて廃棄せざるをえなかった。この場合、負担付贈与でない限り、AはBに対して当該故障について責任を負うことはない。　（司法H 19 – 36改）

　先ほどの説明のとおり、贈与においては、目的物を特定した時の状態で引き渡すことを約したものと推定されます。したがって、いくらテレビが壊れていたとしても、引渡し時の状態で移転することが契約の内容であると推定される以上、その不適合責任を追及することができない。これが大原則です。

もっとも，これは，あくまでも**推定**されるだけです。そのため，当事者間で特に品質等について契約の内容を定めていた場合，その内容に適合しないということはあり得ます。したがって，このような場合には，推定を覆すことができ，契約不適合責任を問える可能性が出てくるということになります。したがって，本問は誤りです。

　問題を解く際には，**贈与は無償契約である。だから，特定した時の状態で引き渡すことを約するものと推定される。したがって，贈与契約において，特に品質等の取決めをしていない限り，契約不適合責任を問うことができない**。このように知識を思い出すようにしておけば，確実に問題を解くことができるでしょう。

　もっとも，次の点には注意を要します。

❷ ▶ 負担付贈与契約においては，目的物の数量の不足や品質に問題があったとしても，贈与者は，それについて契約不適合責任を負わない。

(H 24 - 32 - 2 改)

　❶の改題です。**負担付贈与は，負担の限度で有償性があります**から，売買と同様に契約不適合責任を負うことがあります。したがって，本問は誤りです。

　最後に，特殊の贈与を検討しておしまいです。**負担付贈与，死因贈与，定期贈与**というキーワードが出てきたら，この論点のチェックに入るようにしてください。

設問3

❶ ▶ Ａは，自己所有の甲建物をＢに贈与する旨を約した。本件贈与につき書面が作成され，その書面でＢがＡの老後の扶養を行うことが約された場合，ＢがＡの扶養をしないときであっても，甲の引渡しおよび所有権移転登記手続が終了していれば，Ａは本件贈与を解除することができない。

(H 27 - 33 - 4)

　「老後の扶養を行うことが約された」という問題文から，**負担付贈与**であると判断します。具体的に問われた場合にも，すぐに学習した内容に置き換えられるようにすることが，民法の解法では重要です。負担付贈与は，負担の限度で有償性がありますから，危険負担や解除等の規定も準用されると考えられています。したがって，本問は誤りです。

❷▶ Bに対する定期の給付を目的とする贈与であらかじめ期間の定めがある
ものは，Aが死亡しても，その期間内は効力を失うことはない。

(H17-28-5)

　定期贈与が問われるとしたら，本問のように効力が失われるか否かを問うもの
しか考えられません。定期の給付を目的とする贈与は，贈与者**または**受贈者の死
亡によって，その効力を失います。したがって，本問は誤りです。

❸▶ Bに対する定期の給付を目的とする贈与であらかじめ期間の定めがある
ものは，Aが死亡するとその効力を失うが，Bが死亡してもその期間内は効
力を失うことはない。(H17-28-5改)

　定期贈与は，贈与者**または**受贈者の死亡によって，その効力を失います。した
がって，Bが死亡した場合でも効力を失います。
　特殊な贈与の最後に，死因贈与について検討します。こちらは，とにかく遺贈
との比較で問われることが多いため，次に挙げる表（**13-2**）の内容をしっかり
と記憶していく必要があります。

● 13-2　遺贈と死因贈与の比較

	遺　贈	死因贈与
法的性質	相手方のない単独行為	契　約
方　式	遺言の方式による (960条，964条)	無方式
単独でなし得る年齢	満15歳 (遺言能力　961条)	満20歳* (行為能力　4条)
効力発生要件	遺言者の死亡(985条1項)	贈与者の死亡(554条)
撤回（解除）	遺言の方式に従って いつでも可(1022条)	原則として，いつでも可 (554条・1022条)
遺留分侵害額請求	○(1046条)	○(554条・1046条)
代理の可否	×	○
負担付の可否	○(1002条)	○(551条2項)

＊　2022年4月より「満18歳」となる。

設問4

❶▷ Aは，自己所有の甲建物をBに贈与する旨を約した。本件贈与につき書面が作成され，その書面でAが死亡した時に本件贈与の効力が生じる旨の合意がされた場合，遺言が解除自由であることに準じて，Aはいつでも本件贈与を解除することができる。 　　　　　　　　　　　　　(H 27 - 33 - 3改)

死因贈与が問われた場合，性質に反しない限り，遺贈に関する規定が準用されるということを必ず思い出すようにしましょう。したがって，本問は正しいと判断できます。

❷▷ Aは，自己所有の甲建物をBに贈与する旨を約した。本件贈与につき書面が作成され，その書面でAが死亡した時に本件贈与の効力が生じる旨の合意がされた場合，遺言の方式にしたがって書面を作成しなければ，当該合意は効力を生じない。 　　　　　　　　　　　　　(H 27 - 33 - 3改)

ただし，死因贈与は契約であることから，方式については，準用されません。したがって，本問は誤りです。

❸▷ Aは，自己所有の甲建物をBに贈与する旨を約した。本件贈与につき書面が作成され，その書面でAが死亡した時に本件贈与の効力が生じる旨の合意がされた場合，遺言能力に準じて満15歳以上であれば，当該合意は確定的に有効である。 　　　　　　　　　　　　　(H 27 - 33 - 3改)

こちらも，❷と同様に，死因贈与は契約である点を考慮して，満20歳以上でなければ，単独で有効に行うことができません。したがって，本問は誤りです。
なお，2022年4月1日以降は，成年年齢は18歳になります。

到達度チェック ▶▶▶

❷ 売買契約

解法の鉄則その2　手付解除の要件の検討

　売買契約は，手付と担保責任が重要論点として挙げられますが，担保責任は債権の問題発生場面においてすでに検討しています。したがって，ここでは手付についての解法を身につけるようにしましょう。

　次の**13-3**で，手付解除における要件を確認しておきましょう。

設問5

❶▶ 売買契約において買主が売主に解約手付を交付した場合に，このことによって，買主は，どのような要件のもとであれば，売買契約を解除することができるか。40字程度で記述しなさい。　　　　　　　　　　（H 18 - 45）

● 13-3　手付解除の要件

①	相手方が履行に着手していないこと →　履行に着手した者からの解除は認められる →　「履行に着手」とは，客観的に外部から認識できるような形で履行行為の一部をなし，または履行の提供をするために欠くことのできない前提行為をした場合をいう（最大判昭40.11.24）
②	買主が解除するときは，手付を放棄すること 売主が解除するときは，交付された手付の倍額を現実に提供すること

　当事者の一方が契約の履行に着手するまでに，手付を放棄して，契約解除の意思表示をすることです。買主の場合には，手付の放棄ですね。

❷▶ 売買契約において買主が売主に解約手付を交付した場合に，このことによって，売主は，どのような要件のもとであれば，売買契約を解除することができるか。40字程度で記述しなさい。　　　　　　　　　（H 18 - 45改）

　当事者の一方が契約の履行に着手するまでに，手付の倍額を現実に提供して，契約解除の意思表示をすることです。売主の場合は，手付の倍額の償還です。買主，売主という部分に着眼点を置いて，間違えないように注意しましょう。

次に，手付解除の要件の１つである**相手方が契約の履行に着手するまで**について検討していきます。

❶▶ 売買契約において買主から売主に解約手付が交付された場合に，売主が売買の目的物である土地の移転登記手続等の自己の履行に着手したときは，売主は，まだ履行に着手していない買主に対しても，手付倍返しによる解除を主張することはできない。 （H23-32-2）

相手方が履行に着手するまでは，手付解除をすることができます。したがって，自ら履行に着手した売主は，買主が履行に着手していなければ，手付解除をすることが可能です。本問は誤りです。

❷▶ 売買契約において買主から売主に解約手付が交付された場合に，売主が売買の目的物である土地の移転登記手続等の自己の履行に着手していなければ，売主は，既に買主が履行に着手していたとしても，手付倍返しによる解除を主張することはできる。 （H23-32-2改）

自らが履行に着手していなかったとしても，相手方が履行に着手した時点で，手付解除をすることはできません。本問は誤りです。

総合問題に 挑戦

問題 ＡはＢとの間で，自分の使っている中古のテレビをＢに対して贈与する旨の契約を締結した。しかし，履行期を過ぎ，ＢはＡに何度も催告をしたが，Ａは「今度必ず渡すから」と言って，実際にはなかなか渡してくれない。この事例に関する次のアからオまでの記述のうち，誤っているものを組み合わせたものは，後記１から５までのうちどれか。

ア そのテレビが気に入っていたＢは，どうしてもテレビを手に入れたい。ＡＢ間の贈与が書面によらないものであっても，ＢはＡに対してそのテレビの引渡しを請求できる。

イ Ｂは，Ａからの贈与など当てにせず，新品のテレビを購入しようと思うようになったが，購入した後，Ａから中古のテレビが届くと，不用品として回収してもらわねばならず，かえって費用がかかってしまう。ＡＢ間の贈与が書面によらないものである場合，ＢはＡとの贈与を解除できる。

ウ Ｂは，Ａからの贈与など当てにせず，新品のテレビを購入しようと思うようになったが，購入した後，Ａから中古のテレビが届くと，不用品として回収してもらわねばならず，かえって費用がかかってしまう。ＡＢ間の贈与が書面によるものであっても，ＢはＡの債務不履行を理由にＡとの贈与契約を解除できる。

エ ＡＢ間の贈与契約では，契約締結の三日後にテレビの所有権がＡからＢに移転すると決められていた。この場合，贈与が書面によらないものであっても，期間の経過により所有権の移転という履行が終わってしまうので，引渡し前であってもＡは贈与を解除できなくなる。

オ ＢはＡからようやくテレビの引渡しを受けたが，Ａの説明と異なり，そのテレビは故障していて廃棄せざるをえなかった。この場合，負担付贈与でない限り，ＡはＢに対して当該故障について責任を負うことはない。

1 ア・ウ **2** ア・オ **3** イ・ウ **4** イ・エ **5** エ・オ

（司法Ｈ19－36改）

ア　書面によらない贈与は，各当事者が解除することができる（550条本文）
○　が，契約自体は有効に成立している。したがって，A・B間の贈与が書面に
よらないものであっても，Bは，Aに対してそのテレビの引渡しを請求でき
る。

イ　書面によらない贈与は，各当事者が解除することができる。ただし，履行の
○　終わった部分については，この限りでない（550条）。本問において，AB間
の贈与は，書面によらないものであり，かつ，いまだ履行は終わっていない
ことから，BはAとの贈与を解除することができる。

ウ　書面による贈与は，各当事者が解除することができない。もっとも，書面に
○　よらない贈与の解除と債務不履行解除は別の制度であり，債務不履行による
解除の要件を満たせば，Bは，Aの債務不履行を理由にAとの贈与契約を解
除することができる。

エ　書面によらない贈与は，各当事者が解除することができる。ただし，履行の
✕　終わった部分については，この限りでない（550条）。「履行の終わった」と
は，動産の場合，引渡しを意味し，所有権の移転があっただけでは，履行が
終わったものとすることはできない。したがって，テレビの引渡し前であれ
ば，Aは贈与契約を解除することができる。

オ　贈与者は，贈与の目的である物または権利を，贈与の目的として特定した時
✕　の状態で引き渡し，または移転することを約したものと推定する（551条1
項）。したがって，本問の贈与契約において，品質に関して特段の定めをし
ていることが反証されれば，Aは，Bに対して当該故障について契約不適合
責任を負う可能性がある。

以上により，誤っているものの組合せはエ・オであり，正解は **5** となる。

到達度チェック ▶▶▶

14. 貸借型契約

⇒ 総合テキスト **Chapter 33**, 総合問題集 **Chapter 19**

> ・・・・・・・・・・・・ **イントロダクション** ・・・・・・・・・・・・
>
> 　貸借型契約の中でも，特に複雑なのが賃貸借契約です。論点が多岐にわたり，かつ場合分けも非常に多いところなので，どうしても苦手にしがちなテーマです。本書では，論点の整理を行うとともに，過去問題を軸にして出題が予想される場合分けをすべて示すことで，どんな問題にも対応できるような力を身につけていきます。

1 賃貸人・賃借人の権利義務

解法の鉄則 その1

① **費用償還義務**
　・必要費　→　「直ちに」
　・有益費　→　「賃貸借契約の終了の時から」
② **修繕義務**
　→　賃貸人が負う
③ **賃料支払義務**
　→　賃料後払いの原則

　賃貸人・賃借人の権利・義務で特に問題として出題されるのは，**解法の鉄則 その1** にあるように，①費用償還の問題，②修繕義務の問題，③賃料支払いの時期の問題です。この3点について，問題文の着眼点を示しながら，適宜場合分けをしていくことにします。

設問1

❶▶ Aは自己所有の甲建物をBに賃貸し（以下，この賃貸借を「本件賃貸借」という。），その際，BがAに対して敷金を交付した。本件賃貸借において，Bが甲建物のために必要費を支出した場合，特約がない限り，Bはこれらの費用につき，直ちにAに対して償還請求することができる。

（H24-33-1改）

賃借人は，必要費に関しては，賃貸人に対し，直ちにその償還を請求することができます。したがって，本問は正しいです。**必要費 → 直ちに請求可**という部分のキーワードに反応できるようにしておいてください。

❷▶ Aは自己所有の甲建物をBに賃貸し（以下，この賃貸借を「本件賃貸借」という。），その際，BがAに対して敷金を交付した。本件賃貸借において，Bが甲建物のために有益費を支出した場合，特約がない限り，Bはこれらの費用につき，直ちにAに対して償還請求することができる。

(H 24 - 33 - 1 改)

有益費に関しては，**賃貸借の終了の時**にその償還を請求することができます。したがって，本問は誤りです。**有益費 → 賃貸借終了の時から請求可**というキーワードに反応しましょう。

❸▶ Aは自己所有の甲建物をBに賃貸し（以下，この賃貸借を「本件賃貸借」という。），その際，BがAに対して敷金を交付した。本件賃貸借において，Bが甲建物のために有益費を支出した場合，特約がない限り，Bはこれらの費用につき，賃貸借終了の時から6か月以内にAに対して償還請求をしなければならない。

(H 24 - 33 - 1 改)

必要費・有益費はともに，**貸主が目的物の返還を受けた時から1年以内に行使**する必要があります。したがって，本問は誤りです。以上，費用償還の問題については，過去問をアレンジした問題❶・❷・❸を解答のポイントとして把握しておいてください。

次に，修繕義務の問題です。これは使用貸借契約との比較をしておくことが解答のポイントです。

設問2

賃貸借契約，使用貸借のいずれにおいても，目的物の修繕義務は貸主が負う。

(オリジナル)

賃貸借契約の修繕義務は貸主が負いますが，使用貸借の修繕義務は借主が負います。

最後に，賃料後払いの原則です。

　宅地や建物の賃貸借の賃料は，翌月分を毎月末までに賃借人は賃貸人に対して支払わなければならない。　　　　　　　　　　　　　　（H18－32－イ）

　賃料は，毎月末にその月のものを支払えばよいというのが賃料後払いの原則なので，本問は誤りです。

② 敷　金

解法の
鉄則
その2

① **敷金の担保の範囲**
　→　**賃貸借契約終了後明渡時までに生ずる一切の債権**
② **敷金返還請求の発生時**
　→　**明渡時**
③ **敷金関係の承継**
　→　**賃貸人の側の承継**
　→　**賃借人の側の承継**

今度は，敷金に関する論点を整理していきましょう。

　建物賃貸借終了に伴う賃借人の建物明渡債務と賃貸人の敷金返還債務とは，特別の約定のない限り，同時履行の関係に立たず，賃貸人は，賃借人から建物明渡しを受けた後に敷金残額を返還すれば足りる。　　（司法H20－25－5）

　まずは，敷金についての典型的な論点を検討しましょう。敷金とは，不動産，特に建物の賃貸借契約にあたり，賃借人の賃料，その他賃貸借関係により生じた債務を担保するために，賃貸人に交付される金銭をいいます（622条の2第1項）。賃貸人は，契約終了後，敷金から目的物の明渡時までに生じる賃借人の債務を控除した残額を賃借人に返還することになるのでしたね。敷金返還債務は明渡時に発生するため，建物明渡債務と敷金返還債務とは同時履行の関係には立ちません。したがって，本問は正しいと判断できます。
　次に，敷金の承継という論点を検討していきます。ここは，次ページの**14-1**のように大きく3つのパターンに分けて検討しておくと，問題を解くのが楽にな

ります。

● 14-1　敷金の承継の整理

賃貸人たる 地位の移転	①　賃貸借期間中 　→　未払いの賃料債務に充当後，承継（最判昭44.7.17） ②　賃貸借終了後 　→　当然承継はされない（622条の2第1項1号参照）
賃借人たる 地位の変更	当然承継はされない（同項2号参照）

これを前提に，問題を検討していきましょう。

設問5

❶▶　Aは自己所有の甲建物をBに賃貸し，その際，BがAに対して敷金（以下，「本件敷金」という。）を交付した。AがFに甲建物を特段の留保なく売却した場合，甲建物の所有権の移転とともに賃貸人の地位もFに移転するが，現実にFがAから本件敷金の引渡しを受けていないときは，B・F間の賃貸借の終了時にFはBに対して本件敷金の返還義務を負わない。　（H24-33-5）

賃貸人の地位の移転については，次項の❸で検討することにします。本問で，もしFに賃貸人たる地位が移転したとすると，**賃貸借契約中の移転**ということになりますから，未払いの賃料債務に充当後，Fが本件敷金を承継することになります。したがって，本問は誤りです。

❷▶　Aは自己所有の甲建物をBに賃貸し，その際，BがAに対して敷金（以下，「本件敷金」という。）を交付した。AB間の賃貸借契約終了後，AがFに甲建物を特段の留保なく売却した場合，BはFに対して本件敷金の返還を請求することができる。　（H24-33-5改）

❶を改題しました。本問は，AB間の賃貸借契約が終了してから，Fが登場しています。したがって，賃貸人たる地位の移転もなく，敷金も当然に承継することはありません。したがって，本問は誤りです。

❸▶ Aは自己所有の甲建物をBに賃貸し，その際，BがAに対して敷金（以下，「本件敷金」という。）を交付した。BがAの承諾を得て本件賃貸借に基づく賃借権をCに譲渡した場合，特段の事情がない限り，AはBに対して本件敷金を返還しなければならない。　　　　　　　　　　　　　　　（H 24 - 33 - 2）

　❶❷と異なり，賃借人の地位に変更があった場合です。敷金は当然には，Cに承継されません。したがって，Aは従来の賃借人であるBに対して敷金を返還することになります。以上，敷金関連は問われるポイントが決まっていますから，　設問4　設問5　のような内容をしっかりと整理しておくとよいでしょう。

到達度チェック ▶▶▶

3 賃貸人の地位の移転

解法の
鉄則
その3

① 賃借権が所有権に対抗できる場合か
→ 「売買は賃貸借を破る」のケースを疑う

② 以下の2つの論点を想起する
・賃借人の承諾は不要である
・賃料を請求する場合，賃貸人は対抗要件を備えておく必要がある

　賃貸人たる地位の移転は，　解法の鉄則その3　に挙げたとおり，ひたすら3つの内容が問われます。したがって，解法として3つの論点を疑っていく姿勢を持っておけばクリアできます。

設問6

　AはBに金銭を貸し付け，この貸金債権を担保するためにB所有の土地の上に建っているB所有の建物に抵当権の設定を受けて，その登記を備えた。抵当権設定登記後にBが同抵当建物をFに賃貸した場合，対抗要件を備えた短期の賃貸借であっても，賃借人Fは抵当権実行による買受人Gに対抗できない。

　　　　　　　　　　　　　　　　　　　　　　　　　　（H 20 - 31 - 4）

　本問は競売の事例ではありますが，問題意識は同じです。賃借権は抵当権に後れていますから，買受人に対して賃借権を主張することができません。この場

合，Gに賃貸人たる地位は移転しないわけです。意外にこの前提を忘れてしまうため，しっかりと確認しておくようにしておきましょう。本問は正しいです。

　これを前提に，次のような問題だけ想定しておけば十分です。

> **設問7**
> 　賃貸借の目的となっている不動産の所有者がその所有権とともに賃貸人の地位を他に譲渡することは，賃貸人の義務の移転を伴うから，賃借人の承諾を必要とし，新旧所有者間の契約ですることはできない。 （H 26 - 32 - オ）

　賃貸人たる地位が移転するということは，契約上の地位の移転を意味しますから，原則として，契約当事者の承諾が必要です。しかし，賃貸人の義務は，所有者であれば誰でも履行できるものであるため，賃借人は，誰が賃貸人であるかについて，それほど重大な利害関係があるとはいえません。したがって，この場合，賃借人の承諾は不要とされています（605条の3前段）。

> **設問8**
> 　Aは，B所有の甲土地上に乙建物を建てて保存登記をし，乙建物をCが使用している。Aが，Bとの間の土地賃貸借契約に基づいて乙建物を建て，Cとの間の建物賃貸借契約に基づいてCに乙建物を使用させている場合，乙建物の所有権をAから譲り受けたBは，乙建物についての移転登記をしないときは，Cに対して乙建物の賃料を請求することはできない。 （H 25 - 32 - イ）

　問題文が長いですが，論点の整理ができていれば，比較的早く解答を出すことができます。賃料を請求 → 対抗要件が必要という公式ですから，本問は正しいとすぐに判定できます。賃料の二重払いの危険を防ぐ観点からこのような取扱いになっているのです。

到達度チェック ▶▶▶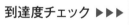

4 賃借権の譲渡・転貸の制限

解法の
鉄則
その４

① 譲渡・転貸に該当する場合か否かを検討する
② 賃貸人の承諾の有無を検討する
③ 解除権の制限を考える
④ 賃貸人・賃借人（転貸人）・譲受人（転借人）
の三者間の関係を捉える

　次に賃借権の譲渡・転貸という論点を検討していきましょう。この論点はちょっとした事案の違いで結論が大きく変わってくるところです。したがって，解法の鉄則その４ を丁寧に使い，論点をきっちりと整理していってください。

　まず，最初の分岐は**賃貸人の承諾の有無**です。承諾がなければ，賃借権の無断譲渡・転貸という問題になり，承諾があれば，適法な譲渡・転貸となります。最初に，賃借権の無断譲渡・転貸の論点から潰していきましょう。この論点は，そもそも賃借権の譲渡・転貸に該当するかどうかを検討することが重要です。次の問題を読んでみてください。

設問9

❶▷ Aは，B所有の甲土地上に乙建物を建てて保存登記をし，乙建物をCが使用している。Aが，Bとの間の土地賃貸借契約に基づいて乙建物を建てている場合，Aが，Cに対して乙建物を売却するためには，特段の事情のない限り，甲土地にかかる賃借権を譲渡することについてBの承諾を得る必要がある。　　　　　　　　　　　　　　　　　　　　　　　（H25-32-エ）

　賃借地上の建物の譲渡は，賃借権の譲渡に該当します。したがって，この場合，賃貸人の承諾を得る必要があります。

❷▷ Aは，B所有の甲土地上に乙建物を建てて保存登記をし，乙建物をCが使用している。Aが，Bとの間の土地賃貸借契約に基づいて乙建物を建てている場合，Aが，Cに対して乙建物を賃貸するためには，特段の事情のない限り，甲土地にかかる賃借権を譲渡することについてBの承諾を得る必要がある。　　　　　　　　　　　　　　　　　　　　　　　（H25-32-エ改）

　❶を改題しました。乙建物を**譲渡**するのではなく，**賃貸**する場合です。賃借人

が賃借地上に築造した建物を第三者に賃貸しても，土地賃借人は建物所有のため自ら土地を使用しているものであるため，賃借地を第三者に転貸したとはいえないというのが判例の考え方です（大判昭8.12.11）。したがって，本問の場合，承諾を得る必要はありません。このように，**譲渡**，**賃貸**という言葉が変わっただけで結論が異なってきます。 解法の鉄則その4 をしっかり使って，迷わないようにしてください。

　次に，無断譲渡・転貸があった場合の三者の法律関係を整理していきます。ここは，次の14-2のようにまとめておくとよいでしょう。

● 14-2　無断譲渡・転貸があった場合の三者の関係

賃貸人・譲渡人 (転貸人) の関係	①　賃貸人は，契約の解除をすることができる（612条2項） ②　賃借人の義務違反が賃貸借契約の基礎をなす信頼関係を破壊しない場合には解除できず，他方で，例えば，極端な用法違反をして賃貸物を使用したなど，義務違反の程度が著しく，催告が無意味であると判断して差し支えないと考えられるときは，無催告の解除が認められる（最判昭27.4.25）
譲渡人 (転貸人)・譲受人 (転借人) の関係	債権契約としては有効（大判昭2.4.25）
賃貸人・譲受人 (転借人) の関係	賃貸人は，賃貸借契約を解除しなくても，譲受人（転借人）に対して賃借物の明渡しを請求することができる（最判昭26.5.31）

　この14-2を前提に問題を見ていきます。

　設問10

　Aは，Bとの間で，A所有の土地につき賃貸借契約（以下，「本件契約」という。）を締結し，土地をBに引き渡した。この場合，BがAの承諾なくCに土地を転貸して引き渡した場合，原則として，AはBとの本件契約を解除することができる。
（オリジナル）

　「承諾なく」とあることから，無断転貸の場面であると見抜きます。そして，本問は，賃貸人と転貸人の関係の問題であるとわかりますから，Aは，Bとの間の賃貸借契約を解除することができます。さて，問題文には，「原則として」となっていましたね。ここで，すぐさま例外まで浮かぶようになっていると，解法としては完璧です。

設問11

❶▶ 不動産の賃貸借において，賃借人が，賃貸人に無断で，賃借権を譲渡，または賃借物を転貸し，その譲受人や転借人に当該不動産を使用または収益させたときには，賃貸人は，賃貸借契約を解除することができる。ただ，上記の，譲渡・転貸についての賃貸人による承諾が得られていない場合でも，賃貸人による解除が認められない場合がある。それはどのような場合かについて，40字程度で記述しなさい。 (H 20 - 45改)

　賃貸人と賃借人との間の信頼関係が破壊されたとは認められない特段の事情がある場合です。このように，賃貸借関係では，原則として解除ができるとしつつも，例外的に信頼関係を問題として解除ができない場合があるのです。さらに，逆のパターンまで認識しておきましょう。

❷▶ 賃貸借契約において，賃借人の賃借物に対する使用方法が著しく信頼関係を破壊するものである場合には，賃貸人は，催告を要せずにただちに契約を解除することができる。 (H 23 - 32 - 3)

　賃貸借の当事者の一方が，当事者相互の信頼関係を破壊し，賃貸借関係の継続を著しく困難にする行為をした場合に，他方は賃貸借契約を催告なしで契約を解除することができます。このように，信頼関係の程度によって，結論が変わってくる点をしっかりと押さえておいてください。

信頼関係破壊なし	← 債務不履行の程度 →	信頼関係の破壊が著しい
解除不可	催告して解除	無催告解除

設問12

❶▶ Aは，Bとの間で，A所有の土地につき賃貸借契約(以下，「本件契約」という。)を締結し，土地をBに引き渡した。この場合，BがAの承諾なくCに土地を転貸して引き渡した場合，原則として，BとCの本件契約は無効である。 (オリジナル)

　B・C間の転貸借契約は，有効です。この場合他人の物を貸してしまっているということで，契約不適合責任の問題になります。しっかりと，転貸人と転借人

との間の話を聞いているなと見抜けるようになっておきましょう。

❷▶ Aは，Bとの間で，A所有の土地につき賃貸借契約（以下，「本件契約」
という。）を締結し，土地をBに引き渡した。この場合，BがAの承諾なくC
に土地を転貸して引き渡した場合，Aは，本件契約を解除していなくても，
Cに対して，土地の明渡しを請求することができる。　　　　　（オリジナル）

　今度は，A・C間です。Aからすれば，自分はBに貸しているはずなのに，な
ぜかそこにCがいるのか，という状況ですから，所有権に基づいて土地の明渡し
を請求することができます。
　以上， 設問10 ， 設問12 で三者の関係を整理しておくとともに， 設問11
を通して解除権の制限等について比較しておいてください。

5 適法な譲渡・転貸

解法の
鉄則
その5
① 三者の関係性を捉える
② 合意解除と法定解除の場合を分ける

　今度は，適法な賃借権の譲渡・転貸の場合です。この点，適法な賃借権の譲渡
は賃借人が契約関係から抜け出るだけですから，あまり問題として問われる可能
性は高くありません。あるとすれば，次のような出題です。

設問13
　AがBに自己所有の甲建物を賃貸した後，Bが，Aの承諾を得たうえで，C
に対して，甲建物の賃借権を譲渡した場合において，CがAに賃料を支払わな
いときは，Bが支払わなければならない。　　　　　　　　　　（オリジナル）

　承諾を得ていますから，適法な賃借権の譲渡です。この場合，Bは賃貸借契約
の関係から抜け出します。したがって，CがAに賃料を支払わなかったとして
も，Bがそれを支払う必要はありません。
　次に，適法な転貸について論点整理をしていきましょう。まず捉えるべきは，
適法な転貸がなされた場合の三者の関係です。ここは，次の14-3のように整理
しておいてください。

● 14-3　適法な転貸があった場合の三者の関係

賃貸人・転借人の関係	①　賃貸人は，転借人に対して賃料の支払いを直接請求することができる（613条1項前段参照）。この場合，転借人は賃料の前払いをもって賃貸人に対抗することができない（同項後段） ②　賃貸人は，転借人に対して直接に義務を負わない
賃貸人・賃借人（転貸人）の関係	賃貸人は，賃借人（転貸人）に対して，権利行使をすることができる（613条2項）
賃借人（転貸人）・転借人の関係	転貸借契約に基づく権利義務関係が発生する

これを前提に問題を見ていきます。

設問14

❶▶ AがBに自己所有の甲建物を賃貸した後，Bが，Aの承諾を得たうえで，Cに対して賃借料と同額の転借料で甲建物を転貸した場合において，賃借料及び転借料の弁済期が共に到来した後，Cが，Bに転借料を支払う前に，Aから転借料の支払を請求されたときは，Cは，Aに対して支払わなければならない。
（司法H22-24-エ改）

ちょっと複雑な問題文ですが，しっかりと整理していきましょう。まず，本問は，賃貸人と転借人の間の問題であることを捉えましょう。そして，**賃貸人は，転借人に対して賃料の支払いを直接請求することができ，転借人は賃料の前払いをもって賃貸人に対抗することができない**ということをすぐに想起してください。これにより，本問は正しいことがわかります。

❷▶ AがBに自己所有の甲建物を賃貸した後，Bが，Aの承諾を得たうえで，Cに対して賃借料と同額の転借料で甲建物を転貸した場合において，CはAに対して，当該建物の修繕を請求することができる。（司法H22-24-エ改）

❶を改題し，転借人から賃貸人への請求というパターンにしてみました。この場合，賃貸人は，転借人に対して直接義務を負いません。したがって，転借人からの修繕請求に応じる必要はありません。この点は，しっかりと比較しておきましょう。

❸▶ AがBに自己所有の甲建物を賃貸した後，Bが，Aの承諾を得たうえで，Cに対して賃借料と同額の転借料で甲建物を転貸した場合において，AはBに対して，賃料支払いを請求することができる。　　　（司法H22-24-エ改）

今度は，賃貸人と賃借人の関係を問う問題に改題しました。賃借人は，なお，賃貸人に対して義務を負うため，賃料を支払う必要があります。したがって，AはBに対して，賃料支払いを請求することができます。

最後に，賃貸借契約が解除されてしまった場合，転貸借契約はどうなるのかを検討しておしまいです。この論点のポイントは，合意解除と法定解除の場合を見抜くことです。

設問15

❶▶ Aは自己所有の甲建物をBに賃貸し（以下，この賃貸借を「本件賃貸借」という。），その際，BがAに対して敷金を交付した。BがAの承諾を得て甲建物をDに転貸したが，その後，A・B間の合意により本件賃貸借が解除された場合，B・D間の転貸借が期間満了前であっても，AはDに対して甲建物の明渡しを求めることができる。　　　（H24-33-3）

賃貸人が賃借人（転貸人）と賃貸借を合意解除しても，これが賃借人の賃料不払等の債務不履行があるため賃貸人において法定解除権の行使ができるときにされたものである等の事情のない限り，賃貸人は，転借人に対して合意解除の効果を対抗することができません（613条3項）。したがって，転借人に対して賃貸物の明渡しを請求することはできません。

❷▶ Aは自己所有の甲建物をBに賃貸し（以下，この賃貸借を「本件賃貸借」という。），その際，BがAに対して敷金を交付した。BがAの承諾を得て甲建物をEに転貸したが，その後，Bの賃料不払いにより本件賃貸借が解除された場合，B・E間の転貸借が期間満了前であれば，AはEに対して甲建物の明渡しを求めることはできない。　　　（H24-33-4）

賃貸借契約が転貸人の債務不履行を理由とする解除により終了した場合，転貸借契約は，原則として賃貸人が転借人に対して目的物の返還を請求した時に，転貸人の転借人に対する債務の履行不能により終了します。したがって，B・E間の転貸借が期間満了前であっても，AはEに対して甲建物の明渡しを求めること

ができます。

総合問題に 挑戦

問題　建物が転貸された場合における賃貸人（建物の所有者），賃借人（転貸人）及び転借人の法律関係に関する次のア〜オの記述のうち，民法の規定及び判例に照らし，妥当なものの組合せはどれか。

ア　賃貸人の承諾がある転貸において，賃貸人が当該建物を転借人に譲渡し，賃貸人の地位と転借人の地位とが同一人に帰属したときであっても，賃借人と転借人間に転貸借関係を消滅させる特別の合意がない限り，転貸借関係は当然には消滅しない。

イ　賃貸人の承諾がある転貸において，賃借人による賃料の不払があったときは，賃貸人は，賃借人及び転借人に対してその支払につき催告しなければ，原賃貸借を解除することができない。

ウ　賃貸人の承諾がある転貸であっても，これにより賃貸人と転借人間に賃貸借契約が成立するわけではないので，賃貸人は，転借人に直接に賃料の支払を請求することはできない。

エ　無断転貸であっても，賃借人と転借人間においては転貸借は有効であるので，原賃貸借を解除しなければ，賃貸人は，転借人に対して所有権に基づく建物の明渡しを請求することはできない。

オ　無断転貸において，賃貸人が転借人に建物の明渡しを請求したときは，転借人は建物を使用収益できなくなるおそれがあるので，賃借人が転借人に相当の担保を提供していない限り，転借人は，賃借人に対して転貸借の賃料の支払を拒絶できる。

1 ア・イ　　**2** ア・オ　　**3** イ・ウ　　**4** ウ・エ　　**5** エ・オ

（R1-32）

※〇：妥当である　✕：妥当でない

ア　債権及び債務が同一人に帰属したときは，その債権は，消滅する。ただし，
〇　その債権が第三者の権利の目的であるときは，この限りでない（520条）。判
　　例は，賃貸人の地位と転借人の地位とが同一人に帰した場合であっても，転
　　貸借は，当事者間にこれを消滅させる合意の成立しない限り，消滅しないと
　　している（最判昭35.6.23）。

イ　判例は，賃借家屋につき適法に転貸借がなされた場合であっても，賃貸人が
✕　賃借人の賃料延滞を理由として賃貸借契約を解除するには，賃借人に対して
　　催告すれば足り，転借人に対して右延滞賃料の支払いの機会を与えなければ
　　ならないものではないとしている（最判昭49.5.30）。したがって，賃貸人
　　は，転借人に対して支払いの催告をしなくても，原賃貸借を解除することが
　　できる。

ウ　賃貸人の承諾のある適法な転貸借において，転借人は，賃貸人に対して，直
✕　接に義務を負う（613条1項前段）。かかる義務には，賃料支払債務が含まれ
　　ると解されている。したがって，転借人は転貸借に基づく債務である賃料債
　　務を賃貸人に対して直接履行しなければならないから，賃貸人は，転借人に
　　対して直接に賃料の支払いを請求できる。

エ　判例は，賃借権の譲渡または転貸を承諾しない家屋の賃貸人は，賃貸借契約
✕　を解除しなくても，譲受人または転借人に対しその明渡しを求めることがで
　　きるとしている（最判昭26.5.31）。

オ　判例は，「所有権ないし賃貸権限を有しない者から不動産を貸借した者は，
〇　その不動産につき権利を有する者から右権利を主張され不動産の明渡を求め
　　られた場合には，貸借不動産を使用収益する権原を主張することができなく
　　なるおそれが生じたものとして，559条で準用する576条により，右明渡請
　　求を受けた以後は，賃貸人に対する賃料の支払を拒絶することができる」と
　　している（最判昭50.4.25）。本記述の事案でも，賃借人は無断転貸しており
　　賃貸権限がなく，賃借人により相当の担保が供された場合を除き，転借人は
　　賃貸人による明渡請求以後の賃貸人の賃料請求を拒絶できる。

　　以上により，妥当なものの組合せは肢2であり，正解は **2** となる。

到達度チェック ▶▶▶

15. 労務供給型契約

⇒ 総合テキスト **Chapter 34**, 総合問題集 **Chapter 20**

> ### イントロダクション
>
> 労務供給型契約では，本試験において頻出である「請負契約」,「委任契約」について扱っていきます。
> いずれも，当該契約特有の条文知識が多くあるため，その点をしっかりと押さえておき，本試験で問われた際にはすぐ反応できるように準備しておくことが重要です。覚えるべきことさえ覚えてしまえば，難易度の高い問題が出ることは想定されにくいテーマです。きちんと学習していきましょう。

1 請負契約

解法の鉄則 その1

請負契約特有の知識を探しにいく
① 仕事の完成が目的
　→ 仕事の過程は問われない
② 特殊な解除（641条，642条）
　・目的物完成前の注文者からの解除
　・注文者が破産した場合の請負人からの解除

解法の鉄則その1 の②に示した特殊な解除原因について検討します。これは，次の2つの条文知識を前提に疑っていくようにしてください。

第641条（注文者による契約の解除）
　請負人が仕事を完成しない間は，注文者は，いつでも損害を賠償して契約の解除をすることができる。
第642条（注文者についての破産手続の開始による解除）
1　注文者が破産手続開始の決定を受けたときは，請負人又は破産管財人は，契約の解除をすることができる。ただし，請負人による契約の解除については，仕事を完成した後は，この限りでない。

設問1

❶▶ 注文者は，仕事完成までの間は，損害賠償をすれば，何らの理由なくして契約を解除することができる。 (H14-29-2)

注文者は，仕事完成までの間，損害賠償をすれば，自由に契約を解除することができます。本問は正しいです。ポイントは，「注文者」と「損害賠償をすれば」です。この辺りにひっかからないようにしてください。

❷▶ 請負人は，仕事完成までの間は，損害賠償をすれば，何らの理由なくして契約を解除することができる。 (H14-29-2改)

請負人にこのような解除権は認められていません。ポイントをしっかりと押さえて，どのように変化しても大丈夫なように準備をしておくことが重要です。

❸▶ 請負人が破産手続開始の決定を受けたときは，注文者は，契約を解除することができる。 (オリジナル)

正しくは，注文者が破産手続開始の決定を受けたときです。このように，請負契約特有の解除は，主体でひっかけてくる問題が想定されます。

到達度チェック ▶▶▶

2 委任契約

解法の鉄則その2

委任契約特有の知識を探しにいく
① 無償委任でも善管注意義務
② 報　告
　→ 「請求があるときは」である点に注意
③ 金銭の消費
　→ 「消費した以後の利息」を支払う必要
④ 報　酬
　→ 原則として無償契約なので，報酬請求権はない

> → 支払時期については,「委任事務を履行した後」
> ⑤ 無過失責任
> ⑥ 解除の自由
> → 将来効である
> → 「損害賠償」「やむを得ない事由」

　委任契約も特有の規定が多くあります。主要な部分は **解法の鉄則その2** に挙げているとおりですから,これを具体的な問題で見ていき,キーワードを把握していきましょう。

設問2

　出張先の大阪で交通事故に遭い負傷したAは,東京在住の友人の弁護士Bに加害者Cと示談契約を締結してくれるよう依頼した。AがBに通常の報酬を約束した場合には,Bは,善良なる管理者の注意をもって示談契約交渉にあたる義務を負うが,Bが無報酬または通常より低廉な報酬で仕事を引き受けた場合には,自己の財産におけると同一の注意義務を負うことになる。

(H12−30−1)

　典型的なひっかけ問題です。委任契約は有償・無償問わず,善管注意義務を負います。(644条)

設問3

　受任者は,委任者の請求があるときは,いつでも委任事務の処理状況を報告する義務を負う。　　　　　　　　　　　　　　　　　　　　　(H16−28−エ)

　「報告する義務」となっていれば,すぐさま「委任者の請求」を探してください。「請求がなくても」となっていれば,誤りです (645条)。したがって,本問は正しいことがわかります。

設問4

　受任者が委任者に引き渡すべき金銭または委任者のために用いるべき金銭を自己のために費消した場合には,委任者は,受任者が当該金銭を受領した日以後の法定利息を請求することができる。　　　　　　　　　　　　(オリジナル)

消費した日以後の利息を請求することができます（650条1項）。受領した日以後ではありません。

設問5

出張先の大阪で交通事故に遭い負傷したＡは，東京在住の友人の弁護士Ｂに加害者Ｃと示談契約を締結してくれるよう依頼した。ＡＢ間で報酬を支払う旨の約束があった場合でも，加害者Ｃが自己の責任を認めず示談交渉が決裂したときは，ＢはＡに報酬を請求することはできない。　　　　　　　　（H12-30-4）

委任が委任者の責めに帰することができない事由によりその履行の中途で終了したときは，受任者は，すでになした履行の割合に応じて報酬を請求できます（648条3項1号）。

設問6

❶▶ 出張先の大阪で交通事故に遭い負傷したＡは，東京在住の友人の弁護士Ｂに加害者Ｃと示談契約を締結してくれるよう依頼した。ＡがＢに報酬を支払うことを約束した場合には，ＡＢ間の委任契約成立後ＡＢ間の信頼関係が失われるような事態になったとしても，Ｂに義務違反がないかぎり，ＡはＢとの委任契約を解除することはできない。　　　　　　　　（H12-30-2）

最後に，委任契約の解除について整理しておしまいにしましょう。委任契約は信頼関係が根本にありますので，基本的に<u>自由解除</u>ができます（651条1項）。したがって，本問は誤りです。この問題に変化をつけて委任契約の解除の解法を示していきます。

❷▶ 出張先の大阪で交通事故に遭い負傷したＡは，東京在住の友人の弁護士Ｂに加害者Ｃと示談契約を締結してくれるよう依頼した。ＡがＢに報酬を支払うことを約束した場合には，Ｂに不利な時期であったとしても，ＡはＢとの委任契約を解除することができる場合がある。　　　　　　（H12-30-2改）

相手方に不利な時期である場合には，<u>損害を賠償して</u>解除をすることができます（651条2項1号）。したがって，本問は正しいです。

❸▶ 出張先の大阪で交通事故に遭い負傷したＡは，東京在住の友人の弁護士Ｂに加害者Ｃと示談契約を締結してくれるよう依頼した。ＡがＢに報酬を支払うことを約束した場合には，Ｂに不利な時期であれば，損害を賠償しなければＡはＢとの委任契約を解除することができない。　　　　（Ｈ12-30-2改）

やむを得ない事由があれば，損害を賠償しなくても解除をすることができます（651条2項ただし書）。

❹▶ 委任契約において，その契約が受任者の利益のためにもなされた場合において，受任者が著しく不誠実な行動に出た等のやむを得ない事由があったとしても，委任者は損害を賠償しなければ，委任契約を解除することができない。　　　　　　　　　　　　　　　（Ｈ23-32-3改）

　問題に様々な事情が盛り込まれているので，１つひとつ丁寧に確認していきます。

　まず，❶で説明したように，委任は，各当事者がいつでも解除することができます（651条1項）。

　もっとも，❷のように，委任者が受任者の利益をも目的とする委任契約を締結していた場合は，解除自体は可能ですが，これにより発生する損害を賠償しなければなりません（651条2項1号）。

　しかし，❸のように，やむを得ない事由があるときは，損害を賠償する必要はありません（651条2項2号ただし書）。

　したがって，❹は，やむを得ない事由があったとしても，損害の賠償を要するとしている点，そして，やむを得ない事由があったとしても，解除することができないとしている点の２箇所が誤りです。

　このような問題を解くためには，委任契約の解除について，次ページの15-1のように知識を整理しておく必要があります。問題を解く際には，この15-1の内容を正確に思い出して解けるようにしてください。

● 15-1　委任契約の解除の整理

委任は，各当事者がいつでもその解除をすることができる(651条1項)	
解除に伴って損害賠償を要する場合	
原　則	次のいずれかの場合には，相手方の損害を賠償しなければならない(651条2項各号) ①　相手方に不利な時期に委任を解除したとき ②　委任者が受任者の利益をも目的とする委任を解除したとき
例外等	次のいずれかの場合には，損害賠償は不要である(651条2項2号括弧書，同条項ただし書) ①　受任者の利益が，もっぱら報酬を得ることによるものであるとき ②　やむを得ない事由があったとき

総合問題に　挑戦

問題　次の教授の質問に対するアからオまでの学生の解答のうち，誤っているものを組み合わせたものは，後記1から5までのうちどれか。

教授：　委任契約について，他の類似の契約と比較しながら考えてみましょう。まず，受任者の注意義務の程度はどのように考えられていますか。

学生：ア　委任契約は，寄託契約と同様，有償か無償かによって，受任者の注意義務の程度が異なるとされています。

教授：　受任者は，委任者の指図に必ず従う義務がありますか。

学生：イ　委任契約は，雇用契約とは異なり，相手方に対して労務に服することを約するものではありませんから，受任者は，委任の本旨に反するような不適切な指図には従う義務はありません。ただ，急迫な事情がない限り指図の変更を求めるべきです。

教授：　受任者は，第三者をして委任事務を処理させることができますか。

学生：ウ　委任契約には，雇用契約とは異なり，第三者による義務の履行を禁止する規定がありませんから，受任者は，いつでも第三者をして委任事務を処理させることができます。

教授：　委任契約と請負契約とでは，報酬について異同がありますか。

学生：エ　委任契約は，原則無償とされている点で請負契約と異なりますが，有償の場合には，受任者は，委任者に対し，報酬の支払があるまで委任事務の履行を拒絶することができます。

教授：　委任者の損害賠償責任と寄託者の損害賠償責任には，異同がありますか。

学生：オ　受任者が委任事務の処理のため過失なくして損害を被った場合，委任者は，無過失責任を負いますが，受寄者が受寄物の瑕疵により損害を被った場合，寄託者は，過失なくしてその瑕疵を知らなければ免責されます。

1 ア・イ　　**2** ア・オ　　**3** イ・ウ　　**4** ア・ウ・エ　　**5** エ・オ

（旧司法H 12-34）

ア　寄託契約の場合，有償受寄者は，善管注意義務を負い（400条），無報酬受寄
✕　者は，自己の財産に対するのと同一の注意義務を負う（659条）。これに対し
て，委任契約の場合，有償・無償を問わず，受任者は善管注意義務を負う
（644条）。

イ　受任者は，雇用契約の場合と異なり，委任者の指揮監督のもとで労務を提供
○　するわけではないため，委任の本旨に反するような不適切な指図には従う義
務はない。委任の指図に従うことが委任の趣旨に適合せず，または委任者の
不利益となるときは，直ちに委任者に通知し指図の変更を求めるべきである
と解されている。

ウ　委任契約は，委任者と受任者の信頼関係を基礎とする契約であることから，
✕　単なる履行補助者を用いることを除いて，原則として，受任者は自ら事務を
処理する義務を負う。ただし，例外として，委任者の許諾がある場合，また
はやむを得ない場合には，第三者に復委任できる（644条の２第１項）。した
がって，受任者は，いつでも第三者をして委任事務を処理させることができ
るわけではない。

エ　受任者は，特約がなければ，委任者に対して報酬を請求することができない
✕　（648条１項）。しかし，有償の場合であっても，報酬は特約のない限り，後
払いである（同条２項）。したがって，受任者は，委任者に対し，報酬の支
払いがあるまで委任事務の履行を拒絶するということはできない。

オ　受任者は，委任事務を処理するため自己に過失なく損害を受けたときは，委
○　任者に対し，その賠償を請求することができ（650条３項），この賠償責任
は，無過失責任と解されている。これに対して，寄託者は，寄託物の性質ま
たは瑕疵によって生じた損害を受寄者に賠償しなければならないが，寄託者
が過失なくその性質もしくは瑕疵を知らなかったとき，または受寄者がこれ
を知っていたときは，この限りでない（661条）。

　　以上により，誤っているものを組み合わせたものはア・ウ・エであり，正解
は **4** となる。

到達度チェック ▶▶▶

16. 不法行為

総合テキスト **Chapter 37**, 総合問題集 **Chapter 21**

イントロダクション

　不法行為のテーマには，多くの判例が存在します。また，細かい知識を追いかけるとキリがありません。本試験においても，基本的な要件・効果とそれにまつわる判例に関することがひたすら問われ続けています。そこで，本章でも基本的な知識をしっかりと整理し，解法として身につけていくことを目指しましょう。

1 場面・要件の検討

解法の鉄則その1

① 　特殊不法行為の場面ではないかを検討する
② 　場面を確定したら，ひたすら要件にあてはめる
③ 　要件にまつわる判例知識を整理しておく

　不法行為には，①一般不法行為と②特殊不法行為があります。通常は，一般不法行為から検討してしまいますが，この検討順序だと特殊不法行為を見落としたまま解答してしまいがちです。そこで，**解法の鉄則その1**にあるように①の特殊不法行為から先に検討していくようにしてください。

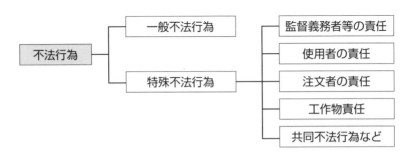

```
                ┌─ 一般不法行為    ┌─ 監督義務者等の責任
                │                 ├─ 使用者の責任
  不法行為 ─────┤                 │
                │                 ├─ 注文者の責任
                └─ 特殊不法行為 ───┤
                                  ├─ 工作物責任
                                  └─ 共同不法行為など
```

設問1

❶▶ Aは自転車を運転して歩道上を走行中，前方不注視により，歩行者Bに衝突し，Bが負傷した。Aが5歳の幼児である場合，AはBに対して損害賠償義務を負うことはなく，Aの親権者であるCが，Aに対する監督義務を怠らなかったとき及びその義務を怠らなくても損害が通常生ずべきであったときを除き，Bに対して損害賠償義務を負う。　　　　　　（司法H22-29-ア）

「Aが5歳の幼児」，「Aの親権者であるC」というところから，監督義務者責任の問題であると捉えられるようにしましょう。ここを捉えられれば，あとは条文に丁寧にあてはめていくだけです。

第714条（責任無能力者の監督義務者等の責任）

1　前2条の規定〔責任能力に関する規定〕により責任無能力者がその責任を負わない場合において，その責任無能力者を監督する法定の義務を負う者は，その責任無能力者が第三者に加えた損害を賠償する責任を負う。ただし，監督義務者がその義務を怠らなかったとき，又はその義務を怠らなくても損害が生ずべきであったときは，この限りでない。

通常であれば，AはBに対して，不法行為責任を負いそうですよね。しかし，Aは5歳ですから，責任能力がありません。したがって，「責任無能力者がその責任を負わない場合」に該当します。よって，親権者であるCが損害賠償責任を負うことになるのが原則です。ただし，親権者が監督義務を怠らなかったとき，またはその義務を怠らなかったとしても損害が通常生ずべきであれば，この限りではないとされています。本問では原則どおり，親権者であるCが損害賠償責任を負うという結論でいいでしょう。

この場面に少し変化をつけていきます。

❷▶ Aは自転車を運転して歩道上を走行中，前方不注視により，歩行者Bに衝突し，Bが負傷した。Aが14歳の中学生である場合，AはBに対して損害賠償義務を負い，Aの親権者であるCはBに対して損害賠償義務を負うことはない。　　　　　　（司法H22-29-イ）

今度は，「Aが14歳の中学生」ですから，責任能力が一般的に認められます。したがって，親権者であるCに対して監督義務者責任を問うことはできません。

もっとも，一般的に中学生には支払能力がなく，たとえ損害賠償を請求したとしても，実効的な救済が図れないことが多いはずです。そこで，判例は，未成年者が責任能力を有する場合でも，監督義務者の義務違反と当該未成年者の不法行為によって生じた結果との間に相当因果関係が認められるときは，監督義務者は，709条に基づいて不法行為責任を負うとしています（最判昭49.3.22）。したがって，親権者であるCは損害賠償義務を負うことがあります。監督義務者責任については，設問の論点をしっかりと疑っていくようにしておけば，ほとんどの問題に対応することができます。

なお，過去問題では，この知識を少し変化させてきているものがあります。

❸▶ 責任能力を有する未成年者が不法行為をなした場合，親権者の未成年者に対して及ぼしうる影響力が限定的で，かつ親権者において未成年者が不法行為をなすことを予測し得る事情がないときには，親権者は，被害者に対して不法行為責任を負わない。 （H21-34-2）

基本的には，❷と同様の事案です。しかし，判例は，親権者の未成年者に対して及ぼし得る影響力が限定的で，かつ親権者において未成年者が不法行為をなすことを予測し得る事情がないときには，監督義務違反は認められず，親権者は不法行為責任を負わないとしています（最判平18.2.24）。❶，❷を通して，制度趣旨をしっかりと理解したうえでの現場思考問題といえるでしょう。

設問2

被用者が，事業を行うにあたり第三者に損害を与えても，使用者は，被用者の選任及び監督について相当の注意をしていれば，損害賠償責任を負わない。
（オリジナル）

被用者，使用者，雇うなどのキーワードを発見したら，すぐさま使用者責任を疑うようにしてください。

第715条（使用者等の責任）
1　ある事業のために他人を使用する者は，被用者がその事業の執行について第三者に加えた損害を賠償する責任を負う。ただし，使用者が被用者の選任及びその事業の監督について相当の注意をしたとき，又は相当の注意をしても損害が生ずべきであったときは，この限りでない。

事業のために他人を使用する者は，原則として，被用者が「事業の執行」について第三者に加えた損害を賠償する必要があります。もっとも，被用者の選任及びその事業の監督につき相当の注意を尽くしている場合または相当の注意をしても損害が生ずべきであった場合には，この限りではありません。したがって，本問は正しいです。

ただし，次の点に注意してください。

設問3

請負人がその仕事について第三者に損害を与えてしまった場合，注文者と請負人の間には使用関係が認められるので，注文者は，原則として第三者に対して使用者責任を負う。 （H21-34-4）

請負人と注文者間には，使用関係が認められません。したがって，使用者責任は発生しません。

設問4

兄が自己所有の自動車を弟に運転させて迎えに来させた上，弟に自動車の運転を継続させ，これに同乗して自宅に戻る途中に，弟の過失により追突事故が惹起された。その際，兄の同乗後は運転経験の長い兄が助手席に座って，運転経験の浅い弟の運転に気を配り，事故発生の直前にも弟に対して発進の指示をしていたときには，一時的にせよ兄と弟との間に使用関係が肯定され，兄は使用者責任を負う。 （R1-34-2）

本問は，使用者責任における**使用関係**に関して，応用的な判例知識を問う問題です。このような問題が出題された場合，使用者責任における使用関係は，一般的な感覚よりも広く認められるイメージをもっておきましょう。同様のことが問題となった事案において，判例は，「兄が，その出先から自宅に連絡して弟に兄所有の自動車で迎えに来させたうえ，弟に右自動車の運転を継続させ，これに同乗して自宅に帰る途中で交通事故が発生した場合において，兄が右同乗中助手席で運転上の指示をしていた等判示の事情があるときは，兄と弟との間には右事故当時兄を自動車により自宅に送り届けるという仕事につき，民法715条1項にいう使用者・被用者の関係が成立していたと解するのが相当である」としています（最判昭56.11.27）。したがって，本問は正しいです。

設問5

❶▶ 借家の塀が倒れて通行人が怪我をした場合，塀の占有者である借家人は通行人に対して無過失責任を負うが，塀を直接占有していない所有者が責任を負うことはない。 (H21-34-5)

「借家の塀が倒れて」という部分から，土地の工作物の不備が原因で不法行為が発生している → これは工作物責任の問題であると認定できるようになってください。

第717条（土地の工作物等の占有者及び所有者の責任）
1 土地の工作物の設置又は保存に瑕疵があることによって他人に損害を生じたときは，その工作物の占有者は，被害者に対してその損害を賠償する責任を負う。ただし，占有者が損害の発生を防止するのに必要な注意をしたときは，所有者がその損害を賠償しなければならない。

「土地の工作物の設置又は保存に瑕疵」があることによって損害が生じた場合，占有者が責任を負います。もっとも，占有者が損害の発生を防止するのに必要な注意をしたときは，所有者が損害を賠償することになります。ここで，占有者は過失責任ですが，所有者は無過失責任であるという点をしっかりと確認しておいてください。

❷▶ 宅地の崖地部分に設けられたコンクリートの擁壁の設置または保存による瑕疵が前所有者の所有していた際に生じていた場合に，現所有者が当該擁壁には瑕疵がないと過失なく信じて当該宅地を買い受けて占有していたとしても，現所有者は土地の工作物責任を負う。 (R1-34-3)

「宅地……コンクリートの擁壁の設置または保存による瑕疵」という部分から，土地の工作物の不備が原因で不法行為が発生している → これは工作物責任の問題であると認定できるようになってください。

本問では，所有者の責任が問われています。所有者は無過失責任を負うため，本問は正しいということになります。なお，判例は，「他人の築造した瑕疵のある工作物を瑕疵がないと信じ過失なくして買い受けた者であっても，当該工作物を現に所有するというだけで民法717条の責任を負う」としています（最判昭

3.6.7）。

　それでは，この問題を少し応用させて，次の問題を考えてみましょう。

> ❸▶ Aの運転する自動車が，見通しが悪く遮断機のない踏切を通過中にB鉄
> 道会社の運行する列車と接触し，Aが負傷して損害が生じた。この場合，線
> 路は土地工作物にはあたらないから，AがB鉄道会社に対して土地工作物責
> 任に基づく損害賠償を請求することはできない。　　　　　（H24-34-エ）

　ここで難しいのは，踏切が土地の工作物といえるかです。このように，要件該
当性を現場で考えさせる問題も出題されているため，日ごろから，要件に該当す
る典型的な場面をきっちりと把握しておく必要があります。判例は，「踏切道は，
本来列車運行の確保と道路交通の安全とを調整するために存するものであるた
め，必要な保安のための施設が設けられてはじめて踏切道の機能を果たすことが
できるものである。したがって，土地の工作物たる踏切道の軌道施設は，保安設
備と併せ一体としてこれを考察すべきであり，もしあるべき保安設備を欠く場合
には，土地の工作物たる軌道施設の設置に瑕疵があるものとして，民法717条
所定の帰責原因となる」としています（最判昭46.4.23）。よって，本問は誤り
です。

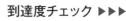 到達度チェック ▶▶▶

❷ 請求権者・過失相殺

解法の
鉄則
その2

① 不法行為の請求権者については次の論点を疑う
・近親者からの請求
・慰謝料請求の相続性
② 過失相殺については次の論点を疑う
・被害者側の過失
・相手方（被害者側）は事理弁識能力があれば足り，責任能
力は不要

　ここから，個々の論点検討に入ります。比較的問われる論点が限定されている
ため，ここで挙げる論点を先に検討することですぐに解答が出せるようになるか
もしれません。

設問6

❶▷ 他人の不法行為により夫が死亡した場合には，その妻は，相続によって夫本人の慰謝料請求権を行使できるので，妻には固有の慰謝料請求権は認められていない。　　　　　　　　　　　　　　　　　　　　　（H 26 - 34 - 2）

　不法行為に基づく損害賠償請求は，被害者本人はもちろん，その近親者にも固有のものが認められています。したがって，**妻 → 近親者である → 固有の慰謝料請求権があるはず**という思考過程で誤りと判断します。この論点を少し深く聞いてきたのが次の問題です。

> **❷▷** 他人の不法行為により子が重い傷害を受けたために，当該子が死亡したときにも比肩しうべき精神上の苦痛をその両親が受けた場合でも，被害者本人は生存しており本人に慰謝料請求権が認められるので，両親には固有の慰謝料請求権は認められていない。　　　　　　　　　　　　　（H 26 - 34 - 5）

　両親 → 近親者である → 固有の慰謝料請求権があるはず，というところまでは全く同じです。しかし，本問は死亡した場合ではなく，「重い傷害」を受けた場合です。711条では，近親者は，**生命侵害があった場合**に固有の損害賠償請求権がある旨を規定しています。そうすると，生命が侵害されたわけではないのだから，近親者による損害賠償請求はできないのではないか，ということが問題となるのです。この点，判例は，不法行為により身体に傷害を受けた者の近親者が，そのために被害者の生命侵害の場合にも比肩し得べき精神上の苦痛を受けたときは，709条，710条に基づいて自己の権利として慰謝料を請求することができるとしています（最判昭44.4.24）。したがって，本問は誤りです。

　最後に，過失相殺について，典型的な論点を2つ検討しましょう。

設問7

❶▷ 商店を営むA会社に勤務しているBは，自転車で配達中に，前方不注意により，路上に飛び出してきた10歳のCをはねて負傷させた。その事故は，Cの母親Dが目を離した隙に起こったものである。Dは被害者本人ではないので，BがDの過失について過失相殺を主張することは認められない。

　　　　　　　　　　　　　　　　　　　　　　　　　　　　　　（オリジナル）

　被害者以外の者の過失を考慮することができるか。これが，被害者側の過失と

いう論点ですね。このことが問われたら，すぐに，「被害者と身分上ないしは生活関係上一体をなすような関係にある者」であれば，その者の過失も考慮してよかったな，と想起できるようになってください（最判昭42.6.27参照）。本問では，DはCの母親ですから，Cとは，身分上ないしは生活関係上一体をなす者と考えてよさそうです。したがって，本問は誤りであると判断できます。

❷▶ 商店を営むA会社に勤務しているBは，自転車で配達中に，前方不注意により，路上に飛び出してきた10歳のCをはねて負傷させた。Cに責任能力がないとすると，BがCの過失について過失相殺を主張することは認められない。
(オリジナル)

　こちらのほうが，手軽に判断できます。判例は，被害者の過失が認められるためには，被害者に事理を弁識するに足りる知能（事理弁識能力）が備わっていれば足り，行為の責任を弁識するに足りる知能（責任能力）が備わっていることを要しないとしています（最大判昭39.6.24）。そして，裁判例の一般的傾向としては，事理弁識能力の有無については，5・6歳を基準としています。したがって，本問は誤りであると判断できます。

③ 求償関係

解法の鉄則その3
① 求償関係の図を書く
② どこからどこに求償しているのかを把握して結論を出す

　最後に，求償関係について検討していきます。ここは一見複雑ですが，設問のパターンを把握するようにしてみてください。

設問8

❶▶ 使用者Aが，その事業の執行につき行った被用者Bの加害行為について，Cに対して使用者責任に基づき損害賠償金の全額を支払った場合には，AはBに対してその全額を求償することができる。　　　（H28-34-ア）

　使用者 → 被用者への求償の場面です。この場合，信義則上相当の範囲に限るとされていますから，全額求償はできません。問題文を読むときには，このよ

うに誰から誰へ求償をかけているのかをすぐに認定して解答を出せるようにしましょう。

> ❷▶ 被用者Bが，その事業の執行につき行った自己の加害行為について，Cに対して損害賠償の全額を支払った場合には，Bは使用者であるAに対してその全額を求償することができる。　　　　　　　　　　　（H 28 - 34 - ア改）

❶を改題し，被用者 → 使用者への求償の場面に変えてみました。これを逆求償といいますが，判例は，これについても「被用者が使用者の事業の執行について第三者に損害を加え，その損害を賠償した場合には，被用者は，上記諸般の事情に照らし，損害の公平な分担という見地から相当と認められる額について，使用者に対して求償することができる」としています（最判令2.2.28）。全額の請求はできませんから，本問は誤りです。

設問9

> ❶▶ 運送業者Jの従業員Kが業務として運転するトラックとLの運転する自家用車が双方の過失により衝突して，通行人Mを受傷させ損害を与えた場合において，LがMに対して損害の全額を賠償したときは，Lは，Kがその過失割合に応じて負担すべき部分について，Jに対して求償することができる。　　　　　　　　　　　　　　　　　　　　　（H 28 - 34 - エ）

第三者 → 使用者への求償の場面です。加害行為者同士の求償関係については，負担部分の割合に応じて求償をかけることができます。したがって，本問は正しいです。

> ❷▶ タクシー会社Nの従業員Oが乗客Pを乗せて移動中に，Qの運転する自家用車と双方の過失により衝突して，Pを受傷させ損害を与えた場合において，NがPに対して損害の全額を賠償したときは，NはOに対して求償することはできるが，Qに求償することはできない。　　　　（H 28 - 34 - オ）

❶とは逆に使用者 → 第三者への求償の場面です。使用者は，被用者と第三者の共同過失によって引き起こされた交通事故による損害を賠償したときは，被用者と第三者の過失割合に従って定められる第三者の負担部分について第三者に対して求償することができます。したがって，本問は誤りです。

● 16-1　不法行為の求償関係

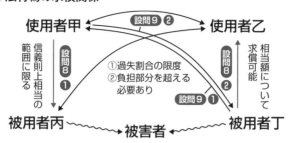

総合問題に 挑戦

問題　A（3歳）は母親Bが目を離した隙に，急に道路へ飛び出し，Cの運転するスピード違反の自動車に轢かれて死亡した。CがAに対して負うべき損害賠償額（以下，「本件損害賠償額」という。）に関する次の記述のうち，民法の規定及び判例に照らし，妥当なものはどれか。

1　本件損害賠償額を定めるにあたって，A自身の過失を考慮して過失相殺するには，Aに責任能力があることが必要であるので，本件ではAの過失を斟酌することはできない。

2　本件損害賠償額を定めるにあたって，A自身の過失を考慮して過失相殺するには，Aに事理弁識能力があることは必要でなく，それゆえ，本件ではAの過失を斟酌することができる。

3　本件損害賠償額を定めるにあたって，BとAとは親子関係にあるが，BとAとは別人格なので，Bが目を離した点についてのBの過失を斟酌することはできない。

4　本件損害賠償額を定めるにあたって，Aが罹患していた疾患も一因となって死亡した場合，疾患は過失とはいえないので，当該疾患の態様，程度のいかんにかかわらずAの疾患を斟酌することはできない。

5　本件損害賠償額を定めるにあたって，Aの死亡によって親が支出を免れた養育費をAの逸失利益から控除することはできない。

(H27−34)

※○：妥当である　　✕：妥当でない

1✕　　2✕

　被害者自身の過失を考慮して過失相殺（722条２項）をする場合，不法行為の要件とは異なり，被害者が責任能力を備えていることは要せず，事理弁識能力が備わっていれば足りる（最大判昭39.6.24）。したがって，過失相殺を認めるためには，Ａに責任能力があることは要しないが，事理弁識能力があることを要する。

3
✕
　被害者側の過失については，被害者と身分上ないし生活関係上一体をなすとみられるような関係にある者のみ考慮することができる（最判昭51.3.25）。この点，ＡとＢは親子関係にあるため，被害者と身分上ないし生活関係上一体をなすとみられるような関係であると認められる（最判昭42.6.27参照）。したがって，Ｂの過失を斟酌することはできる。

4
✕
　被害者に対する加害行為と被害者のり患していた疾患とがともに原因となって損害が発生した場合において，当該疾患の態様，程度などに照らし，加害者に損害の全部を賠償させるのが公平を失するときは，裁判所は，損害賠償の額を定めるにあたり，722条２項の過失相殺の規定を類推適用して，被害者の当該疾患を斟酌することができる（最判平4.6.25）。したがって，本肢の場合，Ａの疾患を斟酌することができる。

5
○
　死亡した幼児の損害賠償債権を相続した者が一方で幼児の養育費の支出を必要としなくなった場合においても，幼児の財産上の損害賠償額の算定にあたりその将来得べかりし収入額から養育費を控除すべきものではない（最判昭53.10.20）。したがって，Ａの死亡によって親が支出を免れた養育費を，Ａの逸失利益から控除することはできない。

　以上により，妥当なものは肢５であり，正解は５となる。

到達度チェック ▶▶▶

民法

第 5 編

相続法

17. 相 続

➡ 総合テキスト **Chapter 41**, 総合問題集 **Chapter 24**

> ## イントロダクション
>
> 　相続分野については，登場人物が多いと，問題文を読んだだけでは誰が相続人になるのかの整理が難しくなります。適宜図式化しながら，各登場人物の関係を整理すると，問題がぐっと解きやすくなります。

1　相続人の整理

解法の鉄則その1

① 　相続人の順位を考える
　・配偶者　→　順位に関係なく相続人となる
　・　子　　→　第一順位
　・直系尊属　→　第二順位
　・兄弟姉妹　→　第三順位
② 　相続人の相続分を考える
　・配偶者と子　→　各自2分の1
　・配偶者と直系尊属　→　3分の2と3分の1
　・配偶者と兄弟姉妹　→　4分の3と4分の1

　配偶者がいる場合は順位に関係なく相続人となるということを押さえたうえで，順位に従って相続人を確定させましょう。第一順位の子がいる場合には，第二順位の直系尊属や第三順位の兄弟姉妹が相続人とならないように，順位が上の者がいれば，下位の順位の者は相続人となりません。

　相続人を確定したら，相続分の計算をします。子が2人いる場合など，同順位の者が複数いる場合は，同順位の者の頭数で相続分を平等に分割します。

設問1

❶▶ Aには配偶者B，Bとの間の子C及びD，父Eと母F，姉Gがいる。この場合において，Aが死亡した場合には，相続人は，B，C，D，E及びFである。

（オリジナル）

BはAの配偶者なので相続人となります。子であるC及びDも第一順位なので，相続人となります。しかし，第二順位である父E及び母Fは，第一順位のC及びDが相続人となる以上，相続人とはなり得ません。したがって，本問は誤りです。

> ❷ ▶ Aには配偶者B，Bとの間の子C及びD，父Eと母F，姉Gがいるが，配偶者BはAより先に死亡している。この場合において，Aが死亡した場合には，相続人は，C，D，E及びFである。　　　　　　（オリジナル）

配偶者BがAより先に死亡していますが，これにより相続人が増えるわけではありません。第一順位である子C及びDのみが相続人となります。したがって，本問は誤りです。

> ❸ ▶ Aには配偶者B，Bとの間の子C及びD，父Eと母F，姉Gがいる。この場合において，Aが死亡したときは，相続人であるBの相続分は2分の1，Cの相続分は4分の1，Dの相続分は4分の1である。　　　（オリジナル）

相続分については，配偶者と子は各自2分の1ずつとなります。そして，同順位の相続人が複数いる場合には，頭数で平等に割りますので，子が2人いる本問の場合は，2分の1×2分の1で，4分の1となります。したがって，本問は正しいです。

到達度チェック ▶▶▶

2 養子縁組

解法の
鉄則
その2

① 普通養子縁組は，子と実親との親子関係は存続する
② 特別養子縁組は，子と実親との親子関係は終了する

普通養子縁組とは，実親との親子関係を存続させたままで，養親との間に嫡出子（婚姻している夫婦間の子ども）たる身分を取得する制度です（809条）。実親との親子関係が存続するので，実親の相続人となることもできますし，養親の

相続人となることもできます。

これに対して特別養子縁組は，普通養子縁組と同様に，子は養親との間に嫡出子たる身分を取得しますが，実親との親子関係は終了するので（817条の9），実親が死亡しても，子は相続人となりません。

設問2

❶▶ Aには配偶者B，Bとの間の子C及び養子Dがいる。Aが死亡した場合には，Aを相続するのはB，C及びDであり，Dの相続分はCの相続分に等しい。
　　　　　　　　　　　　　　　　　　　　　　　　　（H19-35-ウ改）

本問では，養子Dについて，特に普通養子縁組か，特別養子縁組かの区別はありませんが，Aとの間に嫡出子たる身分を取得していることには変わりありませんので，Dは相続人となり，Cとは同順位の相続人なので，相続分は等しいことになります。したがって，本問は正しいです。

❷▶ Aには配偶者B，Bとの間の子C及び特別養子縁組をしたDがいる。Aが死亡した場合には，Aを相続するのはB，C及びDであり，Dはさらに実親が死亡した場合には，その実親の相続人となる。
　　　　　　　　　　　　　　　　　　　　　　　　　（H19-35-ウ改）

今度は，Dに対して特別養子縁組をしたことになっています。この場合，Dは実親との親子関係は終了するんでしたよね。したがって，Dは実親の相続人となることはできないので，本問は誤りです。

到達度チェック ▶▶▶

❸ 代襲相続

解法の鉄則その3

① 代襲相続ができる者を考える
- ・被相続人の直系卑属(孫など) → 代襲可
- ・被相続人の兄弟姉妹の子(甥・姪) → 代襲可
- ・被相続人の直系尊属(祖父母など) → 代襲不可

② 代襲原因を考える
- ・死亡 → 代襲可
- ・相続欠格 → 代襲可
- ・廃除 → 代襲可
- ・相続放棄 → 代襲不可

　代襲相続とは，相続開始時に，相続人がすでに死亡していた場合などには，その相続人の子などが，その相続分を相続する制度のことをいいます(887条2項，3項)。

　代襲相続ができる者がどうかを判断したうえで，代襲原因があるかどうかを確認してみましょう。

設問3

❶▶ Aには配偶者B，Bとの間の子C及びD，父Eと母F，姉Gがいる。Cはすでに死亡しているが，子のHがいる。Aが死亡した場合には，Aを相続するのは，B及びDである。　　　　　　　　　　　　　　　(オリジナル)

　まず，本来的な相続人であるCはすでに死亡していますが，子のHがいます。本問の被相続人Aですが，Aの子の子，つまり孫であるHは，代襲相続できる者にあたります。そして，相続人の死亡は代襲原因にあたりますから，Hは代襲相続人となります。したがって，本問は誤りです。

❷▶ 相続欠格においては，被相続人の子が欠格者となった場合には，欠格者の子は代襲相続人となることができないが，相続人の廃除においては，被相続人の子について廃除が確定した場合でも，被廃除者の子は代襲相続人となることができる。　　　　　　　　　　　　　　　(H21-35-エ)

　一定の事由に該当する者は，相続欠格として，相続人となることができません

（891条参照）。また，被相続人に対して虐待をした者などは，家庭裁判所の審判により，廃除され，相続人となることができません（892条以下参照）。このようにして相続権を失った場合であっても，代襲原因となります（887条2項）。すなわち，相続欠格にあたる者の子や，廃除がなされた者の子であっても，代襲相続をすることができます。したがって，欠格者の子も代襲相続人となるので，本問は誤りです。

> **❸▶** Aには配偶者B，Bとの間の子C及びD，父Eと母F，姉Gがいる。Cには，子のHがいる。Aが死亡して相続が開始したが，Cは相続放棄した。Aを相続するのは，B及びDである。 （H19−35−オ改）

　相続放棄をすると，初めから相続人とならなかったものとみなされ（939条），代襲原因にはなりません（887条2項参照）。したがって，Cが相続放棄した以上，Hは代襲相続人となることはできないので，本問は正しいです。

総合問題に 挑戦

問題　Aには，妻B，嫡出子C・D（いずれもBとの間の子），養子E，父F，姉Gがいる。また，Cには，妻H，嫡出子I（Hとの間の子）がいる。この場合に関する次のア～オの記述のうち，民法の規定によれば，妥当なものはいくつあるか。

ア　Aが死亡する以前にCが廃除されていた場合，IはCを代襲してAの相続人となる。

イ　BがAを殺害し，刑に処せられた場合，BはAの相続人となることはできないが，CがBによるAの殺害の事実を知りながら，これを告訴しなかったとしても，CはAの相続人となる。

ウ　A死亡時にその遺産が9000万円あった場合，Cの相続分は1500万円である。

エ　Aが死亡する以前にC，D，E，Iが死亡しており，A死亡時にその遺産が9000万円あった場合，Bの相続分は4500万円である。

オ　Aが死亡する以前にC，D，E，F，Iが死亡しており，A死亡時にその遺産が9000万円あった場合，Gの遺留分額は1125万円である。

1 一つ　**2** 二つ　**3** 三つ　**4** 四つ　**5** 五つ

(オリジナル)

※〇：妥当である　✕：妥当でない

ア　被相続人の子は，相続人となる（887条1項）。そして，被相続人の子が，相
〇　続の開始以前に死亡し，または廃除され，あるいは欠格事由によって，その相続権を失ったときは，その者の子がこれを代襲して相続人となる（同条2項本文）。したがって，Cが廃除されていた場合，その子Iが代襲してAの相続人となる。

イ　被相続人の配偶者，子は相続人となる（887条1項，890条）。もっとも，同法
〇　891条各号に定める事由に該当する相続人は相続人資格が当然に剥奪される

（欠格事由）。そして，相続人の欠格事由として同条1号は，「故意に被相続人……を死亡するに至らせ，……刑に処せられた者」と定める。また，同条2号は，「被相続人の殺害されたことを知って，これを告発せず，又は告訴しなかった者。ただし，……殺害者が自己の配偶者若しくは直系血族であったときは，この限りでない。」と定める。したがって，Bは相続人となることはできないが，BはCの直系血族（母）にあたるから，Cは，Bを告訴しなかったとしても，相続人となる。

ウ ○ 配偶者は常に相続人となるが（890条前段），血族相続人には，①子とその代襲相続人，②直系尊属，③兄弟姉妹とその代襲相続人という順位があるから，子があれば，直系尊属，兄弟姉妹は相続人となり得ない（887条，889条）。また，子には養子も含まれる（809条参照）。したがって，配偶者Bとともに，子C・D，養子EがAの相続人となる。そして，子及び配偶者が相続人であるときは，子の相続分及び配偶者の相続分は，各2分の1となる（900条1号）。また，子が数人あるときは，各自の相続分は等しいものとなる。したがって，Cの相続分は遺産9000万円×1／2×1／3＝1500万円となる。

エ ✗ 本記述の場合，配偶者Bとともに父FがAの相続人となる（記述ウの解説参照）。そして，配偶者及び直系尊属が相続人であるときは，配偶者の相続分は3分の2，直系尊属の相続分は3分の1となる（900条2号）。したがって，Bの相続分は遺産9000万円×2／3＝6000万円となる。

オ ✗ 遺留分を有する者は，兄弟姉妹を除く法定相続人である（1042条1項）。したがって，Aの姉であるGは遺留分権利者とはならない。

以上により，妥当なものはア，イ，ウの3つであり，正解は **3** となる。

到達度チェック ▶▶▶

行政法

行政法

第 1 編

一般的な法理論

1. 行政法総論

➡ 総合テキスト **Chapter 1**，総合問題集 **Chapter 1** 問題 **1 2**

> ## イントロダクション
>
> 　行政法総論は，理論的に難しい論点が多いです。考え出すと難しいところがありますから，ある程度割り切って記憶していくことが重要です。
> 　キーワードに反応していくことが最も効率がよいですから，本章の内容を中心に，何をキーワードにしていくか確定してしまいましょう。

1　公法と私法の交錯

解法の鉄則その1

① 　基本的にキーワードに反応して解いていく
② 　以下のものは注意を要する
　・農地買収処分
　・臨時物資需給調整法と食品衛生法

　まずは，公法と私法の交錯というテーマについて見ていきます。このテーマの解法は，とにかく**キーワードに反応する**。これに尽きます。現在のところ，細かい理由づけによるひっかけ等はあまりなく，ひたすら事案と結論が問われている分野です。したがって，　**解法の鉄則その1**　の①に挙げたように，本章では今まで出題された問題のキーワードを示し，その正誤の判定をもって解法の完成とします。

設問1

　公営住宅に入居するにあたって，入居者は地方公共団体から使用許可を受けなければならず，入居者と地方公共団体の間には公営住宅法並びに関係条例が適用されるから，借家法は適用される余地はない。　　　　　　　　　（H15-9-2）

　公営住宅の使用関係については，公営住宅法及びこれに基づく条例が特別法として民法・借家法〔現借地借家法〕に優先して適用されますが，法・条例に特別の定めのない限り，原則として，一般法である民法・借家法の適用があります（最判昭59.12.13）。

設問2

　公営住宅の使用関係は基本的に私人間の家屋賃貸借関係と異なるところはないから，公営住宅の入居者が死亡した場合には，その相続人は当該公営住宅を使用する権利を原則として承継する。　　　　　　　　　　（H15-9-5）

　公営住宅の入居者が死亡した場合には，その相続人は，当該公営住宅を使用する権利を承継しません（最判平2.10.18）。以上，「公営住宅」をキーワードとして，2つの判例を覚えておいてください。
　次に，時系列の相違により，結論が異なるものを並べていきましょう。

設問3

❶▶自作農創設特別措置法に基づく農地買収処分は，大量の事務処理の便宜上，登記簿の記載に沿って買収計画を立てることが是認され，またこの場合，民法の対抗要件の規定が適用されるので，仮に当該買収処分の対象となる土地の登記簿上の農地所有者が真実の所有者でないとしても，真実の所有者は当該処分を受忍しなければならない。　　　　　　　　　　（H22-10-1）

❷▶農地買収処分によって，国が対象となった土地の所有権を取得したのち，第三者が相続により当該土地を取得したとして移転登記を済ませたとしても，買収処分による所有権取得について民法の対抗要件の規定は適用されないから，当該第三者は，当該土地所有権の取得を国に対して対抗することはできない。　　　　　　　　　　（H22-10-5）

　いずれも農地買収処分に関する問題です。もっとも，❶の時系列は，農地の譲渡 → 農地買収処分であり，❷の時系列は農地買収処分 → 相続です。判例は，前者（❶）では，民法の対抗要件の規定の適用を否定し，後者（❷）では，その適用を肯定しています。したがって，いずれも誤りです。真実の所有者から買収することが農地法の主な目的であることから，このような結論の違いがあるとされています（最大判昭28.2.18，最判昭41.12.23）。

❸ ▶ 租税滞納処分における国と相手方との関係は，一般統治権に基づく権力
関係であるから，民法の対抗要件の規定は適用されず，したがって，仮に滞
納処分の対象となる土地の登記簿上の所有者が真の所有者ではないことを，
所轄税務署においてたまたま把握していたとしても，滞納処分を行うに何ら
妨げとなるものではない。　　　　　　　　　　　　　　　　　（H 22 - 10 - 4）

❶，**❷**と同じ流れで押さえておきましょう。「租税滞納処分」をキーワードと
して，民法177条の対抗要件の問題として処理されることを覚えておけばよい
でしょう（最判昭31.4.24）。

　そのほかに民法の規定を適用し得るとしたものとして，次のような問題も出題
されています。

　設問4

　普通地方公共団体が当該地方公共団体の関連団体と契約を結ぶ場合，当該地
方公共団体を代表するのは長であり，また相手方である団体の代表が当該地方
公共団体の長であるとしても，そのような契約の締結は，いわば行政内部にお
ける機関相互間の行為と同視すべきものであるから，民法が定める双方代理の
禁止の規定の適用または類推適用はない。　　　　　　　　　（H 22 - 10 - 3）

　地方公共団体の利益を考慮して，民法の双方代理の規定は類推適用されるとす
るのが判例の立場です（最判平16.7.13）。

　設問5

　防火地域内にある耐火構造の建築物の外壁を隣地境界線に接して設けるこ
とができるとしている建築基準法第65条の規定は，相隣関係に関する民法第
234条の規定の特則として，民法の規定の適用を排除するものである。

　　　　　　　　　　　　　　　　　　　　　　　　　　　　　（H 15 - 9 - 3）

　「防火地域」または「建築基準法第65条」をキーワードとして，民法の相隣
関係の規定を排除するものであることを導いてください（最判平元.9.19）。建
築基準法の当該規定は，民法の規定を排除することくらいしか意味がないと考え
られているからです。

設問6

現実に開設されている私道を日常的に利用する利益は反射的利益であり，敷地所有者に対して通行妨害排除の民事訴訟を提起する利益とはなりえないとするのが最高裁の判例である。 (H18-8-2)

判例は，特段の事情のない限り，敷地所有者に対して妨害行為の排除及び将来の妨害行為の禁止を求める権利（人格権的権利）を有するとしています（最判平9.12.18）。

設問7

地方議会議員の報酬請求権は，公法上の権利であるものの，条例等により譲渡を禁止する規定がなければ譲渡することができる。 (オリジナル)

「報酬請求権」をキーワードにして，論点想起です。特に禁止規定がない限り，債権譲渡をすることは可能であるとするのが判例の立場です（最判昭53.2.23）。

設問8

公立病院において行われる診療に関する法律関係は，本質上私法関係と解されるので，公立病院の診療に関する債権の消滅時効は，地方自治法の規定ではなく，民法の規定に基づいて判断される。 (H25-10-1)

判例は，公立病院において行われる診療は，私立病院において行われる診療と本質的な差異はなく，その診療に関する法律関係は本質上私法関係というべきであるから，公立病院の診療に関する債権の消滅時効期間は，地方自治法236条1項所定の5年ではなく，旧民法170条1号により3年と解すべきであるとしました（最判平17.11.21）。「公立病院」という言葉にひっぱられると間違えやすいため，注意しましょう。

設問9

❶▶ 食品衛生法の許可を得ないで取引をなした場合においては，消費者保護の法理により，その取引に関する売買契約は私法上無効であり，買主は代金の返金を要求することができる。 (H15-9-1)

「食品衛生法」がキーワードです。判例は，食品衛生法の許可を得ないでなした場合であっても，取引（売買契約）の効力は否定されるものではないとしています（最判昭35.3.18）。この論点は，次の問題と比較整理しておく必要があります。

> ❷▶ 臨時物資需給調整法に基づく加工水産物配給規則によって指定された物資の供給を無資格者がなした場合においては，その取引に関する売買契約は私法上無効であり，無資格者と取引をした者は代金の返金を要求することができる。 （H15−9−1改）

判例は，臨時物資需給調整法に基づく加工水産物配給規則によって指定された物資については，法定の除外事由その他特段の事情の存しない限り，同規則所定の集荷機関，荷受機関，登録小売店舗等の機構を通ずる取引のみが有効であって，右以外の無資格者による取引は無効と解すべきであるとしています（最判昭30.9.30）。「臨時物資需給調整法」と「食品衛生法」というキーワードに反応できるように訓練しておいてください。

到達度チェック ▶▶▶

❷ 法律による行政の原理

> 解法の鉄則その2
> ① 法律の留保の原則の射程を捉える
> → 侵害留保説から考える
> ② 法律による行政の原理と信義則の関係
> → 有名な3つの判例の事案と結論を押さえる

法律による行政の原理について検討していきます。このテーマでよく問われるのは，法律の留保の原則の射程です。

設問10

❶▶ 土地利用を制限する用途地域などの都市計画の決定についても，侵害留保説によれば法律の根拠が必要である。 （H21−8−1）

法律の留保が及ぶ行政活動の範囲については，諸説あります。そのうちの1つ

である侵害留保説とは、国民の権利自由を制限するような行政活動を行うためには、法律の根拠が必要であるとする考え方です。本問にあるような都市計画の決定は、国民の権利自由を制限するため、法律の根拠が必要であると考えることができます。

> ❷▶ 行政契約でも、その内容が国民に義務を課したり、その権利を制限するものについては、法律の留保の原則に関する侵害留保理論に立った場合、法律の根拠が必要であると解される。　　　　　　　　　　　（H24-9-1）

　行政契約は、当事者の意思の合致によって成立するので、その内容が国民に義務を課したり、国民の権利を制限するものであっても、法律の根拠を要しないと一般に考えられています。この点は、❶とよく比較をしておきましょう。
　次に、 解法の鉄則その2 の②に挙げたように、法律による行政と信義則との関係について、論点を整理しておきましょう。

設問11

> ❶▶ 課税処分において信義則の法理の適用により当該課税処分が違法なものとして取り消されるのは、租税法規の適用における納税者間の平等、公平という要請を犠牲にしてもなお、当該課税処分に係る課税を免れしめて納税者の信頼を保護しなければ正義に反するといえるような特別の事情が存する場合に限られる。　　　　　　　　　　　　　　　　　　　（H24-8-3）

　まずは、基本事例です。一般的に公法上の関係においては、信義則の適用は慎重であるべきだと考えられています（最判昭62.10.30参照）。利害関係を有する者が私法上の関係と異なり、非常に多岐にわたるため、信義則の適用により不当な差別になりかねないからです。そのため本問のような結論となります。ちょっと長い規範ですが、見ればわかる程度の記憶はしておきたいところです。
　今度は、信義則を実際に適用した事案を見てみましょう。

> ❷▶ 行政主体が一方的かつ統一的な取扱いの下に国民の重要な権利の行使を違法に妨げた結果、行政主体に対する債権を消滅時効にかからせた場合、行政主体の側が消滅時効の主張をすることは許されない。　　　　　（H25-9-3）

　判例は、「普通地方公共団体が、……既に具体的な権利として発生している国

民の重要な権利に関し，法令に違反してその行使を積極的に妨げるような一方的かつ統一的な取扱いをし，その行使を著しく困難にさせた結果，これを消滅時効にかからせたという極めて例外的な場合」においては，地方自治法236条2項を根拠に消滅時効を主張することは，信義則に反し許されないとしています（最判平19.2.6）。したがって，本問は正しいです。

> ❸ ▶ 地方公共団体が，将来にわたって継続すべき一定内容の施策を決定した後に，社会情勢の変動等が生じたとしても，決定された施策に応じた特定の者の信頼を保護すべき特段の事情がある場合には，当該地方公共団体は，信義衡平の原則により一度なされた当該決定を変更できない。 （H24-8-1）

　市長が代わったことにより，従前の工場誘致の施策が中止された事案において，判例は，「右施策が変更されることにより，前記の勧告等に動機づけられて……活動に入った者がその信頼に反して所期の活動を妨げられ，社会観念上看過することのできない程度の積極的損害を被る場合に，地方公共団体において右損害を補償するなどの代償的措置を講ずることなく施策を変更することは，それがやむをえない客観的事情によるのでない限り，当事者間に形成された信頼関係を不当に破壊するものとして違法性を帯び，地方公共団体の不法行為責任を生ぜしめるものといわなければならない」としています（最判昭56.1.27）。つまり，本事例は，不法行為責任を負うとするにとどまり，決定を変更できないとまでは述べられていません。
　以上，法律による行政の原理と信義則の関係が問われた場合には， 設問11 ❶から❸までにある判例知識を先に探しにいくと効率よく選択肢を絞ることができます。

総合問題に 挑戦

> 問題　行政上の法律関係に関する次の記述のうち，最高裁判所の判例に照らし，妥当なものはどれか。

1　公営住宅の使用関係については，一般法である民法および借家法（当時）が，特別法である公営住宅法およびこれに基づく条例に優先して適用されることから，その契約関係を規律するについては，信頼関係の法理の適用があるものと解すべきである。

2　食品衛生法に基づく食肉販売の営業許可は，当該営業に関する一般的禁止を個別に解除する処分であり，同許可を受けない者は，売買契約の締結も含め，当該営業を行うことが禁止された状態にあるから，その者が行った食肉の買入契約は当然に無効である。

3　租税滞納処分は，国家が公権力を発動して財産所有者の意思いかんにかかわらず一方的に処分の効果を発生させる行為であるという点で，自作農創設特別措置法（当時）所定の農地買収処分に類似するものであるから，物権変動の対抗要件に関する民法の規定の適用はない。

4　建築基準法において，防火地域または準防火地域内にある建築物で外壁が耐火構造のものについては，その外壁を隣地境界線に接して設けることができるとされているところ，この規定が適用される場合，建物を築造するには，境界線から一定以上の距離を保たなければならないとする民法の規定は適用されない。

5　公営住宅を使用する権利は，入居者本人にのみ認められた一身専属の権利であるが，住宅に困窮する低額所得者に対して低廉な家賃で住宅を賃貸することにより，国民生活の安定と社会福祉の増進に寄与するという公営住宅法の目的にかんがみ，入居者が死亡した場合，その同居の相続人がその使用権を当然に承継することが認められる。

（H30-9）

※○：妥当である　　✕：妥当でない

1　公営住宅の使用関係について，判例は，「公営住宅の使用関係については，
✕　公営住宅法及びこれに基づく条例が特別法として民法及び借家法に優先して
　　適用されるが，法及び条例に特別の定めがない限り，原則として一般法であ
　　る民法及び借家法の適用があり，その契約関係を規律するについては，信頼
　　関係の法理の適用がある」としている（最判昭59.12.13）。

2　食品衛生法上の無許可業者による精肉販売の売買契約について，判例は，
✕　「同法〔食品衛生法〕は単なる取締法規にすぎないものと解するのが相当で
　　あるから，上告人が食肉販売業の許可を受けていないとしても，右法律によ
　　り本件取引の効力が否定される理由はない」としている（最判昭35.3.18）。

3　租税滞納処分について，判例は，「国税滞納処分においては，国は，その有
✕　する租税債権につき，自ら執行機関として，強制執行の方法により，その満
　　足を得ようとするものであつて，滞納者の財産を差し押えた国の地位は，あ
　　たかも，民事訴訟法上の強制執行における差押債権者の地位に類するもので
　　あり，租税債権がたまたま公法上のものであることは，この関係において，
　　国が一般私法上の債権者より不利益の取扱を受ける理由となるものではな
　　い。それ故，滞納処分による差押の関係においても，民法177条の適用があ
　　る」としている（最判昭31.4.24）。

4　建築基準法65条と民法234条１項の適用関係について，判例は，「建築基準
○　法65条は，防火地域又は準防火地域内にある外壁が耐火構造の建築物につ
　　いて，その外壁を隣地境界線に接して設けることができる旨規定している
　　が，これは，同条所定の建築物に限り，その建築については民法234条１項
　　の規定の適用が排除される旨を定めたもの」としている（最判平元.9.19）。

5　公営住宅の入居者の死亡と相続人による公営住宅を使用する権利の承継につ
✕　いて，判例は，「公営住宅法の規定の趣旨にかんがみれば，入居者が死亡し
　　た場合には，その相続人が公営住宅を使用する権利を当然に承継すると解す
　　る余地はない」としている（最判平2.10.18）。

　　以上により，妥当なものは肢４であり，正解は４となる。

到達度チェック ▶▶▶

2. 行政組織法

➡ 総合テキスト **Chapter 2**，総合問題集 **Chapter 1** 問題 **3** **4**

> ・・・・・・・・・・・・・ イントロダクション ・・・・・・・・・・・・・
>
> 　行政組織法に関するテーマは，基本的に暗記の要素が強いところです。過去問を中心に，ある程度力技の暗記をせざるを得ないのです。もっとも，本試験で出題される論点には偏りがありますから，あまり手を広げすぎないように注意しましょう。

1 講学上の概念

解法の鉄則その1

① **行政主体・行政機関の意義**
　→ 比較的解きやすいため，先に手をつけるとよい
　→ 定義と具体例のズレをチェック
② **上級行政庁の下級行政庁に対する指揮監督権**
　→ 種類とそれぞれの意味が問われる

　まずは，講学上の概念に関する問題について，着眼点を見ていきましょう。このテーマの問題は，**分類**と**定義**のズレを探しにいくのが先決です。例えば，次の問題を読んでみてください。

設問1
　公団，公庫，事業団などは，特殊法人と呼ばれているが，法的には国という公法人に所属する，その一機関にすぎない。　　　　　　　（H 13 - 8 - 2）

　本問では，行政主体や行政機関に関する分類の理解が試されています。ここで，行政主体は次ページの図（2-1）のように分類されていたことを思い出してください。

　図（2-1）の分類によると，「特殊法人」は行政主体の1つです。したがって，特殊法人を一機関にすぎないとする本問は誤りということになります。

● 2-1　行政主体の種類

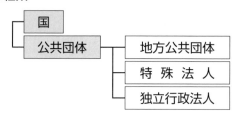

　行政法の問題は，同じ知識を様々な角度から聞いてくるため，本問のように，知識を整理した図表等をしっかりと思い出して問題にあてはめていくことが大事です。点の知識をあてはめていくのではなく，幅広い知識を面として問題にあてはめていくイメージです。

　次に，定義とズレていないかどうかの検討をしていきます。

設問2

❶➤ 補助機関とは，行政主体の手足として実力を行使する機関であり，警察官，収税官などがこれに当たる。　　　　　　　　　　　　　　（H 18 - 9 - 5）

　本問は，行政機関の定義と具体例が適切か否かを聞いています。行政機関の定義と具体例は次ページの表（2-2）のとおりです。このような表は億劫でもしっかりと暗記していくことが合格には必要です。

　表（2-2）によれば，補助機関は「日常的な事務を遂行する機関」です。実力を行使する機関は「執行機関」ですから，本問は誤りです。すると，具体例もズレていることがわかりますね。同様の点は，次の問題でも問われています。

❷➤ 行政庁とは，行政主体の意思を決定し，これを外部に表示する権限を有する行政機関をいう。　　　　　　　　　　　　　　　　　　（H 21 - 9 - ア）

　本問は，行政庁の定義を適切に述べています。したがって，本問は正しいです。ここに少し変化を加えると，出題のポイントが更に明確になります。

❸➤ 行政庁とは，行政主体の意思を決定し，これを外部に表示する権限を有する行政機関をいい，各省の事務次官などがこれに当たる。　（H 21 - 9 - ア改）

	定　義	具体例
行　政　庁	行政主体の法律上の意思を決定し，これを外部に表示する権限を持つ機関	各省大臣，都道府県知事，市町村長，独立行政委員会（人事院・会計検査院）
補助機関	行政庁その他の行政機関の職務を補助するために，日常的な事務を遂行する機関	各省の事務次官，局長，事務官等，副知事，副市町村長，会計管理者，部長，課長，その他の一般職員等
執行機関	行政目的を達成するために，国民の身体や財産に対して直接に実力を行使する機関	警察官 徴税職員
諮問機関	行政庁から諮問を受けて意見を述べる機関	法制審議会，中央教育審議会，社会保障制度審議会，情報公開・個人情報保護審査会
参与機関 議決機関	行政庁の意思を法的に拘束する議決を行う機関（権限が強化された諮問機関）	労働保険審査会 公認会計士・監査審査会
監査機関	行政機関の事務や会計の処理を検査し，その適否を監査する機関	会計検査院 地方公共団体の監査委員

※　各機関の意思決定の方法には，独任制と合議制がある。独任制を採用しているのは，各省大臣，都道府県知事，市町村長である。一方，専門技術的な内容や政治的中立性が要求される独立行政委員会などは合議制が採用されている。

　本問は，定義のズレはありませんが，具体例が適切ではありません。したがって，誤りです。このように，行政機関の問題は，とにかく**定義と具体例にズレがないかどうか**をしっかりとチェックしていく作業を徹底してください。

　次に，上級行政機関と下級行政機関の関係について検討していきましょう。こちらも，解答のポイントは明確です。次の 設問3 を読んで確認していきましょう。

【設問3】
　上級行政庁は下級行政庁に対して監視権や取消権などの指揮監督権を有するが，訓令権については認められていない。　　　　　　　　　　（H21 - 9 - ウ）

　上級行政庁は，下級行政庁に対して訓令権も有しますので，本問は誤りです。

● 2-3　上級行政庁の指揮監督権限

監視権	上級行政機関が下級行政機関の実情を把握するために，その事務の執行を調査したり，事務の執行について報告をさせる権限
許認可権	上級行政機関が下級行政機関に，あらかじめ権限行使について許可や認可を求めるよう要求する権限
訓令・通達権	下級行政機関に対して行政行為の内容を指示するために上級行政機関が発する命令を訓令といい，そのうち特に書面の形式によるものを通達という
取消・停止権	上級行政機関が，下級行政機関の違法，または不当な行為を職権により取り消す・停止する権限（法律の根拠がなくても可）
権限争議決定権	下級行政機関相互において権限の有無・範囲に争いがある場合に，上級行政機関がそれを解決する権限

　どのような権利が認められているのか，表（2-3）を通して確認しておいてください。

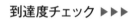 到達度チェック ▶▶▶

② 権限の委任・代理

解法の鉄則その2

①　定義にズレはないか
②　権限の移転があるか
③　法律の根拠は必要か
④　委任機関等は監督できるか

　次に，権限の委任・代理について検討していきます。この論点は見るべきところがかなり限定されているため，　解法の鉄則その2　の内容を確認しにいくというスタンスで問題を読んでいくとよいでしょう。

設問4

　法定の事実の発生に基づいて，法律上当然に行政機関の間に代理関係の生ずる場合を，授権代理という。　　　　　　　　　　　　　　　　　　　（H21-9-オ）

　権限の代行は，①委任，②法定代理，③授権代理が挙げられます。本問はその

中でも，法定代理について述べています。したがって，授権代理としている本問
は誤りです。

設問5

　行政庁がその権限の一部を他の行政機関に委任した場合であっても，権限の
所在自体は，委任した行政庁から受任機関には移らない。　　（H 21 – 9 – エ）

　委任による場合，権限が受任機関に移転します。移転しないのは，代理（法定
代理・授権代理）の場合ですから，本問は誤りです。

設問6

　権限の委任は**法律上定められた処分権限の帰属を変更する**ことから，法律の
根拠を必要とするのに対し，代理は，機関相互の意思により決まるものである
ことから，法律の根拠を必要としない。　　（オリジナル）

　前段はそのとおりですが，後段が誤りです。代理が問われた場合には，必ず**法
定代理・授権代理**の2つを想定できるようにしておいてください。当然のことで
すが，法定代理は法律上の定めがあるときに発生するものですよね。したがっ
て，本問は誤りです。

設問7

　法律の規定に基づいて権限の委任が上級行政庁から下級行政庁に対して行わ
れた場合，当該権限が受任行政庁に完全に移るため，当該権限の行使に関する
限り，両者の間には指揮監督関係は存在しない。　　（司法 H 19 – 23）

　一般論として，権限の委任をした以上，指揮監督関係は発生しません。しか
し，受任機関が自己の下級機関である場合には，上級機関としての指揮監督権を
行使することができます。したがって，本問は誤りです。
　以上のことをまとめたものが次ページの表（2-4）です。最終的には，この表
の内容をしっかりと再現できるようになるまで記憶のレベルを引き上げておきま
しょう。

● 2-4　権限の委任・代理の比較

	権限の委任	権限の代理	
		授権代理	法定代理
権限の移転	あ　り	な　し	
法律の根拠	必　要	不　要	必　要
権限行使の方法	受任機関(自分)の名で行う	顕名必要	
委任機関・被代理機関による監督	原則：できない 例外：受任機関が自己の下級機関 　　　である場合はできる	できる	できない

総合問題に 挑戦

問題 行政権限の代理，委任，専決・代決に関する次の記述について，アからエまでの下線部の各記述につき，それぞれ正しい場合には1を，誤っている場合には2を選びなさい。

　本来の行政庁とは異なる行政機関が権限を行使することが認められる形態として，行政組織法上，代理，委任，専決・代決があると考えられている。

　まず，代理とは，本来の行政庁を代理する行政機関が，本来の行政庁を代理して権限を行使することを明らかにして権限を行使することを指す。代理には，法定代理と委任代理とがあり，法定代理とは，行政庁が欠けたとき又は事故があったときに，法律の定めるところに従い，他の行政機関が本来の行政庁のすべての権限を代行することをいう。そして，このような法定代理には，本来の行政庁が予め指定しておいた機関が代理権をもつ場合（指定代理）と，法律の定める機関が代理権を当然に行使する場合（狭義の法定代理）とがある。（ア）

　これに対し，権限の委任とは，自己に与えられた権限の一部を他の機関に委任して行わせることをいう。委任をした本来の行政庁が委任を受けた行政機関の直近上級行政庁であるときは，委任をした行政庁は委任を受けた行政機関に対する監督権を保持しているので，委任には法律上の根拠は不要であると解されている。（イ）なお，行政不服審査法によれば，行政庁の処分について不服申立てをする場合，処分庁等に上級行政庁があるときは，その最上級行政庁に対して審査請求をするのが原則である。（ウ）

　権限の代理・委任に対し，行政庁が権限行使に関する事務の処理をその補助機関にゆだねるものの，国民に対する関係では本来の行政庁の名において行われるものとすることがあり，これを専決・代決という。（エ）

（司法 H 18-23 改）

ア　1

○　法定代理とは，法律に定められた一定の要件が生じた場合に代理関係が生じ
るものをいい，一定の要件が生じた場合にもとの行政機関による指定行為に
よって決められた行政機関に代理関係が生じる指定代理（内閣法9条，10条，
地方自治法152条2項参照）と，法律により自動的に代理関係が生じる狭義の
法定代理（地方自治法152条1項参照）とがある。

イ　2

✕　権限の委任とは，ある行政機関の権限の一部を別の行政機関に委任して行使
させることをいう。法律によって与えられた権限の一部が移動し，委任機関
はその権限を失う一方，受任機関は自己の名と責任においてその権限を行使
する。このように権限の委任では，法律に定められた権限が移動することか
ら，法律の根拠が必要となる。

ウ　1

○　行政庁の処分について不服申立てをする場合，処分庁等に上級行政庁がある
ときは，その最上級行政庁に対して審査請求をするのが原則である（行政不
服審査法4条4号）。

エ　1

○　専決・代決とは，法律により権限を与えられた行政機関の権限を，補助機関
が決裁することをいう。すなわち，最終的な決裁を補助機関が行う一方で，
外部に対しては行政庁の名で処分等がなされ，法的には本来の権限を持つ行
政庁の行為となる。

以上により，アは1，イは2，ウは1，エは1となる。

到達度チェック ▶▶▶

3. 行政行為と裁量

➡ 総合テキスト **Chapter 3 2**

> ### イントロダクション
>
> 　行政裁量については，近年判例知識を問う出題が続いています。基本的な理論を前提に，判例知識を充実させていきましょう。
> 　また，行政行為と裁量に関する問題も重要です。行政行為の性質をしっかりと理解したうえで，裁量の幅の違いを認識できるようにしてください。

1 行政裁量

解法の鉄則 その1

① 理論的な知識
  → 羈束行為・羈束裁量・自由裁量という用語の意味を把握する
  → 裁量が認められるステージとその意味を把握する
   ・事実認定，要件，効果，手続，時
  → 裁量権の逸脱・濫用の場面とその意味を把握する
   ・事実誤認，平等原則，比例原則，目的・動機，判断過程審査
② 判例的な知識
  → 「裁量が認められない」という趣旨の記述は誤りの可能性が高い
  → 逸脱・濫用のケースと重なる言葉が使われていると正しい可能性が高い

　行政裁量に関する問題は，2008（平成20）年度まではあまり出題がなかったテーマだったのですが，2009（平成21）年度以降からほぼ毎年聞いてくるようになり，頻出テーマの1つといえるようになりました。このテーマは理論的な知識でまずは押し切り，その後判例の知識を整理していくことが重要です。それでは，具体的な問題を検討しながら，解答のポイントをつかんでいきましょう。

設問1

❶ ▶ 行政庁の裁量行為は法規(羈束)裁量行為と便宜(自由)裁量行為に二分されるところ，前者については，行政庁にその裁量権の範囲の逸脱又は濫用があった場合には当該行為は裁判所により取り消され得るが，後者については，行政庁の行う政策的判断を尊重するとの観点から司法審査権は及ばない。

(国Ⅱ H 13)

両者は，裁量の幅の違いはありますが，その裁量の逸脱・濫用があれば，司法審査権が及ぶとされています(行政事件訴訟法30条)。

❷ ▶ 行政庁が行政行為をするに当たっての要件が不確定概念により定められている場合の当該要件該当性の認定については，行政庁に裁量が認められるが，行政行為を行う時期については，行政庁に裁量は認められない。

(国Ⅱ H 13)

このテーマで，真っ先に探したい知識です。行政に認められる裁量のステージとしては，①事実認定，②要件，③効果，④手続，⑤時の5つが挙げられます。本問は，時期について裁量が認められないとしている点で誤りです。

この辺りの基本的な論点を確認したら，判例知識を見ていきます。ただし，行政裁量に関する判例と一言でいっても，相当数存在するため，本章では解法として知っておきたい解き方を中心に進めていきます。

設問2

❶ ▶ 道路運送法に基づく一般乗用旅客自動車運送事業(いわゆるタクシー事業)の許可について，その許可基準が抽象的，概括的なものであるとしても，判断に際して行政庁の専門技術的な知識経験や公益上の判断を必要としないことから，行政庁に裁量は認められない。

(H 25 - 8 - ウ)

本試験問題においても，また実際上の問題においても，基本的に行政には裁量が認められます。裁量が認められないとするのは例外的な話であり，本問は誤りである可能性が高いなと思えるようにしておいてください。実際に，判例は，道路運送法に基づく一般乗用旅客自動車運送事業の許可について，「同号の基準は抽象的，概括的なものであり，右基準に適合するか否かは，行政庁の専門技術的

● 3-1 行政裁量に関する理論の整理

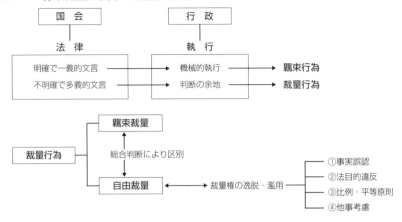

な知識経験と公益上の判断を必要とし，ある程度の裁量的要素があることを否定することはできない」としています（最判平11.7.19）。したがって本問は誤りです。裁量が認められないとする例外的な問題としては，次の2点だけひとまず注意を払っておくとよいでしょう。

> ❷▶ 土地収用に伴う損失補償は，「相当な補償」で足るものとされており，その額については，収用委員会の広範な裁量に委ねられている。
>
> （H 26 - 20 - 1）

　判例は，土地収用法による補償金の額は，「相当な価格」（71条参照）等の不確定概念をもって定められているものではあるが，通常人の経験則及び社会通念に従って，客観的に認定され得るものであり，かつ，認定すべきものであって，補償の範囲及びその額の決定につき収用委員会に裁量権が認められるものと解することはできないとしています（最判平9.1.28）。不動産の価格は，最終的に合一的に確定すべきであるという観点から，このように考えられているのです。

> ❸▶ 知事による水俣病である旨の認定は，客観的事象としての水俣病のり患の有無という現在または過去の確定した客観的事実を確認する行為であるから，その判断はその裁量に委ねられるべき性質のものではない。（オリジナル）

判例は，知事による水俣病であるとの認定自体は，「客観的事象としての水俣

行政法

第1編　一般的な法理論

病のり患の有無という現在又は過去の確定した客観的事実を確認する行為であって，この点に関する処分行政庁の判断はその裁量に委ねられるべき性質のものではない」としています（最判平25.4.16）。以上，基本的に裁量が認められないとする選択肢は誤りの方向で考えつつ，❷，❸のような例外的なものを意識しておくと，解法手順としては非常にスムーズです。

❹▶ 地方公共団体が第三セクター法人の事業に関して当該法人の債権者と損失補償契約を結んだ場合，当該契約の適法性，有効性は，契約締結に係る公益上の必要性についての長の判断に裁量権の逸脱，濫用があったか否かによって判断される。　　　　　　　　　　　　　　　　　　　　（H25－8－イ）

　考える材料（何について逸脱・濫用があるか）のところでひっかけてくる可能性もありますが，基本的には，行政裁量の問題は行政の側の裁量判断に逸脱・濫用があったか否かによって決まります。したがって，このような一般的な問われ方であれば，正しいとひとまず判断しておくとよいでしょう。
　最後に，行政裁量の司法審査の基準について検討していきましょう。

設問3

❶▶ 計画策定権者に広範な裁量が認められるのが行政計画の特徴であるので，裁判所による計画裁量の統制は，重大な事実誤認の有無の審査に限られる。
　　　　　　　　　　　　　　　　　　　　　　　　　　　　（H21－8－3）

　裁判所による計画裁量の統制は，重大な事実誤認の有無の審査のほかに，判断の過程において考慮すべき事情を考慮しないこと等により，その内容が社会通念に照らし著しく妥当性を欠くものと認められるかについての審査も含まれます（最判平18.11.2）。本問は，裁判所による計画裁量の統制が重大な事実誤認の有無の審査に限られるとしているため，誤りです。これを，判断過程審査というのですが，この問題意識は，次のような問題でも問われています。

❷▶ 行政裁量に関する次の文章の空欄　エ　に当てはまる語句を，枠内の選択肢（1～20）から選びなさい。

　土地収用法20条3号は，土地収用を行うことのできる事業の認定にあたっては，当該事業が「土地の適正且つ合理的な利用に寄与するもの」でなければ

ならないとしている。この場合，要件についての裁量が問題となるが，判例は，その場合の裁量判断について，「本来最も重視すべき諸要素，諸価値を不当，安易に軽視し，その結果当然尽くすべき考慮を尽くさず，また本来考慮に容れるべきでない事項を考慮に容れもしくは本来過大に評価すべきでない事項を過重に評価し」，これらのことにより判断が左右された場合には，裁量権の濫用・踰越にあたるとして，違法となるとしている。これは処分における □ エ □ について，司法審査を及ぼしたものといえる。

1 訴訟要件	2 目的	3 信義則	4 相当の期間の経過
5 効果	6 補充性要件	7 理由の提示	8 判断過程
9 過失	10 行政便宜主義	11 時の裁量	12 手続規定
13 紛争の成熟性	14 違法性阻却事由	15 保護義務	16 要件
17 行政規則	18 比例原則	19 手段	20 行政の内部問題

(H 21 - 43改)

エにあてはまる語句は，8の「判断過程」です。これは，司法権が及ぶ範囲は，行政の事実誤認の有無などに限られず，処分に至るまでの行政機関の判断形成過程に着目し，どのような事項を考慮し，または考慮すべきでないか，考慮した事項についてどのような評価をしたのか，という判断の過程に司法審査が及ぶとするものです。

❶，❷を通して，しっかりと判断過程審査の考え方を学んでおけば，次のような問題にも対応することが可能です。

❸▶ 学生が信仰上の理由によりした剣道実技の履修拒否について，正当な理由のない履修拒否と区別することなく，代替措置が不可能というわけでもないのに，代替措置について何ら検討することもなく原級留置処分をし，さらに，退学処分をした公立高等専門学校の校長の措置は，考慮すべき事項を考慮しておらず，又は考慮された事実に対する評価が明白に合理性を欠き，その結果，社会観念上著しく妥当を欠く処分をしたものであり，原級留置処分と退学処分は裁量権の範囲を越える違法なものとなる。 (H 28 - 9 - 2)

「剣道実技拒否」というキーワードから，憲法で学習したエホバの証人剣道実技拒否事件（最判平8.3.8）であることを見抜きます。そうすると，本問は結

論は合っていますよね。そして，理由として挙げられている部分も，判断過程審査の考え方に似たものがあります。したがって，本問は正しいだろうと判断することができます。なお，少し脱線しますが，❸のように，長い文章で判例が問われた際には，必ず事案の把握 → 結論の整合性 → 理由の適切さという順序で検討するようにしてください。そうすることで，解答を瞬時に出すことができることが多いです。例えば，次の問題を読んでみてください。

❹▶ 外国人が在留期間中に日本で行った政治活動のなかに，わが国の出入国管理政策に対する非難行動あるいはわが国の基本的な外交政策を非難し日米間の友好関係に影響を及ぼすおそれがないとはいえないものが含まれていたとしても，それらは憲法の保障が及ぶ政治活動であり，このような活動の内容を慎重に吟味することなく，在留期間の更新を適当と認めるに足りる相当の理由があるものとはいえないと判断した法務大臣の判断は，考慮すべき事項を考慮しておらず，その結果，社会観念上著しく妥当を欠く処分をしたものであり，裁量権の範囲を越える違法なものとなる。　　　　（H28‒9‒1）

「外国人が在留期間中に日本で行った政治活動」という部分から，マクリーン事件（最大判昭53.10.4）であるとすぐに判断できたでしょうか。そのうえで，結論を見ると，法務大臣の判断は違法なものとなるとされていますよね。マクリーン事件では，法務大臣の判断は違法なものではないとされていますから，これは結論が違います。したがって，本問は誤りです。このように，結論だけを見て答えが出てしまうため，途中の長い文章を読むことなく解答することができることも多いのです。解法としてぜひ参考にしてみてください。

到達度チェック ▶▶▶

② 行政行為の分類と行政裁量

解法の
鉄則
その2

① 行政行為の分類と具体例を把握する
② 裁量の幅について，行政行為の分類とあわせ
て押さえる
→ 「特許」は，裁量の幅が広め
→ 「許可」は，裁量の幅が狭め
→ 準法律行為的行政行為には，基本的に裁量はない

　次に，行政行為の分類と裁量の問題について検討していきます。まずは，そも
そもの分類が問われるパターンを検討してみましょう。

設問4

　次のア〜オに挙げる行政行為のうち，私人の法律行為の法的効果を完成させ
る効果を有するもので，行政行為の分類上，「認可」とされるものをすべて選べ。

ア　電気事業法に基づいて経済産業大臣が行う電気事業の「許可」
イ　ガス事業法に基づいて経済産業大臣が一般ガス事業者に対して行う供給
　約款の「認可」
ウ　銀行法に基づいて内閣総理大臣が行う銀行どうしの合併の「認可」
エ　建築基準法に基づいて建築主事が行う建築「確認」
オ　農地法に基づいて農業委員会が行う農地の所有権移転の「許可」

(H 19 - 8改)

　本問は，行政行為の分類についての問題です。行政行為には伝統的な分類があ
るのですが，この分類自体に様々な批判があるため，定義と具体例を深く聞いて
くる可能性は低いです。とはいえ，この点を学習していない受験生は少ないと思
いますから，差をつけられないように最低限の部分は学んでおいてください。
　本問では，イ，ウ，オが講学上の「認可」であり，アは「特許」，エは「確認」
に分類されます。

● 3-2　行政行為の分類と具体例

			定　義	具体例
法律行為的行政行為[*1]	命令的行為	下命	作為を命ずる行為	課税処分，違法建築の除却命令
		禁止	不作為を命ずる行為	営業の停止命令，道路の通行禁止
		許可	一般的な禁止を解除する行為	運転免許の付与，風俗営業の許可
		免除	作為義務を解除する行為	納税義務の免除，児童の就学義務の免除
	形成的行為	特許	特定の権利等を設定する行為	河川の占用許可，外国人の帰化の許可
		剝権	特許によって設定された権利，または法律関係を消滅させる行為	河川の占用許可の取消し
		認可	第三者の行為を補充してその法律上の効果を完成させる行為	銀行の合併の認可，農地の権利移転の許可，公共料金の値上げの認可
		代理	行政主体が他の法的主体の行為を代わってすること	土地収用裁決，主務大臣による公共団体の役員の選任
準法律行為的行政行為[*2]		確認	特定の事実や法律関係の存否または真否を確定する行為	選挙における当選人の決定，発明の特許，市町村の境界の決定，土地収用事業の認定
		公証	特定の事実や法律関係の存否を公に証明する行為	行政書士の登録，戸籍への記載，選挙人名簿への登録
		通知	相手方に特定の事項を知らせる行為	納税の督促
		受理	相手方の行為を有効な行為として受領する行為	各種申請の受理

＊1　法律行為的行政行為とは，行政庁が意思表示により望んだことと同様の法律効果が発生する行為をいう。

＊2　準法律行為的行政行為とは，単に行政庁が判断したことや認識したことを表示した場合に，法律が一定の法的効果を与える行為をいう。

　この分類を覚えたら，次の出題の視点である**行政行為と裁量**の関係です。早速，次の問題を読んでみてください。

設問5

　次のア〜オのうち，伝統的に行政裁量が広く認められると解されてきた行政
行為の組合せとして，最も適切なものはどれか。

　ア　道路交通法に基づく自動車の運転免許
　イ　電気事業法に基づく電気事業の許可
　ウ　建築基準法に基づく建築確認
　エ　食品衛生法に基づく飲食店の営業許可
　オ　公有水面埋立法に基づく公有水面の埋立免許

　1　ア・オ　　2　イ・ウ　　3　イ・オ　　4　ウ・エ　　5　エ・オ

（H 23 – 10）

　行政行為の分類を，行政裁量の観点から聞いてきた問題です。この問題を解く
ポイントは，設問4で学習したように，伝統的な分類にまずは仕分けしてし
まうことです。そうすると，ア：許可，イ：特許，ウ：確認，エ：許可，オ：特
許となりますよね。実は，本問は組合せの関係で同じ行政行為がイ・オしかない
ことから，3が答えだと導くことができます。もっとも，この解き方は，今後通
用しない可能性があるため，もう少し解答のポイントを整理しておきましょう。

● 3-3　許可・特許・認可の比較

	許　可	特　許	認　可
種　類	命令的行為	形成的行為	形成的行為
受けずになした行為の私法上の効力	必ずしも無効ではない（許可制の趣旨による）	無　効	無　効
競願関係	先願主義	自由選択主義	
行政裁量	羈束裁量	自由裁量	自由裁量

　3-3の表のように，許可は特許・認可と比較して，比較的裁量の範囲が狭い
と説明されます。許可は，もともと国民が本来自由にできるものを政策的な理由
で制限しているからです。これに対し，特許は国民が本来有しない権利を特別に
設定する行為です。したがって，行政の側の裁量判断が広いのです。ちなみに，
確認などの準法律行為的行政行為は，行政方の意思表示が介在しないため，裁量

の余地が基本的にないとされています。

この感覚をもっていると，次のような問題にも対応することができるようになります。

設問6

建築主事は，一定の建築物に関する建築確認の申請について，周辺の土地利用や交通等の現状および将来の見通しを総合的に考慮した上で，建築主事に委ねられた都市計画上の合理的な裁量に基づいて，確認済証を交付するか否かを判断する。 　　　　　　　　　　　　　　　　　　　　　　　　　（H 24 - 26 - 1 ）

建築確認は，基本的に裁量の余地のない確認的行為の性格を有するものとされています（最判昭60.7.16）。とすれば，「合理的な裁量に基づいて」判断をすることはないのではないか。したがって，本問は誤りである。このような考えができるようになれば，合格レベルに近づいている証拠です。

総合問題に 挑戦

問題 行政裁量に関する次の記述のうち，最高裁判所の判例に照らし，誤っているものはどれか。

1　建築主事は，一定の建築物に関する建築確認の申請について，周辺の土地利用や交通等の現状および将来の見通しを総合的に考慮した上で，建築主事に委ねられた都市計画上の合理的な裁量に基づいて，確認済証を交付するか否かを判断する。

2　法務大臣は，本邦に在留する外国人から再入国の許可申請があったときは，わが国の国益を保持し出入国の公正な管理を図る観点から，申請者の在留状況，渡航目的，渡航の必要性，渡航先国とわが国との関係，内外の諸情勢等を総合的に勘案した上で，法務大臣に委ねられた出入国管理上の合理的な裁量に基づいて，その許否を判断する。

3　公務員に対して懲戒処分を行う権限を有する者は，懲戒事由に該当すると認められる行為の原因，動機，性質，態様，結果，影響等のほか，当該公務員の行為の前後における態度，懲戒処分等の処分歴，選択する処分が他の公務員及び社会に与える影響等，諸般の事情を考慮した上で，懲戒権者に委ねられた合理的な裁量に基づいて，処分を行うかどうか，そして処分を行う場合にいかなる種類・程度を選ぶかを判断する。

4　行政財産の管理者は，当該財産の目的外使用許可について，許可申請に係る使用の日時・場所・目的・態様，使用者の範囲，使用の必要性の程度，許可をするに当たっての支障または許可をした場合の弊害もしくは影響の内容および程度，代替施設確保の困難性など，許可をしないことによる申請者側の不都合または影響の内容及び程度等の諸般の事情を総合考慮した上で，行政財産管理者に委ねられた合理的な裁量に基づいて，許可を行うかどうかを判断する。

5　公立高等専門学校の校長は，学習態度や試験成績に関する評価などを総合的に考慮し，校長に委ねられた教育上の合理的な裁量に基づいて，必修科目を履修しない学生に対し原級留置処分または退学処分を行うかどうかを判断する。

(H 24 - 26)

1 判例は，建築確認処分自体は基本的に裁量の余地のない確認的行為の性格を
✕ 有するものと解したうえで，建築確認申請が処分要件を具備するに至った場
　 合には，原則として，建築主事としては速やかに確認処分を行う義務がある
　 とした（最判昭60.7.16）。したがって，建築主事には，本肢のような合理的
　 な裁量は認められていない。

2 判例は，永住資格を有する外国人の再入国許可申請に対して，法務大臣が当
○ 該申請を拒否する処分をした事件において，外国人の再入国の許否の判断は
　 法務大臣の広い裁量に委ねられているとした（最判平10.4.10）。

3 判例は，公務員の懲戒免職処分の有効性が争われた事件において，本肢にあ
○ る諸般の事情を考慮したうえで，処分を行うかどうか，そして処分を行う場
　 合にいかなる種類・程度を選ぶかについて，公務員に懲戒処分を行う権限を
　 有する者（懲戒権者）の，合理的な裁量に委ねられているとした（最判昭
　 52.12.20）。

4 判例は，行政財産である学校施設の目的外使用を許可するか否かは，原則と
○ して，管理者の裁量に委ねられているものと解し，行政財産である学校施設
　 の目的及び用途と目的外使用の目的，態様等との関係に配慮した合理的な裁
　 量判断により使用許可をしないこともできるものであるとした（最判平18.2.
　 7）。

5 判例は，高等専門学校の校長が学生に対して原級留置処分または退学処分を
○ 行うかどうかの判断は，校長の合理的な教育的裁量に委ねられるべきもので
　 あるとした（最判平8.3.8）。

　 以上により，誤っているものは肢1であり，正解は1となる。

到達度チェック ▶▶▶

4. 行政行為の瑕疵

➡ 総合テキスト **Chapter 3** **2**，総合問題集 **Chapter 1** 問題 **6** **7**

> ### イントロダクション
> ．．．
> 　行政行為の瑕疵は，行政行為の無効と取消し，職権取消しと撤回の比較がよく問われます。本試験でも，この2点がよく問われますので，問題を解くポイントを確認しながらしっかりと学習をしていくようにしてください。本書では，特に重要な職権取消しと撤回について扱っていきます。

職権取消しと撤回

解法の鉄則 　原始的な瑕疵・後発的な瑕疵を読み解く

　本試験でも度々出題されていますが，問われるポイントが絞られています。まずは，次の過去問題を読んでみてください。

設問1

　次の1から5までの文章は，現行法令の規定を基にしたものであるが，これらのうち，行政法学上，行政行為の「取消し」にあたるものはどれか。

1　市町村長等は，消防法上の危険物の製造所の所有者，管理者または占有者が，同法に基づき当該製造所について発せられた移転等の命令に違反したときは，当該製造所の設置許可を取り消すことができる。
2　国土交通大臣は，浄化槽を工場において製造しようとする者に対して行う認定の基準となる浄化槽の構造基準が変更され，既に認定を受けた浄化槽が当該変更後の浄化槽の構造基準に適合しないと認めるときは，当該認定を取り消さなければならない。
3　国家公務員（職員）に対する懲戒処分について不服申立てがなされた場合，事案の調査の結果，その職員に処分を受けるべき事由のないことが判明したときは，人事院は，その処分を取り消さなければならない。
4　一級建築士がその業務に関して不誠実な行為をしたとき，免許を与えた国土交通大臣は，免許を取り消すことができる。

5　国土交通大臣または都道府県知事は，建設業の許可を受けた建設業者が許可を受けてから1年以内に営業を開始しない場合，当該許可を取り消さなければならない。

(H 20 - 8)

　一読しただけだと，難しい言葉が並べられているため，かなり解きにくさを感じられるのではないかと思います。しかし，本問で問われているのは，問題文で使用されている「取消し」は，文字通り取消しなのか。それとも，撤回と考えるべきなのか。どちらですかということを聞いているだけなのです。

　このように，「取消し」と「撤回」の判別をするような問題が問われたら，思い出すべきはただ1つです。それは，取消しは原始的瑕疵についての問題であり，撤回は後発的な事情を問題とするものであるということです。取消しと撤回の比較が問われたら，真っ先にこのことを考えられるようにしましょう。

　本問では，選択肢1・2・4・5は，いずれも行政の許認可が降りた後に問題が発生した場面であることがわかります。したがって，いずれも撤回であると考えるとよいでしょう。

　これに対し，選択肢3のみ，「その職員に処分を受けるべき事由のないことが判明したときは」とされているため，懲戒処分の時点で，懲戒事由がないにもかかわらず処分がされてしまっていることがわかります。とすれば，これは原始的な問題であるということになりますから，「取消し」の意味で使われていることがわかるわけです。

　この手の出題は，次のような問題でも同様です。

設問2

　砂利採取法26条1号から4号までによる「認可の取消し」に関する次の記述のうち，正しいものはどれか。

1　1号による「認可の取消し」および2号による「認可の取消し」は，いずれも行政法学上の取消しである。
2　1号による「認可の取消し」および3号による「認可の取消し」は，いずれも行政法学上の取消しである。
3　2号による「認可の取消し」および3号による「認可の取消し」は，いずれも行政法学上の撤回である。
4　2号による「認可の取消し」および4号による「認可の取消し」は，いずれも行政法学上の撤回である。

5　3号による「認可の取消し」および4号による「認可の取消し」は，いずれも行政法学上の撤回である。

（参照条文）
砂利採取法
　（採取計画の認可）
　第16条　砂利採取業者は，砂利の採取を行おうとするときは，当該採取に係る砂利採取場ごとに採取計画を定め，(当該砂利採取場の所在地を管轄する都道府県知事等)の認可を受けなければならない。
（遵守義務）
　第21条　第16条の認可を受けた砂利採取業者は，当該認可に係る採取計画……に従つて砂利の採取を行なわなければならない。
（緊急措置命令等）
第23条第1項　都道府県知事又は河川管理者は，砂利の採取に伴う災害の防止のため緊急の必要があると認めるときは，採取計画についてその認可を受けた砂利採取業者に対し，砂利の採取に伴う災害の防止のための必要な措置をとるべきこと又は砂利の採取を停止すべきことを命ずることができる。(第2項以下略)
（認可の取消し等）
第26条　都道府県知事又は河川管理者は，第16条の認可を受けた砂利採取業者が次の各号の一に該当するときは，その認可を取り消し，又は6月以内の期間を定めてその認可に係る砂利採取場における砂利の採取の停止を命ずることができる。
　①　第21条の規定に違反したとき。
　②　……第23条第1項の規定による命令に違反したとき。
　③　第31条第1項の条件に違反したとき。
　④　不正の手段により第16条の認可を受けたとき。
（認可の条件）
第31条第1項　第16条の認可……には，条件を附することができる。(第2項以下略)

(H29-8)

　参照条文が長く，また，問われ方も複雑ですが，先ほどの問題をしっかりと検討していれば容易に解ける問題です。
　本問では，砂利採取法26条各号が取消しと撤回のいずれに該当するかが問われています。そこで，26条各号を検討してみると，1号から3号までは，いずれも，「第21条に違反」，「第23条第1項の規定による命令に違反」，「第31条

第1項の条件に違反」とされていることから，いずれも砂利採取の認可が下りた後に問題が発生していることがわかります。したがって，1号から3号までは，いずれも**撤回**に該当すると判断することができます。

　これに対し，4号のみ「不正の手段により第16条の認可を受けた」とされており，認可を下すか否かの段階ですでに問題が発生していることがわかります。したがって，これは**取消し**に該当することがわかります。

　以上により，答えは3であると判断することができます。

5. 行政上の義務履行確保

→ 総合テキスト **Chapter 3** **3**，総合問題集 **Chapter 1** 問題 **7** ～ **10**

イントロダクション

　行政上の義務履行確保は，種類・定義・条文という基本的な内容を問う問題が多いです。まずは，上記の基本的な内容を覚えてしまうようにしてください。そのうえで，行政代執行法1条・2条の読み方，民事手続との関係性に関する判例という応用的な内容に進んでいくようにしましょう。このテーマはひたすら過去問知識が問われることが多いですから，本章の内容をしっかりと覚えていくようにしてください。

1 行政上の強制措置総論

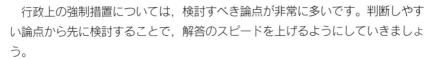

解法の鉄則その1

① 民事手続との関係
　民事保全 (行政事件訴訟法 44 条)・民事訴訟 (最判平14.7.9)・民事執行 (最大判昭 41.2.23)
② 行政代執行法1条の解釈論
　・「法律」の定め
　・2条との相違

　行政上の強制措置については，検討すべき論点が非常に多いです。判断しやすい論点から先に検討することで，解答のスピードを上げるようにしていきましょう。

　まず，検討すべきは<u>民事手続との関係</u>です。問題のバリエーションが3パターンくらいしか考えられないので，先に検討することで，選択肢をすぐに絞り込むことができます。

設問1

❶ ▶ 実質的当事者訴訟の対象となる行政活動については，他の法律に特別の定めがある場合を除いて，民事保全法に規定する仮処分をすることができない。
　　　　　　　　　　　　　　　　　　　　　　　　　　　　(H 23 - 18 - 5)

行政事件訴訟法44条では、行政庁の処分その他公権力の行使にあたる行為について、民事保全法上の仮処分をすることはできないとされています。これに対して、実質的当事者訴訟の対象となる行政活動については、明文で仮処分が禁止されているわけではありません。したがって、本問は誤りです。本問を通して、**民事保全法上の仮処分 → 公権力の行使に該当する場合は不可**という公式をマスターしておけばよいでしょう。

> ❷▶ 条例に基づく命令によって課された義務を相手方が履行しない場合には、代執行等の他の手段が存在しない場合に限り、地方公共団体は民事訴訟によりその履行を求めることができる、とするのが判例である。　（H23-8-2）

　判例は、国または地方公共団体が専ら行政権の主体として国民に対して行政上の義務の履行を求める訴訟は、法律上の争訟（裁判所法3条1項）として当然に裁判所の審判の対象となるものではなく、法律に特別の規定がある場合に限り、提起することが許されるとしています（最判平14.7.9）。したがって、本問は誤りです。

> ❸▶ A市は、市内へのパチンコ店の出店を規制するため、同市内のほぼ全域を出店禁止区域とする条例を制定した。しかし、事業者Yは、この条例は国の法令に抵触するなどと主張して、禁止区域内でのパチンコ店の建設に着手した。これに対して、A市は、同条例に基づき市長名で建設の中止命令を発したが、これをYが無視して建設を続行しているため、A市は、Yを被告として建設の中止を求める訴訟を提起した。最高裁判所の判例によれば、こうした訴訟は、どのような立場でA市が提起したものであるとされ、また、どのような理由で、どのような判決がなされるべきこととなるか。40字程度で記述しなさい。
> 　　　　　　　　　　　　　　　　　　　　　　　　　　　　　（H29-44）

　❷を記述式にした過去問です。❷で学習した判例によれば、「もっぱら行政権の主体の立場からなされ、法律上の争訟にあたらず、訴え却下の判決がなされる。」（44字）と記述すべきことになります。行政法は、択一式の過去問が豊富です。そのため、記述式問題についても択一式で問われたことがある条文・判例から問われる可能性が高いわけです。本問のような著名な判例において、過去問等で事案が説明されていない場合は、簡単にどのような事案で問題となったのかを調べてみるとよいでしょう。

❹▶ 農業共済組合が，法律上特別に独自の強制徴収の手段を与えられている場合であったとしても，当該手段によることなく，私法上の強制執行の手段によって債権の実現を図ることができる。　　　　　　　　（オリジナル）

「私法上の強制執行の手段」とあることから，すぐに**民事執行手続**であることを捉えていきます。判例は，行政上の強制徴収が認められている場合，民事上の強制執行の方法をとることは原則として許されないとしています（最大判昭41.2.23）。

以上，　**設問1**　においては，「民事保全」，「民事訴訟」，「民事執行」という明確なキーワードがあるため，まずはこの辺りのことが問われているか否かを検討するようにしてください。

次に，典型的な論点として挙げられるのが，行政代執行法1条・2条の読み方です。ひっかけポイントが明確なところなので，解答を出しやすい問題が多いです。こちらも，先に探して検討してしまうとよいでしょう。まずは，原則的な問題から見ていきます。

設問2

❶▶ 行政上の義務履行の確保に関しては，行政代執行法が一般法とされ，別に法律で定めるところを除いては，この法律の定めるところによる。
　　　　　　　　　　　　　　　　　　　　　　　　（H 23 - 8 - 1）

本問は，行政代執行法1条のとおりで，正しいです。問題文に，少し変化を加えながら，解答のポイントを明確にしていきましょう。

❷▶ 行政上の義務履行の確保に関しては，行政代執行法が一般法とされているが，地域の実情に応じ，条例において，独自の代執行手続を定めることもできる。
　　　　　　　　　　　　　　　　　　　　　　　　（H 23 - 8 - 1改）

行政代執行法1条は，別に法律に定めるものを除いて，この法律によるとしています。ここでいう**法律**には，条例は含まれないとされています。したがって，本問は誤りです。

❸▶ 地方公共団体は，条例で独自の規制基準を設けて，当該条例に違反する場合には，長が中止命令を発し得る旨を定めることができる。　（オリジナル）

❶，❷を前提とすると，誤りと考えがちですが，本問は正しいです。ここで，行政代執行法２条を読んでみましょう。

> **行政代執行法２条**
> 　法律（法律の委任に基く命令，規則及び条例を含む。以下同じ。）により直接に命ぜられ，又は法律に基き行政庁により命ぜられた行為（他人が代つてなすことのできる行為に限る。）について義務者がこれを履行しない場合，他の手段によつてその履行を確保することが困難であり，且つその不履行を放置することが著しく公益に反すると認められるときは，当該行政庁は，自ら義務者のなすべき行為をなし，又は第三者をしてこれをなさしめ，その費用を義務者から徴収することができる。

行政代執行法２条では，「法律（法律の委任に基く命令，規則及び条例を含む。以下同じ。）」とされており，かっこ書で**法律**には条例等を含むと規定されています。行政代執行法１条をあわせて読んでみましょう。

> **行政代執行法１条**
> 　行政上の義務の履行確保に関しては，別に法律で定めるものを除いては，この法律の定めるところによる。

こちらは，単に「法律」となっており，かっこ書で条例等も含む旨が規定されていません。したがって，行政代執行法１条の**法律**には条例は含まれないのです。この知識を解法のレベルまで上げていきましょう。要は次の図（5-1）のように理解しておけばいいわけです。

つまり，独自の規制基準などを条例で設けるといった**義務自体**を課すことは可能なのです。それでは，実際に義務違反があり，いざ強制執行の手続に入るとしましょう。すると，強制執行の手続自体は法律に基づいて行う必要がありますから，**条例**に基づいた行政上の義務履行確保の**手続**をとることはできないのです。解法の形で整理すると，義務自体を条例等で課すことは可能であるが，行政上の義務履行確保の手続を条例等で定めることはできないとしておくとよいです。

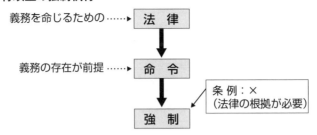
● 5-1　行政上の強制執行

義務を命じるための……▶　**法　律**

義務の存在が前提 ……▶　**命　令**

条例：×
（法律の根拠が必要）

強　制

まとめとして，次の問題にトライしてみましょう。

❹▶ A市は，風俗営業のための建築物について，条例で独自の規制基準を設けることとし，当該基準に違反する建築物の建築工事については市長が中止命令を発しうることとした。この命令の実効性を担保するための手段を条例で定める場合，法令に照らし，疑義の余地なく設けることのできるものは，次の記述のうちどれか。

1　当該建築物の除却について，法律よりも簡易な手続で代執行を実施する旨の定め。
2　中止命令の対象となった建築物が条例違反の建築物であることを公表する旨の定め。
3　中止命令を受けたにもかかわらず建築工事を続行する事業者に対して，工事を中止するまでの間，1日について5万円の過料を科す旨の定め。
4　市の職員が当該建築物の敷地を封鎖して，建築資材の搬入を中止させる旨の定め。
　　　　　　　　　　　　　　　　　　　　　　　　　　　　　（H22 - 8改）

　前述したように，A市が，条例で独自の規制基準を設けること自体は可能です。問題は，その実効性を担保する手段を条例で定められるのかという議論です。これを前提に本問を検討すると，1，3，4はそれぞれ，行政上の義務履行確保の手段である**代執行**，**間接強制**，**直接強制**であることがわかります。これに対し，2の「公表」は行政上の義務履行確保の手段としては挙げられていません（この辺りは，**解法の鉄則その2**と図5-2を参照してください）。したがって，1，3，4は条例で独自の手続を定めることはできませんが，2の公表については可能であるということになるのです。

> 解法の
> 鉄則
> その2
>
> ① **大きな分類の視点を確認する**
> → **将来の義務の実現・過去の義務違反に対する**
> **制裁・義務の不履行を前提としない**
> ② **個々の定義を把握する**
> ③ **あわせて行うことも可能である**

　次に，行政上の強制措置の分類について検討します。こちらも，知識をしっかりと整理しておくことで，どんな角度から問われても大丈夫なようになっていきます。まずは，次の図（5-2）を覚えてしまうこと。これが何よりも重要です。

● 5-2　行政上の強制措置の整理

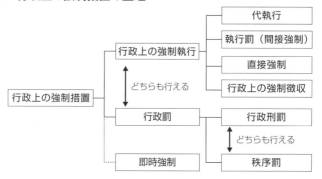

　これを前提として，解答のポイントをつかんでいきましょう。

設問3

　行政上の義務の履行確保手段に関する次の文章の空欄　ア　～　エ　に当てはまる言葉を，枠内の選択肢（1～20）から選びなさい。

　行政代執行法によれば，代執行が行われるのは，　ア　の場合に限られるので，その他の義務の履行確保については，別に法律で定めることを必要とする。例えば，代執行以外の義務の履行確保手段の一つとして　イ　が挙げられるが，これは，義務者の身体又は財産に直接実力を行使して，義務の履行があった状態を実現するものである。

　　イ　に類似したものとして，　ウ　がある。　ウ　も，直接私人の身体又は財産に実力を加える作用であるが，義務の履行強制を目的とするものでないところにその特徴がある。　ウ　の例としては，警察官職務執行法に基づく保護や避難等の措置などが挙げられる。

　さらに行政上の義務の履行確保手段には，間接的強制手段として，行政罰がある。その中で　エ　は，届出，通知，登記等の義務を懈怠した場合などに課される罰である。

1　反則金	2　課徴金	3　直接強制	4　法定受託事務
5　執行罰	6　自治事務	7　秩序罰	8　即時強制
9　金銭給付義務	10　行政刑罰	11　機関委任事務	12　直接執行
13　自力執行	14　非代替的作為義務	15　間接強制	16　滞納処分
17　代替的作為義務	18　職務命令違反	19　不作為義務	20　延滞金

（H18-43）

　代執行は，**代替的作為義務**を対象とした手続です。したがって，アには17が入ります。次に，「義務者の身体又は財産に直接実力を行使」というところから，イには3の直接強制が入ります。さらに，「義務の履行強制を目的とするものでない」という部分から，ウには8の即時強制が入ります。最後に，「行政罰」，「届出，通知，登記等の義務を懈怠」という部分から，比較的軽い義務違反に対する制裁，すなわち，エには7の秩序罰が入ることがわかります。このように，行政上の義務履行確保の手段は，何を基準として区分されているのかを正確に把握しておくことが何よりも重要なのです。この分類のポイントをしっかりと把握していれば，次の問題も簡単に解答することができます。

設問4

　以下に引用する消防法29条1項による消防吏員・消防団員の活動（「破壊消防」と呼ばれることがある）は，行政法学上のある行為形式（行為類型）に属するものと解されている。その行為形式は，どのような名称で呼ばれ，どのような内容のものと説明されているか。40字程度で記述しなさい。

消防法第29条1項
消防吏員又は消防団員は，消火若しくは延焼の防止又は人命の救助のために

必要があるときは，火災が発生せんとし，又は発生した消防対象物及びこれらのものの在る土地を使用し，処分し又はその使用を制限することができる。

（H 23 - 44）

　消防法29条1項を読んでみると，**義務の不履行**が明記されていないことがわかります。したがって，本問の行為形式は，「即時強制と呼ばれ，義務を命じる余裕がない場合に，直接身体若しくは財産に有形力を行使する。」（44字）と解答することができます。

設問5

　A市は，A市路上喫煙禁止条例を制定し，同市の指定した路上喫煙禁止区域内の路上で喫煙した者について，2万円以下の過料を科す旨を定めている。Xは，路上喫煙禁止区域内の路上で喫煙し，同市が採用した路上喫煙指導員により発見された。この場合，Xに対する過料を科すための手続は，いかなる法律に定められており，また，同法によれば，この過料は，いかなる機関により科されるか。さらに，行政法学において，このような過料による制裁を何と呼んでいるか。40字程度で記述しなさい。

（H 28 - 44）

　本問の前段は**地方自治法**の問題ですが，後段は**行政上の義務履行確保**の問題であり，行政法の知識が横断的に問われています。
　本問のような**過料**は，行政上の秩序に障害を与える危険がある義務違反に対して科される金銭的制裁であり，**秩序罰**と呼ばれます。

到達度チェック ▶▶▶

③ 行政代執行法

解法の鉄則その3

① 手続の流れに沿って判断する
② 条文のひっかけポイントを把握する

　行政代執行法に関する知識問題は，とにかく手続面を**正確にすべて想起できるようになる**のが目標です。これができたら，条文ごとに特有のひっかけポイントを把握しておけば，解法としては完璧です。

● 5-3　代執行手続の手順

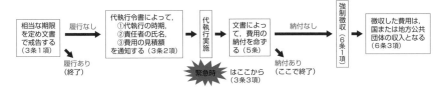

相当な期限を定め文書で戒告する（3条1項）→（履行なし）→代執行令書によって，①代執行の時期，②責任者の氏名，③費用の見積額を通知する（3条2項）→代執行実施→文書によって，費用の納付を命ず（5条）→（納付なし）→強制徴収（6条1項）→徴収した費用は，国または地方公共団体の収入となる（6条3項）

履行あり（終了）

緊急時はここから（3条3項）

納付あり（ここで終了）

設問6

❶▶ 行政代執行法では，代執行の前提となる命令等の行政処分がすでに文書で告知されているので，戒告を改めて文書で行う必要はない。

(H17−12−2)

代執行手続では，都合2回文書が出されます。1つが**戒告書**。2つめが**代執行令書**です（行政代執行法3条1項，2項）。したがって，本問は誤りです。

❷▶ 行政代執行法では，代執行をなすべき旨の戒告書が送られているため，実際に代執行をなすときに，改めて文書を送る必要はない。

(H17−12−2改)

❶に少し変化を加えました。戒告書を出したうえで，履行がなければ代執行令書を送ることになりますので，やはり誤りです。

❸▶ 代執行の実施に先立って行われる戒告および通知のうち，戒告においては，当該義務が不履行であることが，次いで通知においては，相当の履行期限を定め，その期限までに履行がなされないときは代執行をなすべき旨が，それぞれ義務者に示される。

(H30−8−エ)

代執行手続においては，戒告書において，相当の履行期限を定め，その期限までに履行がなされないときは代執行をなすべき旨が示されます。このような問題に対しては，手続の流れに違和感があるようにならないといけません。

行政法 第1編 一般的な法理論

設問7

❶ ➤ 行政代執行では，緊急の必要性が認められ正規の手続をとる暇がない場合には，代執行令書による通知手続を経ないで代執行をすることができる。

(H 17-12-3)

これは，行政代執行法3条3項のとおりです。これに少し変化を加えて，ひっかけポイントを明示します。

❷ ➤ 行政代執行では，緊急の必要性が認められ正規の手続をとる暇がない場合には，代執行令書の内容を口頭で伝えることを要件として，代執行をすることができる。

(H 17-12-3改)

書面の手続を例外的に口頭でなすことができるという，いかにも正しそうな問題です。しかし，行政代執行法3条3項は，手続自体の省略ができる旨を規定しています。口頭で行う必要もないのです。

設問8

行政代執行をなす際に通知する代執行令書には，代執行の時期と責任者の氏名をその内容とする必要はあるが，費用の見積額までは通知する必要はない。

(オリジナル)

通知する内容が複数ある場合，細部まで記憶しておく必要があります。3条2項によれば，費用の見積額も通知する必要がありますので，本問は誤りです。

設問9

代執行に要した費用については，義務者に対して納付命令を発出したのち，これが納付されないときは，国税滞納処分の例によりこれを徴収することができる。

(H 30-8-ア)

行政代執行法5条，6条1項のとおりです。本問は正しいです。

なお，平成30年度の問題では，以下のような手続が架空のものであることを認定させる問題が出題されました。

設問10

　代執行の実施に当たっては，その対象となる義務の履行を督促する督促状を発した日から起算して法定の期間を経過してもなお，義務者において当該義務の履行がなされないときは，行政庁は，戒告等，同法の定める代執行の手続を開始しなければならない。　　　　　　　　　　　　　　　（H30-8-オ）

　このような手続は，行政代執行法には規定されていません。したがって，本問は誤りです。このような問題が出題されるため，行政代執行法の手続は，大枠で構わないので把握しておく必要があります。

　また，行政代執行法上規定されているか否かについて問う問題も出題されました。

設問11

❶▶　代執行を行うに当たっては，原則として，同法所定の戒告および通知を行わなければならないが，これらの行為について，義務者が審査請求を行うことができる旨の規定は，同法には特に置かれていない。　　（H30-8-イ）

❷▶　行政上の義務の履行確保に関しては，同法の定めるところによるとした上で，代執行の対象とならない義務の履行確保については，執行罰，直接強制，その他民事執行の例により相当な手段をとることができる旨の規定が置かれている。　　　　　　　　　　　　　　　　　　　　　　　　（H30-8-ウ）

　上記のような規定は，いずれも行政代執行法には規定されていません。したがって，❶は正しく，❷は誤りということになります。

問題 **行政上の義務の履行確保手段に関する次の記述のうち, 法令および判例に照らし, 正しいものはどれか。**

1 即時強制とは, 非常の場合または危険切迫の場合において, 行政上の義務を速やかに履行させることが緊急に必要とされる場合に, 個別の法律や条例の定めにより行われる簡易な義務履行確保手段をいう。

2 直接強制は, 義務者の身体または財産に直接に実力を行使して, 義務の履行があった状態を実現するものであり, 代執行を補完するものとして, その手続が行政代執行法に規定されている。

3 行政代執行法に基づく代執行の対象となる義務は, 「法律」により直接に命じられ, または「法律」に基づき行政庁により命じられる代替的作為義務に限られるが, ここにいう「法律」に条例は含まれない旨があわせて規定されているため, 条例を根拠とする同種の義務の代執行については, 別途, その根拠となる条例を定める必要がある。

4 行政上の秩序罰とは, 行政上の秩序に障害を与える危険がある義務違反に対して科される罰であるが, 刑法上の罰ではないので, 国の法律違反に対する秩序罰については, 非訟事件手続法の定めるところにより, 所定の裁判所によって科される。

5 道路交通法に基づく違反行為に対する反則金の納付通知について不服がある場合は, 被通知者において, 刑事手続で無罪を主張するか, 当該納付通知の取消訴訟を提起するかのいずれかを選択することができる。

(R1-8)

1 即時強制とは，義務の存在を前提としないで，行政上の目的を達成するた
✕ め，直接に身体若しくは財産に対して有形力を行使することをいう。本記述
は，行政上の義務の存在を前提としている点で誤りである。

2 行政代執行法は，直接強制の手続について規定していない。
✕

3 行政代執行法2条は，「法律（法律の委任に基く命令，規則及び条例を含
✕ む。以下同じ。）により直接に命ぜられ，又は法律に基き行政庁により命ぜ
られた行為（他人が代つてなすことのできる行為に限る。）について義務者
がこれを履行しない場合，他の手段によつてその履行を確保することが困難
であり，且つその不履行を放置することが著しく公益に反すると認められる
ときは，当該行政庁は，自ら義務者のなすべき行為をなし，又は第三者をし
てこれをなさしめ，その費用を義務者から徴収することができる。」と規定
している。

4 行政上の秩序罰とは，行政上の秩序に障害を与える危険がある義務違反に対
⭕ して科される罰であり，刑法上の罰ではないので，国の法律違反に対する秩
序罰については，非訟事件手続法の定めるところにより，所定の裁判所によ
り科される。

5 判例は，「道路交通法は，通告を受けた者が，その自由意思により，通告に
✕ 係る反則金を納付し，これによる事案の終結の途を選んだときは，もはや当
該通告の理由となった反則行為の不成立等を主張して通告自体の適否を争
い，これに対する抗告訴訟によってその効果の覆滅を図ることはこれを許さ
ず，右のような主張をしようとするのであれば，反則金を納付せず，後に公
訴が提起されたときにこれによって開始された刑事手続の中でこれを争い，
これについて裁判所の審判を求める途を選ぶべきであるとしているものと解
する」としている（最判昭57.7.15）。

以上により，正しいものは肢4であり，正解は4となる。

到達度チェック ▶▶▶

行政法

第 2 編

行政手続法

6. 行政手続法

➡ 総合テキスト **Chapter 4**, 総合問題集 **Chapter 2**

> ## イントロダクション
>
> 　行政手続法は条文の知識が命です。本試験では,条文知識が様々に変化して問われるため,条文そのものをしっかりと暗記し,どのようなひっかけがあり得るのかを常日頃から気を配っておく必要があります。本章では,本試験で頻出論点である「申請に対する処分」,「不利益処分」を中心に,条文の出題ポイントを問題から押さえていきましょう。

1 手続の流れ

解法の鉄則その1

① 条文の暗記に努める
② 本試験のひっかけポイントを把握しながら,今後の問題を想定する

　それでは,手続の流れに乗せていきながら,問題を見ていきましょう。本章では,条文 → 問題の順序で掲載し,本試験におけるひっかけポイントを把握していきます。重要な条文をピックアップしていきますから,解答のポイントをしっかりと把握していくようにしてください。これができれば,本章で取り上げていない行政手続法の条文だけでなく,行政不服審査法や憲法の条文などにも応用することができます。行政手続法の解法を学ぶというよりも,およそ条文知識を問う問題の解法なのだと認識しておいてください。

　まずは申請に対する処分について重要な条文をピックアップし,条文知識を問う問題の攻略法を身につけていきましょう。

第5条(審査基準)

1　行政庁は,審査基準を定めるものとする。

2　行政庁は,審査基準を定めるに当たっては,許認可等の性質に照らしてできる限り具体的なものとしなければならない。

3　行政庁は,行政上特別の支障があるときを除き,法令により申請の提出先

とされている機関の事務所における備付けその他の適当な方法により審査基準を公にしておかなければならない。

●6-1 申請に対する処分の流れ

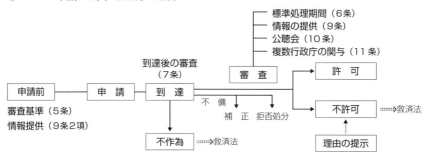

設問1

❶▶ 国の法律に基づいて地方公共団体の行政庁がする処分については，その法律を所管する主務大臣が審査基準を設定することとなる。（H19-12-オ）

審査基準は，**行政庁**が設定します。主体を変えるという，典型的な出題パターンです。

❷▶ 審査基準の設定は，行政手続法の委任に基づくものであり，申請者の権利にかかわるものであるから，審査基準も法規命令の一種である。
（H19-12-ア）

審査基準は，法規命令ではなく行政規則にあたります。また，審査基準の設定は，行政手続法の委任に基づくとする規定もありません。このような架空の規定に惑わされないように，本章を読み解いていってください。

❸▶ 申請に対する処分についての審査基準の設定は，法的な義務であるとされている。
（H19-12-イ改）

審査基準の設定は法的な義務ですから，そのとおりです。法的義務・努力義務の判別は本試験においても頻出ですから，しっかりと整理しておいてください。

❹ ▶ 許可の申請手続において，行政庁Yは審査基準を公にしないまま手続を進めて，結果として申請者Xに許可を与えなかった。審査基準は，申請者の求めがあったときにこれを示せば足りることから，Xが審査基準の提示をYに求めなかったのであれば，Yが審査基準を公にしなかったことも違法とはならない。 (H 26 - 12 - 4)

　審査基準を公にすることは法的義務ですから，申請者の求めがあったときにこれを示せば足りるものではありません。正確に条文にあてはめるようにしてください。

❺ ▶ 許可の申請手続において，行政庁Yは審査基準を公にしないまま手続を進めて，結果として申請者Xに許可を与えなかった。審査基準を公にすると行政上特別の支障が生じるのであれば，Yが審査基準を公にしなかったことも違法とはならない。 (H 26 - 12 - 5)

　原則は❹のとおりですが，行政上特別の支障がある場合には，この限りではありません。したがって，本問は正しいです。
　問題をとおして，出題されているポイントをしっかりと押さえるようにしてください。この要領で，申請に対する処分，不利益処分に関する条文を見ていきましょう。

第6条（標準処理期間）

　行政庁は，申請がその事務所に到達してから当該申請に対する処分をするまでに通常要すべき標準的な期間（法令により当該行政庁と異なる機関が当該申請の提出先とされている場合は，併せて，当該申請が当該提出先とされている機関の事務所に到達してから当該行政庁の事務所に到達するまでに通常要すべき標準的な期間）を定めるよう努めるとともに，これを定めたときは，これらの当該申請の提出先とされている機関の事務所における備付けその他の適当な方法により公にしておかなければならない。

設問2

❶ ▶ 標準処理期間とは，申請が行政庁によって受理されてから当該申請に対する処分がなされるまでに通常要すべき期間をいう。 (H 22 - 12 - 4)

正しくは，**行政庁の事務所に到達**してからです。こういうひっかけがあるということは，条文を確認するときに，後半の「処分がなされるまで」という部分にも注意を払おうと思えますよね。

> ❷▶ 申請に対する処分について，申請がその事務所に到達してから当該申請に対する処分をするまでに通常要すべき標準的な期間を定める**こと**は，担当行政庁の努力義務にとどまり，義務とはされていない。　　（H 28 - 12 - 1）

　❶のポイントをまずはチェックするようにしてください。この点は正しいですね。そして，**標準処理期間は設定が努力義務，公表は法的義務**ですから，本問はこの点も正しいです。

> ❸▶ 申請に対する処分について，申請がその事務所に到達してから当該申請に対する処分をするまでに通常要すべき標準的な期間を公にする**こと**は，担当行政庁の努力義務にとどまり，義務とはされていない。（H 28 - 12 - 1 改）

　「公にすること」は法的義務ですから，これは誤りです。さて，行政手続法の出題で厄介なのは，明文規定がないにもかかわらず，あたかもあるかのようにみせている条文問題です。例えば，次のような問題を読んでみてください。

> ❹▶ 行政庁は，申請者の求めに応じ，申請の処理が標準処理期間を徒過した理由を通知しなければならない。　　　　　　　　（H 25 - 12 - 5）

　標準処理期間の設定と公にすることについての定めはありますが，本問のような規定はありません。このような出題に対処するには，①条文自体を何度も読み，どのような規定があったのかを明確にする（行政手続法は全部で46条しかありませんから，可能なはずです），②本章で学習するようなひっかけポイントを把握しておく（そんなひっかけポイントは見たことないと思えれば合格レベル）ことです。

第7条（申請に対する審査，応答）

　　行政庁は，申請がその事務所に到達したときは遅滞なく当該申請の審査を開始しなければならず，かつ，申請書の記載事項に不備がないこと，申請書に必要な書類が添付されていること，申請をすることができる期間内にされたものであることその他の法令に定められた申請の形式上の要件に適合しない申請については，速やかに，申請をした者（以下「申請者」という。）に対し相当の期間を定めて当該申請の補正を求め，又は当該申請により求められた許認可等を拒否しなければならない。

設問3

❶▶ 行政庁は，申請がその事務所に到達したときは，遅滞なく当該申請の審査を開始しなければならない。 　　　　　　　　　　　　　　　　　（H25-12-1）

　これは，条文そのままの出題です。これを少し変化させて，ひっかけポイントを明確にしてみましょう。

❷▶ 行政庁は，申請がその事務所に到達したときは，当該申請を受理するか否かの判断をしたうえで，当該申請の審査を開始しなければならない。
　　　　　　　　　　　　　　　　　　　　　　　　　　（H25-12-1改）

　7条のポイントは，受理概念の否定です。申請自体の不受理・返戻を許さない趣旨から，申請に対する審査・応答義務を明文化したという点です。したがって，この点のみ注意を払っておけばよいでしょう。

❸▶ 提出された処理業の許可申請書の記載に形式上の不備があった場合については，知事は，期限を定めて申請者に補正を求めなければならず，直ちに申請を拒否する処分をすることは許されない。 　　　　（H24-11-5）

　行政手続法7条の規定によれば，本問の場合，補正または拒否をすることになります。補正を求めなければならないわけではないので，本問は誤りです。

❹▶ Xは，A県内においてパチンコ屋の営業を計画し，A県公安委員会に風俗営業適正化法に基づく許可を申請した。しかし，この申請書には，内閣府令に定める必要な記載事項の一部が記載されていなかった。この場合，行政手続法7条によれば，A県公安委員会には，その申請への対応として，どのような選択が認められているか。40字程度で記述しなさい。　（H 19 – 44）

　行政手続法7条は記述式問題としても出題されています。択一式と記述式とがリンクしていることがわかると思います。問題文には「行政手続法7条によれば」とありますが，7条が何を定めた条文であるかが思い出せなかったとしても，「必要な記載事項の一部が記載されていなかった」という部分から，**申請書に不備がある**場合の行政庁の対応が解答として求められていることが読み取れるでしょう。あとは，いかに条文（7条後段）の文言を正確に記述できるかがポイントとなります。

第8条（理由の提示）

1　行政庁は，申請により求められた許認可等を拒否する処分をする場合は，申請者に対し，同時に，当該処分の理由を示さなければならない。ただし，法令に定められた許認可等の要件又は公にされた審査基準が数量的指標その他の客観的指標により明確に定められている場合であって，当該申請がこれらに適合しないことが申請書の記載又は添付書類その他の申請の内容から明らかであるときは，申請者の求めがあったときにこれを示せば足りる。

2　前項本文に規定する処分を書面でするときは，同項の理由は，書面により示さなければならない。

設問4

❶▶ Xは，A川の河川敷においてゴルフ練習場を経営すべく，河川管理者であるY県知事に対して，河川法に基づく土地の占用許可を申請した。Y県知事は，占用を許可するに際して，行政手続法上，同時に理由を提示しなければならず，これが不十分な許可は，違法として取り消される。

（H 24 – 24 – 3）

　理由を示すのは，**申請を拒否する場合**です。したがって，本問は誤りです。理由の提示の場面をしっかりと把握しておきましょう。

❷➤ 行政庁は，申請に対する拒否処分及び不利益処分のいずれの場合においても，これを書面でするときは，当該処分の理由を書面で示さなければならない。 (H23-11-1)

処分を書面でするときは，理由も書面でという典型的な出題です。これは正しいですね。

❸➤ 申請拒否処分の理由については，理由を示さないで処分をすべき差し迫った必要がある場合には，処分後相当の期間内に示せば足りる。 (H20-12-3)

もっともらしい記載ですが，8条にはそのような規定はありません。本問に少し変化をつけて，解答のポイントをつかんでみましょう。

❹➤ 不利益処分の理由については，理由を示さないで処分をすべき差し迫った必要がある場合には，処分後相当の期間内に示せば足りる。 (H20-12-3改)

この記載は正しいです。実は，不利益処分の理由は，次のように規定されています。

第14条（不利益処分の理由の提示）
1　行政庁は，不利益処分をする場合には，その名あて人に対し，同時に，当該不利益処分の理由を示さなければならない。ただし，当該理由を示さないで処分をすべき差し迫った必要がある場合は，この限りでない。
2　行政庁は，前項ただし書の場合においては，当該名あて人の所在が判明しなくなったときその他処分後において理由を示すことが困難な事情があるときを除き，処分後相当の期間内に，同項の理由を示さなければならない。
（3　略）

本問は，申請に対する処分と不利益処分の条文の違いを聞いている問題です。どこかで見たことがある。これが行政手続法の典型的なひっかけですから，条文のポイントをしっかりと把握していくことを忘れないようにしてください。さらに，次のように変化させてみましょう。

申請拒否処分の理由については，**審査基準が数量的指標で明確に定められて**おり，当該申請が当該基準に適合しないことが明らかであれば，処分後相当の期間内に示せば足りる。　　　　　　　　　　　　　　　　（H 20 − 12 − 3改）

　条文にかなり近づきましたが，この場合，**申請者の求めがあったときに**示せばよいため，やはり誤りです。8条のポイントは以上です。このように，過去問を少し変化させることによっても，解答のポイントはあぶり出すことができます。

到達度チェック ▶▶▶

2　不利益処分

解法の鉄則 その2
①　条文の暗記に努める
②　本試験のひっかけポイントを把握しながら，今後の問題を想定する

　ここから，不利益処分です。とはいえ，基本的には**およそ条文知識**に関する解法ですから，やり方は全く変わりません。ここでも，重要な条文をピックアップしながら，条文のポイントをつかむ練習をしていきましょう。

第12条（処分の基準）
1　行政庁は，処分基準を定め，かつ，これを公にしておくよう努めなければならない。
2　行政庁は，処分基準を定めるに当たっては，不利益処分の性質に照らしてできる限り具体的なものとしなければならない。

　行政手続法は，不利益処分について，処分庁が処分をするかどうかを判断するために必要な処分基準を定めたときは，これを相手方の求めにより開示しなければならない旨を規定している。　　　　　　　　　　　　　（H 26 − 11 − 1）

● 6-2　不利益処分の流れ

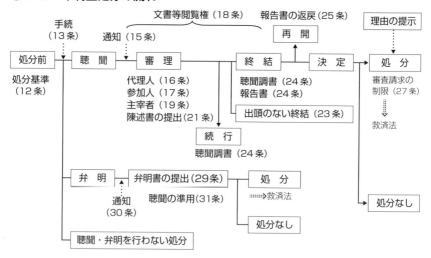

処分基準の設定・公表は，**努力義務**です。したがって，相手方の求めにより，開示しなければならないとする本問は誤りです。このように本試験では，**努力義務**と**法的義務**の区別を繰り返し聞いてきますから，しっかりと準備をしておいてください。

● 6-3　法的義務と努力義務の整理

法的義務	努力義務
① 標準処理期間を定めた場合の公表 ② できる限り具体的な審査基準の設定と審査基準の公表（例外あり） ③ 申請に対する審査，応答 ④ 申請により求められた許認可等を拒否する場合の理由の提示（原則として同時に，また，書面によるべき場合あり） ⑤ 複数行政庁が関与する場合の遅延の防止	① できる限り具体的な処分基準の設定と処分基準の公表 ② 審査の状況などの情報提供 ③ 公聴会の開催 ④ 複数行政庁が関与する場合の審査の促進

第13条（不利益処分をしようとする場合の手続）

1　行政庁は，不利益処分をしようとする場合には，次の各号の区分に従い，この章の定めるところにより，当該不利益処分の名あて人となるべき者につ

いて，当該各号に定める意見陳述のための手続を執らなければならない。
① 次のいずれかに該当するとき　聴聞
　　イ　許認可等を取り消す不利益処分をしようとするとき。
　　ロ　イに規定するもののほか，名あて人の資格又は地位を直接にはく奪する不利益処分をしようとするとき。
　　ハ　名あて人が法人である場合におけるその役員の解任を命ずる不利益処分，名あて人の業務に従事する者の解任を命ずる不利益処分又は名あて人の会員である者の除名を命ずる不利益処分をしようとするとき。
　　ニ　イからハまでに掲げる場合以外の場合であって行政庁が相当と認めるとき。
② 前号イからニまでのいずれにも該当しないとき　弁明の機会の付与

設問7

　行政手続法は，不利益処分を行うに当たって弁明の機会を付与する場合を列挙し，それら列挙する場合に該当しないときには聴聞を行うものと規定しているが，弁明の機会を付与すべき場合であっても，行政庁の裁量で聴聞を行うことができる。
(H 25 - 11 - 1)

　条文知識は様々な角度から問われています。今まで検討したような，条文の文言に変化を加えたり，全く架空の規定を挙げてみたりという出題が多いですが，本問のような出題もあります。13条は，聴聞ができる場合を列挙しており，それ以外の場合は弁明の機会の付与の手続をとることになっています。条文の全体的な構造を確認しておくことも忘れないようにしてください。

第18条（文書等の閲覧）
1　当事者及び当該不利益処分がされた場合に自己の利益を害されることとなる参加人（以下この条及び第24条第3項において「当事者等」という。）は，聴聞の通知があった時から聴聞が終結する時までの間，行政庁に対し，当該事案についてした調査の結果に係る調書その他の当該不利益処分の原因となる事実を証する資料の閲覧を求めることができる。この場合において，行政庁は，第三者の利益を害するおそれがあるときその他正当な理由があるときでなければ，その閲覧を拒むことができない。

設問8

❶ ▶ 聴聞の相手方については，聴聞の通知があったときから処分がなされる
までの間，関係書類の閲覧を求める権利が認められる。 （H18−11−5改）

典型的なひっかけです。「通知があったときから」という点は正しいですが，
聴聞が終結する時までであり，「処分がなされるまで」ではありません。起算点
と終着点をひっかける常とう手段ですね。

❷ ▶ 文書閲覧請求権に基づき，当事者が行政庁に資料の閲覧を求めた場合で
あっても，正当な理由が認められる場合には，行政庁はその閲覧を拒むこと
ができる。 （H19−11−3）

正当な理由があれば閲覧を拒むことができますから，本問は正しいです。この
問題を軸にして，少し変化を加えていきます。

❸ ▶ 文書閲覧請求権に基づき，当事者が行政庁に資料の閲覧を求めた場合で
あっても，その自由な裁量により，行政庁はその閲覧を拒むことができる。
（H19−11−3改）

正当な理由がある場合でないと拒めませんから，自由裁量ではありません。例
外事由が変化してきても大丈夫なようにしておきましょう。さらに，次の問題は
どうでしょう。

❹ ▶ 文書閲覧請求権に基づき，当事者が行政庁に資料の閲覧を求めた場合で
あっても，正当な理由が認められる場合には，聴聞の主宰者はその閲覧を拒
むことができる。 （H19−11−3改）

主体をひっかけています。このひっかけは他の論点ですでに出たことがありま
す。こういう変化を想定できるようになってくると，**条文学習 ＋ 解法の確立**
としては十分です。

> **第27条（審査請求の制限）**
> 　この節〔聴聞〕の規定に基づく処分又はその不作為については，審査請求をすることができない。

設問9

❶ ▶ 聴聞において，当事者が利害関係者の参加を求めたにもかかわらず，行政庁がこれを不許可とした場合には，審査請求をすることができる。

(H 21 – 11 – 4)

　聴聞内で行われた手続について，審査請求をすることはできません。したがって，聴聞内の手続である利害関係人の参加について争うことはできません。この問題が出たら，次の問題とあわせて思い出し，いずれの場合かを検討することが重要です。

❷ ▶ 聴聞を経てなされた不利益処分については，審査請求をすることはできない。

(H 18 – 11 – 4)

　聴聞を経てなされた「不利益処分」自体は審査請求の対象です（行政不服審査法2条）。❶とは，聴聞内の手続の話かそれを経てなされた処分自体かという点が異なります。ひっかかりやすいところですから，注意しておきましょう。
　本章は，行政手続法の条文の中でも重要なものをピックアップして検討してきましたが，このような条文学習の姿勢を他の科目にもぜひ生かせるようにしてください。

❸　補足説明

解法の鉄則その3	①　各手続の流れを正確に把握する ②　各手続のすり替え出題に注意する

　行政手続法は，以上のことを参考に，全条文を丹念に読み込んでいき，満点を取れるように準備をしておきましょう。
　なお，行政手続法や行政不服審査法からの出題において，最近**すり替え**というひっかけ手法が出てくるようになりました。これから出題が増える可能性があり

ますので，念のためその手法を概観しておきましょう。

　行政庁は，予定している不利益処分につき，聴聞の主宰者から当該聴聞に係る報告書の提出を受けてから，当該不利益処分を行うか否か決定するまでに通常要すべき標準的な期間を定め，これを当該聴聞の当事者に通知するよう努めなければならない。　　　　　　　　　　　　　　　　　　　　　　（R1-12-イ）

　なんとなく聞いたことがあるような気がする問題です。しかし，聴聞の手続は，不利益処分に際しての手続であり，標準処理期間は，申請に対する処分に際しての手続です。本問は，不利益処分と申請に対する処分の手続を混ぜて問うことで，「なんとなく聞いたことがあるから○かな？」と思う受験生を振り落とすための出題であると推察されます。
　ほかにも，次のような出題があります。

　地方公共団体の機関がする処分（その根拠となる規定が条例または規則に置かれているものに限る。）についての審査請求には，当該地方公共団体の定める行政不服審査条例が適用され，行政不服審査法は適用されない。（H29-14-2）

　これもどこかで聞いたことがある問題です。しかし，地方公共団体の機関がする処分に関して，適用除外が定められているのは行政手続法です（3条3項）。これに対して，本問は行政不服審査法において，このような適用除外があることになっています。したがって，本問は誤りです。
　このように，近年は，細かい条文・判例を覚えているよりも，基本的な概念や手続を正確に把握していることが要求されています。個々の手続をしっかりと把握すること。他の手続にすり替えられてもきちんと判別できるようになること。これが，正しい学習の方向性であるということを忘れないようにしてください。

問題　行政手続法の定める申請に対する処分および不利益処分に関する次の記述のうち，正しいものはどれか。

1　行政手続法は，申請に対する処分の審査基準については，行政庁がこれを定めるよう努めるべきものとしているのに対し，不利益処分の処分基準については，行政庁がこれを定めなければならないものとしている。

2　行政庁は，申請を拒否する処分をする場合には，申請者から求めがあったときに限り当該処分の理由を示すべきものとされているのに対し，不利益処分をする場合には，処分を行う際に名宛人に対して必ず当該処分の理由を示すべきものとされている。

3　行政庁は，申請を拒否する処分をする場合には，弁明の機会の付与の手続を執らなければならないのに対し，不利益処分をする場合には，聴聞の手続を執らなければならない。

4　行政手続法は，申請に対する処分については，行政庁が標準処理期間を定めるよう努めるべきものとしているのに対し，不利益処分については，標準処理期間にかかわる規定を設けていない。

5　行政庁は，申請を拒否する処分をする場合には，公聴会を開催するよう努めるべきものとされているのに対し，不利益処分をする場合には，公聴会を開催しなければならないものとされている。

(H30-11)

1　行政手続法5条1項は,「行政庁は,審査基準を定めるものとする。」と規定
✕　している。また,12条1項は,「行政庁は,処分基準を定め,かつ,これを
　　公にしておくよう努めなければならない。」と規定している。

2　行政手続法8条1項は,「行政庁は,申請により求められた許認可等を拒否
✕　する処分をする場合は,申請者に対し,同時に,当該処分の理由を示さなけ
　　ればならない。ただし,法令に定められた許認可等の要件又は公にされた審
　　査基準が数量的指標その他の客観的指標により明確に定められている場合で
　　あって,当該申請がこれらに適合しないことが申請書の記載又は添付書類そ
　　の他の申請の内容から明らかであるときは,申請者の求めがあったときにこ
　　れを示せば足りる。」と規定している。また,14条1項は,「行政庁は,不
　　利益処分をする場合には,その名あて人に対し,同時に,当該不利益処分の
　　理由を示さなければならない。ただし,当該理由を示さないで処分をすべき
　　差し迫った必要がある場合は,この限りでない。」と規定し,同条2項は,
　　「前項ただし書の場合においては,当該名あて人の所在が判明しなくなった
　　ときその他処分後において理由を示すことが困難な事情があるときを除き,
　　処分後相当の期間内に,同項の理由を示さなければならない。」と規定して
　　いる。

3　行政手続法上,申請を拒否する処分は不利益処分から除外されており(2条
✕　4号ロ),この処分について,弁明の機会の付与の手続を執らなければなら
　　ないとする旨の規定は置かれていない。また,不利益処分について,13条
　　1項柱書は,「行政庁は,不利益処分をしようとする場合には,次の各号の
　　区分に従い,この章の定めるところにより,当該不利益処分の名あて人とな
　　るべき者について,当該各号に定める意見陳述のための手続を執らなければ
　　ならない。」と規定し,同項1号柱書は,「次のいずれかに該当するとき　聴
　　聞」,同項2号は,「前号イからニまでのいずれにも該当しないとき　弁明の
　　機会の付与」を掲げている。

4　行政手続法6条は,「行政庁は,申請がその事務所に到達してから当該申請
◯　に対する処分をするまでに通常要すべき標準的な期間……を定めるよう努め
　　るとともに,これを定めたときは,これらの当該申請の提出先とされている
　　機関の事務所における備付けその他の適当な方法により公にしておかなけれ
　　ばならない。」と規定している。これに対し,行政手続法上,不利益処分に

ついて，標準処理期間に関する規定は置かれていない。

5 行政手続法10条は，「行政庁は，申請に対する処分であって，申請者以外の
✕ 者の利害を考慮すべきことが当該法令において許認可等の要件とされている
ものを行う場合には，必要に応じ，公聴会の開催その他の適当な方法により
当該申請者以外の者の意見を聴く機会を設けるよう努めなければならな
い。」と規定している。これに対し，行政手続法上，不利益処分をする場合
に，公聴会の開催を義務づける旨の規定は置かれていない。

以上により，正しいものは肢4であり，正解は4となる。

到達度チェック ▶▶▶

行政法

第 3 編

行政不服審査法

7. 行政不服審査法

➡ 総合テキスト **Chapter 6**，総合問題集 **Chapter 3**

> ＊＊＊＊＊＊＊＊＊＊＊＊＊＊ **イントロダクション** ＊＊＊＊＊＊＊＊＊＊＊＊＊
>
> 　行政不服審査法は，特定行政書士の業務にも直結するため，今後の重
> 要度は飛躍的に高まっています。もっとも，過去問では，出題される箇所は
> かなり限定されているため，本章でもその部分を中心に知識整理をしてい
> きたいと思います。
> 　なお，行政事件訴訟法と比較できる部分は，行政事件訴訟法の章であわ
> せて検討していくことにします。

❶ 総　論

解法の鉄則その1

① 目的規定をチェック
・「簡易迅速な手続」，「公正」というキーワードを確認
② 対象をチェック
・「違法又は不当」な処分，不作為を探す
③ 行政訴訟との関係をチェック
・原則・例外の確認をする
④ 不服審査の類型をチェック
・審査請求と再調査の請求の関係を明確に整理する
・再審査請求の場面を把握する

　まずは，総論部分です。この部分は，探しにいくものを明確にしておかないと
すぐにひっかかってしまう要注意点です。 **解法の鉄則その1** にある手順に従っ
て，問題を並べていきますので，どこを見て，どのように判断しているのかを習
得していってください。

設問1

❶▶ 行政不服審査法は，行政庁の違法な処分その他公権力の行使にあたる行
　為に関し，国民が簡易迅速な手続のもとで広く行政庁に対する不服申立てを

することができるための制度を定めることにより，国民の権利利益の救済を
図るとともに，行政の適正な運営を確保することを目的とする。(オリジナル)

　目的規定は頻出の問題点ですので，チェックポイントを明確にしておきましょ
う。ここで見ておきたいのは主に，目的が適切か，対象が適切かです。本問は，
対象を「違法な処分」に限っており，不当な処分が含まれていません。また，目
的も「簡易迅速な手続」は入っていますが，公正な手続が抜けています。したが
って，本問は誤りです。

❷▶ 不服申立ての対象は，行政庁の違法又は不当な処分に限られ，不作為は
含まれない。　　　　　　　　　　　　　　　　　　　　　　(オリジナル)

　不服審査の対象は，「違法又は不当」な処分，不作為です。したがって，本問
は誤りです。

第１条（目的等）
1　この法律は，行政庁の違法又は不当な処分その他公権力の行使に当たる行
　為に関し，国民が簡易迅速かつ公正な手続の下で広く行政庁に対する不服申
　立てをすることができるための制度を定めることにより，国民の権利利益の
　救済を図るとともに，行政の適正な運営を確保することを目的とする。
2　行政庁の処分その他公権力の行使に当たる行為（以下単に「処分」という。）
　に関する不服申立てについては，他の法律に特別の定めがある場合を除くほ
　か，この法律の定めるところによる。

　なお，処分に該当するとしても，行政不服審査法の適用除外とされているもの
も７条には規定されているため，あわせてチェックするとよいでしょう。

❸▶ 次のアからオまでの記述で，行政不服審査法の審査請求の対象とならな
いものをすべて選べ。
　ア　都市計画法に基づく開発許可処分
　イ　外国人の出入国に関する処分
　ウ　人の収容，物の留置その他その内容が継続的性質を有する事実行為
　エ　建築基準法上の建築確認処分
　オ　国税犯則事件に関する法令に基づき，国税庁長官が行う処分
　　　　　　　　　　　　　　　　　　　　　　　　　　　　(Ｈ17-14改)

イ・オが7条の適用除外に挙げられています。この辺りは，表7-1を軸にしてしっかりと暗記をしていく必要があります。

● 7-1　第7条の主な適用除外

・国会の両院若しくは一院又は議会の議決によってされる処分（1号）
・裁判所若しくは裁判官の裁判により，又は裁判の執行としてされる処分（2号）
・国会の両院若しくは一院若しくは議会の議決を経て，又はこれらの同意若しくは承認を得た上でされるべきものとされている処分（3号）
・検査官会議で決すべきものとされている処分（4号）
・刑事事件に関する法令に基づいて検察官，検察事務官又は司法警察職員がする処分（6号）
・国税又は地方税の犯則事件に関する法令に基づいて国税庁長官，国税局長，税務署長，収税官吏，税関長，税関職員又は徴税吏員がする処分及び金融商品取引の犯則事件に関する法令に基づいて証券取引等監視委員会，その職員，財務局長又は財務支局長がする処分（7号）
・学校，講習所，訓練所又は研修所において，教育，講習，訓練又は研修の目的を達成するために，学生，生徒，児童若しくは幼児若しくはこれらの保護者，講習生，訓練生又は研修生に対してされる処分（8号）
・刑務所，少年刑務所，拘置所，留置施設，海上保安留置施設，少年院，少年鑑別所又は婦人補導院において，収容の目的を達成するためにされる処分（9号）
・外国人の出入国又は帰化に関する処分（10号）
・専ら人の学識技能に関する試験又は検定の結果についての処分（11号）

設問2

取消訴訟を提起するためには不服申立てに対する裁決または決定を経ることが原則とされているため，権利救済の途が狭められている。　　　　（オリジナル）

本問は誤りです。不服申立てと行政訴訟の関係は，次ページの7-2のようになっています。

総論部分の最後に，不服審査請求の類型についてまとめておきましょう。この論点は苦しくても，原則から例外，再例外まで明確に覚えていないと問題に対応することができません。この点は，7-3のようにまとめておいてください。

● 7-2　行政不服申立てと行政事件訴訟の関係

原　則	不服申立てと行政訴訟との関係については2つの考え方がある。不服申立てを経なくても行政訴訟を提起することができるとする考え方（自由選択主義）と，不服申立てを経なければ行政訴訟を提起できないとする考え方（不服申立前置主義）の2つである。行政不服審査法は，原則として自由選択主義を採用している
例　外	行政不服審査法は，個別法において不服申立前置主義を採用することを禁止していない（1条2項）。したがって，個別法において不服申立前置を採用することができ，その実例として，国税通則法等における不服申立前置が挙げられる

● 7-3　行政不服申立ての類型

自由選択主義	行政庁の処分につき処分庁以外の行政庁に対して審査請求をすることができる場合において，法律に再調査の請求をすることができる旨の定めがあるときは，当該処分に不服がある者は，処分庁に対して再調査の請求と審査請求のいずれもすることができる（5条1項本文）
例外等	①　当該処分について審査請求をした場合 　→　再調査の請求をすることはできない（5条1項ただし書） ②　再調査の請求をした場合 　原　則 　　当該再調査の請求についての決定を経た後でなければ，審査請求をすることができない（5条2項本文） 　例　外（同項ただし書） 　　・当該処分につき再調査の請求をした日の翌日から起算して3月を経過しても，処分庁が当該再調査の請求につき決定をしない場合（同項ただし書1号） 　　・その他再調査の請求についての決定を経ないことにつき正当な理由がある場合（同項ただし書2号）

これらを前提として，問題を読んでみましょう。

設問3

❶▶ 行政庁の処分につき，処分庁以外の行政庁に対して審査請求をすることができる場合，処分庁に再調査の請求をすることは認められない。

(H 28 - 14 - 1)

審査請求と再調査の請求の両方が認められている場合，両者は自由選択の関係に立ちます。したがって，この場合再調査の請求をすることもできるため，誤りです。

❷▶ 行政庁の処分につき処分庁以外の行政庁に対して審査請求をすることが
　でき，さらに，法律の定めに従い再調査の請求ができる場合，当該処分につ
　いて審査請求をした場合でも，後に再調査の請求をすることもできる。
　　　　　　　　　　　　　　　　　　　　　　　　　　　　　（オリジナル）

　❶の例外の１つめです。原則は自由選択なのですが，一度審査請求を選択した
以上は，再調査の請求をすることはできません。慎重かつ公正さが担保される審
査請求を選択した以上，それよりも簡便な手続である再調査の請求をしたとして
もあまり意味がないからです。

❸▶ 行政庁の処分につき処分庁以外の行政庁に対して審査請求をすることが
　できる場合において，法律の定めに従い再調査の請求をしたときは，原則と
　して，当該再調査の請求についての決定を経た後でなければ，審査請求をす
　ることができない。
　　　　　　　　　　　　　　　　　　　　　　　　　　　　　（オリジナル）

　❶の例外の２つめです。審査請求と再調査の請求の関係は❶のとおりなのです
が，一度再調査の請求をした以上，その決定を経た後でなければ原則として審査
請求をすることはできません。したがって，本問は正しいです。この問題を少し
変化させていき，解答のポイントをつかんでいきます。

❹▶ 行政庁の処分につき処分庁以外の行政庁に対して審査請求をすること
　ができる場合において，法律の定めに従い再調査の請求をしたときは，再
　調査の決定を経ないことにつき正当な理由がある場合でも，当該再調査の
　請求についての決定を経た後でなければ，審査請求をすることができない。
　　　　　　　　　　　　　　　　　　　　　　　　　　　　　（オリジナル）

　これは，❸の例外です。再調査の決定を経ないことにつき正当な理由があれ
ば，審査請求をすることができます。したがって，本問は誤りです。
　ここまでが総論的な内容でした。解答のポイントが明快ですから，そこをしっ
かりと記憶し，問題を読んだら，すぐに思い出せるようになるまで訓練してくだ
さい。

到達度チェック ▶▶▶

❷ 行政不服審査の要件等

解法の鉄則 その2

① **不服申立て要件の検討**
・権限のある者と規定されている
・審査請求をすべき行政庁の判断
・申立期間の判断
② **請求書の記載事項**
→ 暗記（通常の書面を想起しながら）
③ **補正と却下**
・「審査請求書に不備」があった場合
・「不適法であって補正することができない」
→ 裁決で却下

　次に，要件等の検討に入ります。ここも細かい場合分けが多いところですから，何を基準として，どのように分かれているのか，問題を適宜改題しながら感覚を養っていきましょう。
　まずは，不服申立権限のある者について検討していきます。

設問4

❶▷ 処分について不服申立適格を有するのは，処分の相手方に限られ，それ以外の第三者は，法律に特別の定めがない限り，不服申立適格を有しない。
(H22-14-4)

　行政不服審査法上，処分について不服申立適格を有するのは，「行政庁の処分に不服がある者」とされています（2条）。そして，判例は，「処分に不服がある者」とは，「当該処分について不服申立をする法律上の利益がある者，すなわち，当該処分により自己の権利若しくは法律上保護された利益を侵害され又は必然的に侵害されるおそれのある者をいう」としています（最判昭53.3.14）。したがって，不服申立適格は，処分の相手方に限られませんので，本問は誤りです。

❷▷ 不作為についての審査請求は，当該処分についての申請をした者だけではなく，当該処分がなされることにつき法律上の利益を有する者がなすことができる。
(H30-14-1)

もっとも，申請の不作為についての審査請求は，申請者のみが審査請求をすることができる（3条参照）とされていますので，本文は誤りです。不服申立適格は，この2つの出題パターンを押さえておけば十分でしょう。

　次に，審査請求をすべき行政庁についての問題を見ていきます。

設問5

❶▶ 処分についての**審査請求は**，処分庁に上級行政庁がある場合，**原則として当該処分庁の最上級行政庁に対して行う。**　　　　　（H19-14-1改）

　これがまず原則で，本問は正しいです（4条4号）。この問題に変化を加えながら，出題のポイントを把握していきましょう。

❷▶ 処分についての**審査請求は**，処分庁に上級行政庁がある場合，**原則として当該処分庁の直近上級行政庁に対して行う。**　　　　　（H19-14-1改）

　~~最上級~~行政庁に対して行うため，本問は誤りです。

❸▶ 処分についての**審査請求は**，処分庁に上級行政庁がない場合，**原則として当該処分庁以外の庁に対して行う。**　　　　　（H19-14-1改）

　今度は，上級行政庁がない場合に改題しました。上級行政庁がない場合には，処分庁に対して行うことになります（4条1号前段）。したがって，本問は誤りです。

❹▶ 処分についての**審査請求は**，処分庁が主任の大臣である場合，**原則として当該処分庁の最上級行政庁に対して行う。**　　　　　（H19-14-1改）

　処分庁が主任の大臣である場合，当該主任の大臣に対して審査請求を行います（4条1号後段）。本問は誤りです。
　以上のことをまとめたものが，次ページの表（7-4）になります。
　次に，審査請求の期間です。
　審査請求期間については，次ページの**7-5**をしっかりと暗記しておく必要があります。
　もっとも，次のような問題には注意を要します。

● 7-4 審査請求先の整理

場　面	審査庁
① 処分庁等に上級行政庁がない場合	当該処分庁等
② 処分庁等が主任の大臣若しくは宮内庁長官若しくは内閣府設置法49条1項若しくは2項若しくは国家行政組織法3条2項に規定する庁の長である場合	
③ 宮内庁長官が処分庁等の上級行政庁である場合	宮内庁長官
④ 内閣府設置法49条1項若しくは2項若しくは国家行政組織法3条2項に規定する庁の長が処分庁等の上級行政庁である場合	当該庁の長
⑤ 主任の大臣が処分庁等の上級行政庁である場合（①②③④の場合を除く）	当該主任の大臣
⑥ ①②③④⑤に掲げる場合以外の場合	当該処分庁等の最上級行政庁
⑦ 法律（条例に基づく処分については，条例）に特別の定めがある場合	当該定めによる行政庁

● 7-5 不服申立期間

	審査請求	再調査の請求	再審査請求
1か月以内	当該処分について再調査の請求をしたときは，当該再調査の請求についての決定があったことを知った日の翌日から起算		原裁決があったことを知った日の翌日から起算
3か月以内	処分があったことを知った日の翌日から起算	処分があったことを知った日の翌日から起算	
1年以内	処分（当該処分について再調査の請求をしたときは，当該再調査の請求についての決定）があった日の翌日から起算	処分があった日の翌日から起算	原裁決があった日の翌日から起算

※　いずれも正当な理由があれば，この限りでない（18条1項，2項ただし書）。

設問6

　不作為についての審査請求の審査請求期間は，申請がなされてから「相当の期間」が経過した時点から起算される。　　　　（H30-14-3）

不作為についての審査請求には，そもそも審査請求期間が定められていません。したがって，本問は誤りです。本問はひっかけ問題の一種です。問題文の作り方からすると，あたかも不作為に対する審査請求にも審査請求期間があることを前提に，その起算点は「相当の期間」が経過時だったか否かを判断させるようになっています。このように，本試験では前提部分でミスリードさせる出題もありますので，問題文を読む際には，この問題の論点は何だろうかという視点を忘れないようにしましょう。

到達度チェック ▶▶▶

③ 行政不服審査の終了

解法の鉄則その3
① 却下裁決・棄却裁決・事情裁決からチェック
→ 表7-6 参照
② 認容裁決は場合分けを丁寧に行う
→ 表7-7 参照

　行政不服審査法の最後に，裁決の種類について検討していきましょう。ここはかなり複雑な分岐があるため，解答のポイントをしっかりとつかんでいくようにしてください。
　まずは，裁決の種類について整理しておきます。次の表7-6と7-7のようになります。

● 7-6　認容裁決以外の裁決

却下裁決	処分についての審査請求が法定の期間経過後にされたものである場合その他審査請求が不適法である場合に，本案審理を拒否する裁決(45条1項)
棄却裁決	審査請求が理由がない場合に，審査請求を退ける裁決(同条2項)
事情裁決	審査請求に係る処分が違法又は不当ではあるが，これを取り消し，又は撤廃することにより公の利益に著しい障害を生ずる場合において，処分を取り消し，又は撤廃することが公共の福祉に適合しないと認めるときに，当該審査請求を棄却する裁決(同条3項)

● 7-7 認容裁決（決定）に関する整理

対象		審査庁が処分庁	審査庁が上級行政庁	審査庁が左記以外
処分	処分（事実上の行為を除く） 取消し	審査庁は，裁決で，当該処分の全部若しくは一部を取り消す		
		法令に基づく申請を却下し，又は棄却する処分の全部又は一部を取り消す場合において		
		審査庁は，当該申請に対して一定の処分をすべきものと認めるときは，当該処分をする	審査庁は，当該申請に対して一定の処分をすべきものと認めるときは，当該処分庁に対し，当該処分をすべき旨を命ずる	
	処分（事実上の行為を除く） 変更	審査庁は，裁決で，当該処分の全部若しくは一部を変更する		
	事実上の行為 撤廃	審査庁は，裁決で，当該事実上の行為が違法又は不当である旨を宣言するとともに，		
		当該事実上の行為の全部若しくは一部を撤廃する	当該処分庁に対し，当該事実上の行為の全部若しくは一部を撤廃すべき旨を命ずる	
	事実上の行為 変更	当該事実上の行為の全部若しくは一部を変更する	当該処分庁に対し，当該事実上の行為の全部若しくは一部を変更すべき旨を命ずる	
不作為	宣言	審査庁は，裁決で，当該不作為が違法又は不当である旨を宣言する		
		審査庁は，当該申請に対して一定の処分をすべきものと認めるときは，当該処分をする	審査庁は，当該申請に対して一定の処分をすべきものと認めるときは，当該不作為庁に対し，当該処分をすべき旨を命ずる	

※ 審査庁は，審査請求人の不利益に当該処分を変更し，又は当該事実上の行為を変更すべき旨を命じ，若しくはこれを変更することはできない（不利益変更の禁止）

表7-6，7-7を記憶しても，なかなか問題が解けるようにはなりません。実際に，問題を1つひとつ検討していきながら，一緒に整理をしていきましょう。表7-7を見てもわかるとおり，認容裁決の分類は非常に複雑です。そのため，問題を解く際にも，まずは却下裁決・棄却裁決・事情裁決の内容を問うものを先に検討してしまうほうがミスが少なくなります。

設問7

❶ ▶ 不作為についての審査請求に理由がない場合には，審査庁は，裁決で，当該審査請求を却下する。 （H 24 – 15 – 4改）

審査請求に理由がない場合になされるのは，却下裁決ではなく，棄却裁決ですので，本問は誤りです。このように，単純な知識が問われることもありますので，真っ先に検討していくようにしてください。

❷ ▶ 不作為についての審査請求が当該不作為に係る処分についての申請から相当の期間が経過しないでされたものである場合には，審査庁は，裁決で，当該審査請求を却下する。 （H 24 – 15 – 4改）

こちらは，審査の内容に入る以前に，そもそも審査請求の要件を満たしていないケースです。こちらは，却下裁決となりますので，本問は正しいです。

設問8

事情判決は，行政事件訴訟に特有な制度であり，行政不服審査法には，類似の事情裁決といった制度はない。 （H 20 – 18 – 4）

事情裁決という制度があるか否かを知っているだけで誤りと判定することができます。難易度の低い選択肢を優先的に判断し，解答を導くには，どのような検討順序がよいか，この辺りを確定していく作業も忘れないようにしてください。なお，事情裁決に関する知識は，どちらかというと行政事件訴訟法における事情判決のほうでよく問われるため，詳しくはそちらで学習していきましょう。

それでは，いよいよ認容裁決の分類について問われた場合の解答のポイントを整理していきましょう。問題を適宜改題していきながら，ポイントをつかんでいきます。

まず，パターンが少なく，検討しやすいものから見ていきます。

設問9

❶▶ 不作為についての審査請求に理由がある場合には，審査庁は，裁決で，当該不作為が違法または不当である旨を宣言する。 (H 24 - 15 - 3改)

不作為についての審査請求に理由がある場合は，いずれのパターンにおいても，本問のように当該不作為が違法または不当である旨を宣言します。したがって，本問は正しいです。

❷▶ 不作為についての審査請求に理由がある場合には，不作為庁の上級行政庁である審査庁は，裁決で，当該不作為が違法または不当である旨を宣言するとともに，一定の処分をする。 (H 24 - 15 - 3改)

審査庁の部分に変化を加えました。審査庁が不作為庁の上級行政庁である場合，一定の処分をすべき旨を**命ずる**のであり，「処分をする」わけではありません。したがって，本問は誤りです。

❸▶ 不作為についての審査請求に理由がある場合には，審査庁である不作為庁は，裁決で，当該不作為が違法または不当である旨を宣言するとともに，一定の処分をする。 (H 24 - 15 - 3改)

今度は，審査庁を不作為庁自身に改題しました。不作為庁自身は，一定の処分をするのですから，本問は正しいです。

❹▶ 不作為についての審査請求に理由がある場合には，審査庁は，裁決で，当該不作為が違法または不当である旨を宣言するとともに，一定の処分をする。 (H 24 - 15 - 3改)

今度は，審査庁を特に限定していません。もし，審査庁が，不作為庁の上級行政庁でも不作為庁でもない場合，「違法又は不当である旨を宣言」はしますが，一定の処分をしたりすることはできません。したがって，本問は誤りです。

次に，処分についての認容裁決を検討していきます。

❶▶ 処分についての審査請求に対する認容裁決で，当該処分を変更すること
ができるのは，審査庁が処分庁の上級行政庁または処分庁の場合に限られる。
(H 28 - 16 - 2改)

　処分の取消裁決は，審査庁がどのような場合であってもすることができます。
もっとも，処分の変更裁決は，本問のように審査庁が処分庁の上級行政庁または
処分庁の場合に限られます。この設問を通して，**取消裁決は全審査庁において共
通，変更裁決は上級行政庁及び処分庁自身に限られる**ということを表7-7とあ
わせて押さえておいてください。

❷▶ 法令に基づく申請を却下し，または棄却する処分の全部または一部を取
り消す場合において，審査庁が処分庁の上級行政庁である場合，当該審査庁は，
当該申請に対して一定の処分をすべきものと認めるときは，自らその処分を
行うことができる。 (H 28 - 16 - 4)

　今度は，義務付け裁決です。上級行政庁の場合，一定の処分を**命ずる**のであ
り，自らするわけではありません。したがって，本問は誤りです。

❸▶ 法令に基づく申請を却下し，または棄却する処分の全部または一部を取
り消す場合において，審査庁が処分庁自身である場合，当該審査庁は，当該
申請に対して一定の処分をすべきものと認めるときは，自らその処分を行う。
(H 28 - 16 - 4改)

　審査庁を処分庁自身に改題しました。処分庁自身は，自ら処分を行うことにな
るため，本問は正しいです。

❹▶ 法令に基づく申請を却下し，または棄却する処分の全部または一部を取
り消す場合において，審査庁が処分庁の上級行政庁でもなく，また処分庁自
身でもない場合，当該審査庁は，当該申請に対して一定の処分をすべきもの
と認めるときは，当該処分庁に対し，一定の処分をすべき旨を命ずることが
できる。 (H 28 - 16 - 4改)

さらに，審査庁に変化を加えました。この場合，一定の処分をすべき旨を命ずることはできません。したがって，本問は誤りです。このように，認容裁決は，どこが審査庁なのかによって大きく結論が変わってきます。設問を通して，しっかりと整理しておいてください。

最後に，事実行為についての認容裁決を検討します。

設問11

❶▶ 事実行為についての審査請求に理由があるときは，処分庁以外の審査庁は，裁決で，当該事実行為が違法または不当である旨を宣言するとともに，処分庁に対し，当該事実行為の全部または一部を撤廃すべき旨を命ずる。

(H 27 - 14 - 4改)

処分庁以外の審査庁が事実行為について認容裁決をする場合，当該事実行為が違法または不当である旨を宣言するとともに，処分庁に対し，当該事実行為の全部または一部を撤廃すべき旨を命ずることになります。したがって，本問は正しいです。

❷▶ 事実行為についての審査請求に理由があるときは，処分庁以外の審査庁は，裁決で，当該事実行為が違法または不当である旨を宣言するとともに，処分庁に対し，当該事実行為の全部または一部を撤廃すべき旨を命ずることができるが，当該事実行為を変更すべき旨を命ずることはできない。

(H 27 - 14 - 4改)

変更することができるか否かを加え，改題しました。事実行為についての認容裁決においても，変更裁決というパターンは存在します。したがって，本問は誤りです。

問題　裁決および決定についての行政不服審査法の規定に関する次の
ア〜オの記述のうち，正しいものの組合せはどれか。

ア　審査請求人は，処分についての審査請求をした日（審査請求書につき不備の補正を命じられた場合は，当該不備を補正した日）から，行政不服審査法に定められた期間内に裁決がないときは，当該審査請求が審査庁により棄却されたものとみなすことができる。

イ　審査請求については，裁決は関係行政庁を拘束する旨の規定が置かれており，この規定は，再審査請求の裁決についても準用されているが，再調査の請求に対する決定については，準用されていない。

ウ　審査請求および再審査請求に対する裁決については，認容，棄却，却下の3つの類型があるが，再調査の請求については請求期間の定めがないので，これに対する決定は，認容と棄却の2つの類型のみである。

エ　審査請求においては，処分その他公権力の行使に当たる行為が違法または不当であるにもかかわらず，例外的にこれを認容せず，裁決主文で違法または不当を宣言し，棄却裁決をする制度（いわゆる事情裁決）があるが，再調査の請求に対する決定についても，類似の制度が規定されている。

オ　事実上の行為のうち，処分庁である審査庁に審査請求をすべきとされているものについて，審査請求に理由がある場合には，審査庁は，事情裁決の場合を除き，裁決で，当該事実上の行為が違法または不当である旨を宣言するとともに，当該事実上の行為の全部もしくは一部を撤廃し，またはこれを変更する。

1 ア・ウ　　**2** ア・エ　　**3** イ・エ　　**4** イ・オ　　**5** ウ・オ

(R 1 – 14)

ア 行政不服審査法上，処分についての審査請求をした日（審査請求書につき不
✕ 備の補正を命じられた場合は，当該不備を補正した日）から，同法に定めら
れた期間内に裁決がないときは，当該審査請求が審査庁により棄却されたも
のとみなすことができるとする規定は存在しない。

イ 行政不服審査法52条1項は，「裁決は，関係行政庁を拘束する。」と規定し
〇 ている。そして，審査請求に関する規定の再審査請求への準用を定める66
条1項前段は，52条1項を準用している。他方，審査請求に関する規定の
再調査の請求への準用を定める61条前段は，52条1項を準用していない。

ウ 行政不服審査法58条1項は，「再調査の請求が法定の期間経過後にされたも
✕ のである場合その他不適法である場合には，処分庁は，決定で，当該再調査
の請求を却下する。」と規定している。再調査の請求に対する決定について
も却下という類型は存在する。

エ 行政不服審査法45条3項は，「審査請求に係る処分が違法又は不当ではある
✕ が，これを取り消し，又は撤廃することにより公の利益に著しい障害を生ず
る場合において，審査請求人の受ける損害の程度，その損害の賠償又は防止
の程度及び方法その他一切の事情を考慮した上，処分を取り消し，又は撤廃
することが公共の福祉に適合しないと認めるときは，審査庁は，裁決で，当
該審査請求を棄却することができる。この場合には，審査庁は，裁決の主文
で，当該処分が違法又は不当であることを宣言しなければならない。」と規
定している。しかし，審査請求に関する規定の再調査の請求への準用を定め
る61条前段は，45条3項を準用していない。

オ 行政不服審査法47条柱書本文は，「事実上の行為についての審査請求が理由
〇 がある場合（第45条第3項の規定の適用がある場合を除く。）には，審査庁
は，裁決で，当該事実上の行為が違法又は不当である旨を宣言するととも
に，次の各号に掲げる審査庁の区分に応じ，当該各号に定める措置をと
る。」と規定し，同条2号は，「処分庁である審査庁　当該事実上の行為の全
部若しくは一部を撤廃し，又はこれを変更すること。」を掲げている。

以上により，正しいものの組合せはイ・オであり，正解は **4** となる。

到達度チェック ▶▶▶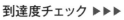

行政法 第3編 行政不服審査法

行政法

第 4 編

行政事件訴訟法

8. 行政事件訴訟法

➡ 総合テキスト **Chapter 7**, 総合問題集 **Chapter 4**

.... **イントロダクション** ....

　行政事件訴訟において重要な論点は，①訴訟類型選択，②訴訟要件，③判決の種類・効力です。近年では，特に訴訟要件の論点において，判例知識を問う出題が増えてきています。判例知識をしっかりと身につけ，大きな視点から整理するようにしましょう。また，行政事件訴訟法は，記述式頻出のテーマですから，要件などを正確に記憶していくことも忘れないようにしてください。

① 訴 訟 類 型 選 択

1 総 説

解法の鉄則 その1

① 公権力の行使（処分性）に該当するか否かをチェック
→ 公権力の行使に該当しなければ，当事者訴訟や民事訴訟を疑う
→ 処分がいまだなされていなければ，差止訴訟・非申請型義務付け訴訟・不作為の違法確認訴訟を疑う

② 当事者の主張と整合性がとれるものを選択しているか

　最初に，行政事件訴訟の類型選択について検討していきます。このテーマは，事案の暗記のみでは対応できない問題が多く出題されるため，本章を通して，一定の解法手順を学んでいってください。

　まずは，次ページの図表8-1・8-2で，知識の確認を行ってください。それを前提として，問題を検討していくことにします。

● 8-1　訴訟類型の整理

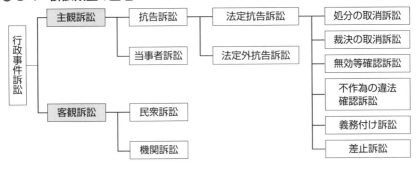

● 8-2　各訴訟類型の定義と具体例

		定　義	具体例
主観訴訟	抗告訴訟	抗告訴訟とは，行政庁の公権力の行使に関する不服の訴訟をいう（3条1項）	①　取消訴訟 ②　無効等確認訴訟 ③　不作為の違法確認訴訟 ④　義務付け訴訟 ⑤　差止訴訟
	当事者訴訟	当事者訴訟とは，対等な当事者間において，公法上の法律関係に関する紛争の解決を求める訴訟をいう（4条）	①　形式的当事者訴訟 ②　実質的当事者訴訟
客観訴訟	民衆訴訟	民衆訴訟とは，国又は公共団体の機関の法規に適合しない行為の是正を求める訴訟で，選挙人たる資格その他自己の法律上の利益にかかわらない資格で提起するものをいう（5条）	①　公職選挙法に基づく当選訴訟・選挙訴訟 ②　最高裁判所裁判官国民審査の審査無効の訴訟 ③　地方自治法上の住民訴訟
	機関訴訟	機関訴訟とは，国又は公共団体の機関相互における権限の存否又はその行使に関する紛争についての訴訟をいう（6条）	①　地方公共団体の議会の議決に関する訴訟 ②　国の関与に対する，地方公共団体の機関による取消訴訟

設問1

❶▶ Xらの近隣に地方公共団体がごみ焼却場の建設工事を行っている場合，建設工事は処分であるから，Xらは，その取消訴訟と併合して，差止め訴訟を提起し，当該地方公共団体に対して建設工事の中止を求めることができる。

(H19−17−2)

　判例によれば，ごみ焼却場の設置行為は，**行政庁の処分**の定義に該当せず，事実行為にすぎないとされています（最判昭39.10.29）。したがって，処分を前提とする取消訴訟を提起することはできませんし，処分の差止訴訟も提起することはできません。本問は誤りです。

❷▶ Xが行った営業許可申請に対してなされた不許可処分について，同処分に対する取消訴訟の出訴期間が過ぎた後においてなお救済を求めようとする場合には，Xは，公法上の当事者訴訟として，当該処分の無効の確認訴訟を提起することができる。

(H19−17−4)

　❶の逆で，今度は，「営業許可申請に対してなされた不許可処分」ですから，問題なく公権力の行使に該当するといえます。したがって，公権力の行使を前提としない当事者訴訟を選択している本問は誤りです。このように，公権力の行使（処分性）の検討は，意識しておかないと見落としてしまうことが多いですから，しっかりと検討材料に入れておくようにしてください。

設問2

　Xは，Y県内に産業廃棄物処理施設の設置を計画し，「廃棄物の処理及び清掃に関する法律」に基づき，Y県知事に対して設置許可を申請した。しかし，Y県知事は，同法所定の要件を満たさないとして，申請に対し拒否処分をした。これを不服としたXは，施設の設置を可能とするため，これに対する訴訟の提起を検討している。Xは，誰を被告として，いかなる種類の訴訟を提起すべきか。40字程度で記述しなさい。

(H20−44)

　本問は，「申請に対し拒否処分をした」とありますから，公権力の行使に該当することについては問題なさそうですね。これで本問は，抗告訴訟のいずれかであることが判断できます。そして，本問ではすでに処分がなされていますから，

不作為の違法確認訴訟や差止訴訟，非申請型義務付け訴訟は類型選択として不適切です。すると，候補として挙がってくるのが，処分の取消訴訟・申請満足型義務付け訴訟ですね。ここで考えなければならないことは，**当事者の主張と整合性がとれるか**という点です。本問では，Xは，「施設の設置を可能とするため」訴訟の提起を検討しています。ここで，単に拒否処分の取消訴訟を提起したとしても，施設の設置まで可能となるわけではないですよね。つまり，施設の設置を義務づける必要があるわけです。そこで，Xの主張と整合性をつけるためには，申請満足型義務付け訴訟を提起することが必要である，と結論づけることができます。そして，後で検討しますが，申請満足型義務付け訴訟を提起するためには，取消訴訟や無効等確認訴訟と併合提起をする必要があります。

したがって，XがY県を被告として義務付け訴訟をするときは，Y県知事の申請拒否処分の取消訴訟を併合提起しなければならないということになります。

なお，近年では，訴訟類型の細かい部分ではなく，大枠を把握しているかどうかが試される問題が出されています。

設問3

「裁決の取消しの訴え」の対象とされている裁決は，「義務付けの訴え」や「差止めの訴え」の対象ともされている。 　　　　　　　　　　　　（H29-18-1）

一見すると，何が問われているのかがわかりにくいと思いますが，よくわからないことが問われた場合には，基本に戻って考えるべきです。

本問は，訴訟類型が横断的に問われているわけですから，図8-1を思い出してみましょう。

すると，「裁決の取消しの訴え」も，「義務付けの訴え」及び「差止めの訴え」も同じ**法定抗告訴訟**に分類される訴えです。とすれば，その対象が違うということは考えにくいということになります。したがって，本問は正しいと判断していくようにしましょう。

設問4

「裁決の取消しの訴え」については，審査請求に対する裁決のみが対象とされており，再調査の請求に対する決定は，「処分の取消しの訴え」の対象とされている。 　　　　　　　　　　　　（H29-18-4）

こちらも，あまり考えたことがない問題だと思いますが，同様に図8-1を思

い出してみると，そのような分岐がないことに気づくと思います。したがって，本問は誤りです。

　このように，問われている内容の基本を思い出して，それに則して考えていくというクセをつけていくようにしましょう。

② 当事者訴訟

解法の
鉄則
その2

① 形式的当事者訴訟に関して，3つのパターンを押さえる
② 実質的当事者訴訟の具体例を把握しておく

　ここでは，当事者訴訟について論点の整理をしていきます。早速，次の問題を読んでいきましょう。

設問5

❶▶ Xは，A県B市内に土地を所有していたが，B市による市道の拡張工事のために，当該土地の買収の打診を受けた。Xは，土地を手放すこと自体には異議がなかったものの，B市から提示された買収価格に不満があったため，買収に応じなかった。ところが，B市の申請を受けたA県収用委員会は，当該土地について土地収用法48条に基づく収用裁決（権利取得裁決）をした。しかし，Xは，この裁決において決定された損失補償の額についても，低額にすぎるとして，不服である。より高額な補償を求めるためには，Xは，だれを被告として，どのような訴訟を提起すべきか。また，このような訴訟を行政法学において何と呼ぶか。40字程度で記述しなさい。　　　（H 24－44）

　土地収用法にかかわる争いは，本試験において頻出の内容です。土地収用法133条3項は，収用委員会の裁決のうち損失の補償に関する訴えは，これを提起した者が土地所有者であるときは起業者を被告としなければならないとしています。このように，「法令の規定によりその法律関係の当事者の一方を被告とするもの」（行政事件訴訟法4条前段）は，形式的当事者訴訟と呼ばれます。したがって，本問は，「B市を被告として，補償の増額を求める訴訟を提起すべきであり，これを形式的当事者訴訟と呼ぶ。」（45字）と解答すべきです。

　さて，本試験ではこれを前提に，事案や主張内容を変化させて出題がされています。形式的当事者訴訟に見せかけて，実は違う。そんな出題のパターンを見て

いきましょう。

❷▶　A県収用委員会は，起業者であるB市の申請に基づき，同市の市道の用
　　地として，2000万円の損失補償によってX所有の土地を収用する旨の収用
　　裁決（権利取得裁決）をなした。Xが土地の収用そのものを違法として争う場
　　合には，収用裁決の取消しを求めることとなるが，この訴訟は，B市を被告
　　とする形式的当事者訴訟となる。　　　　　　　　　　　　　（H23-16-1）

　本問も土地収用に関する争いなのですが，争う対象が**損失補償の額**ではなく，
「土地の収用そのもの」になっています。この場合，土地の収用の取消しを求め
る取消訴訟を提起すべきです。したがって，本問は誤りです。

❸▶　A県収用委員会は，起業者であるB市の申請に基づき，同市の市道の用
　　地として，2000万円の損失補償によってX所有の土地を収用する旨の収用
　　裁決（権利取得裁決）をなした。収用裁決が無効な場合には，Xは，その無効
　　を前提として，B市を被告として土地の所有権の確認訴訟を提起できるが，
　　この訴訟は，抗告訴訟である。　　　　　　　　　　　　　（H23-16-2）

　本問は，収用裁決が無効であることを前提に，「土地の所有権の確認訴訟」を
提起するとしています。土地の所有権は私法上の権利ですから，この争いは民事
訴訟によることになります。したがって，本問は誤りです。
　なお，所有権が自分にあるというためには，収用裁決が無効であることを主張
する必要があります。このように，争いのポイントが行政の処分の有効性である
訴訟を，**争点訴訟**といいます。本問は，これに該当します。
　以上，土地の収用にかかわる3つのパターンを整理してきましたが，これから
土地収用の論点が問われた際には，次の図（8-3）のように知識を整理してお
き，対応するとよいでしょう。

●8-3　土地収用裁決と訴訟類型の整理

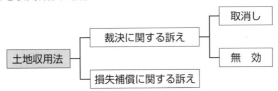

最後に，実質的当事者訴訟について検討して終了です。実質的当事者訴訟は，**公法上の法律関係に関する確認の訴え**です。確認の対象が**私法上の法律関係**であれば民事訴訟，**公法上の法律関係**であれば実質的当事者訴訟であると整理しておくとよいでしょう。

● 8-4　公権力の行使の該当性と訴訟類型の整理

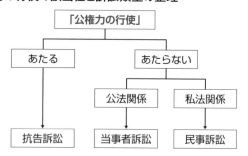

設問6

❶▶ 実質的当事者訴訟は，行政主体と一般市民との間における対等当事者としての法律関係に関する訴訟のうち，公法上の法律関係に関する訴訟であり，私法上の法律関係に関する訴訟は民事訴訟となる。　　　　　　（H 23-18-1）

　図8-4のとおりです。実質的当事者訴訟の位置づけをきちんと把握しておく必要があります。

---

❷▶ 国に対して日本国籍を有することの確認を求める訴えを提起する場合，この確認の訴えは実質的当事者訴訟に該当する。　　　　　　（H 23-18-3）

　国籍という公法上の法律関係に関する確認の訴えですから，これは実質的当事者訴訟です。

到達度チェック ▶▶▶

② 訴 訟 要 件 等

① 処分性

解法の
鉄則
その1

① 処分性の一般的な定義を把握する
② 判例を論点ごとに整理しておく

次に，訴訟要件について検討していきます。まずは，処分性についてです。処分性は一般的に，次のように定義されています。

> 公権力の主体たる国または公共団体が行う行為のうち，その行為によって，直接国民の権利義務を形成しまたはその範囲を確定することが法律上認められているもの（最判昭39.10.29）

この定義は，次のように分析することができます。

① 直接性
　→ 行政機関相互の行為は基本的に処分性はない
② 法的効果
　→ 国民の権利義務を形成しないような行為は基本的に処分性はない
③ 具体性
　→ 特定されたものでなければ，基本的に処分性はない
④ 公権力性
　→ 公権力性がなければ，基本的に当事者訴訟・民事訴訟によるべき
　→ 設問1 の❶参照（ごみ焼却場の設置行為）

このことを前提に判例を整理すると，次ページの表8-5から8-7までのようになります。このように知識を整理しておくことで，本試験ですぐに使える知識にまで引き上げることができます。

この整理をもとに，実際に出題された問題を見ていきましょう。

設問7

全国新幹線鉄道整備法の規定に基づく運輸大臣の工事実施計画の認可は，上級行政機関の下級行政機関に対する監督手段としての性質を有するものであり，行政組織の内部行為にすぎないため，その処分性は否定される。

（司法H 20 − 33 − ア改）

●8-5 直接性にかかわる判例

事　案	処分性の有無
建築許可と消防長の同意 (最判昭34.1.29)	×
墓地の埋葬取扱いに関する通達 (最判昭43.12.24)	×
全国新幹線鉄道整備法9条に基づく運輸大臣の工事実施計画の認可 (最判昭53.12.8)	×

●8-6 法的効果にかかわる判例

事　案	処分性の有無
地方公務員である職員としての採用内定の通知の取消し (最判昭57.5.27)	×
反則金の納付の通告 (最判昭57.7.15)	×
土壌汚染対策法3条2項に基づく通知 (最判平成24.2.3)	○
(旧) 関税定率法21条3項の規定による税関長の通知又は同条5項の規定による税関長の決定及びその通知 (最大判昭59.12.12)	○
登記機関が還付通知をすることはできない旨を申請者に伝えた通知 (最判平17.4.14)	○
病院開設の中止勧告 (最判平17.7.15)	○

●8-7 具体性にかかわる判例

事　案	処分性の有無
地方公共団体が営む簡易水道事業につき，水道料金の改定を内容とする条例の制定行為 (最判平18.7.14)	×
用途地域の指定 (最判昭57.4.22)	×
地方公共団体の設置する保育所について，その廃止を定める条例の制定行為 (最判平21.11.26)	○
建築基準法42条2項によるいわゆる二項道路の指定が一括指定の方法でされた場合 (最判平14.1.17)	○
土地区画整理事業計画の決定 (最大判平20.9.10)	○

解答の要領は，事案の把握 → 結論のチェック → 理由の適切さという形です。本問は，直接性にかかわるものです。処分性は直接国民に向けられたものであることが1つの要素になるところ，全国新幹線鉄道整備法の規定に基づく運輸大臣の工事実施計画の認可は，本問で述べられているとおり，行政機関相互の行為と同視されます。したがって，処分性が否定されています（最判昭53.12.8）。実際に問題を読むときには，運輸大臣の工事実施計画の認可 → 処分性を否定した判例である → 行政機関相互の行為と同視されるから，直接性が否定されるためであったという順序で読んでいくことになります。

行政法

第4編　行政事件訴訟法

設問8

❶▶ （旧）関税定率法の規定に基づき税関長が行う「輸入禁制品に該当する貨物と認めるのに相当の理由がある」旨の通知は，行政処分に該当しない。

(H24-18-4)

　通知・勧告は，それ自体では具体的な法的効果はないため，原則として処分性が認められません。国民の権利義務に変動を及ぼす具体的な法効果がないのです。通知や勧告ときたら，まずはこのイメージを持つことが重要です。そのうえで，設問8 の特殊性を検討するようにしてください。本問の「輸入禁制品該当の通知」は，その通知により，禁制品に該当するものを適法に輸入することができなくなるという法律上の効果が生じるため，判例は処分性を肯定しました（最大判昭59.12.12）。したがって，本問は誤りです。

❷▶ （旧）医療法の規定に基づく病院開設中止の勧告は，医療法上は当該勧告を受けた者が任意にこれに従うことを期待してされる行政指導として定められており，これに従わない場合でも，病院の開設後に，保険医療機関の指定を受けることができなくなる可能性が生じるにすぎないから，この勧告は，行政事件訴訟法3条2項にいう「行政庁の処分その他公権力の行使に当たる行為」に当たらない。

(H28-19-3)

　本問も，中止の勧告にすぎないのですが，勧告に従わないことにより，相当程度の確実さをもって保険医療機関の指定を受けることができなくなり，病院開設を断念せざるを得ない状況になることを理由に，判例は，処分性を肯定しています（最判平17.7.15）。したがって，本問は誤りです。

❸ ▶ 登録免許税を過大に納付した者は，そのことによって当然に還付請求権を取得し，その還付がなされないときは，還付金請求訴訟を提起することができるから，還付の請求に対してなされた拒否通知について，取消訴訟を提起することは認められない。　　　　　　　　　　　　　　（H 28 - 18 - 5）

　本問も，通知ではありますが，登録免許税法に基づく還付請求が認められないとすると，簡易迅速に還付を受けることができる手続上の地位を否定する効果があることを理由に，判例は，処分性を肯定しました（最判平 17.4.14）。したがって，本問は誤りです。

設問9

❶ ▶ 地方公共団体が営む簡易水道事業につき，水道料金の改定を内容とする条例の制定行為は，行政事件訴訟法3条2項の行政処分に該当する。
　　　　　　　　　　　　　　　　　　　　　　　　　　　　　（H 24 - 18 - 2）

　条例の制定行為は，限られた特定の者に対してのみ適用されるものではないため，具体性がなく，処分性が否定されています（最判平 18.7.14）。したがって，本問は誤りです。

❷ ▶ 保育所の廃止のみを内容とする条例は，他に行政庁の処分を待つことなく，その施行により各保育所廃止の効果を発生させ，当該保育所に現に入所中の児童およびその保護者という限られた特定の者らに対して，直接，当該保育所において保育を受けることを期待し得る法的地位を奪う結果を生じさせるものであるから，その制定行為は，行政庁の処分と実質的に同視し得るものということができる。　　　　　　　　　　　　　　　　（H 28 - 19 - 1）

　本問も，条例の制定行為ではあるのですが，❶と異なり，「当該保育所に現に入所中の児童およびその保護者」というかなり限られた特定の者を対象としたものであることを理由に，判例は処分性を肯定しています（最判平 21.11.26）。したがって，本問は正しいです。日頃から処分性の判例をきちんと類型化しておけば，問題文の「限られた者に対し」という部分にも反応できたはずです。

❸ ▶ 建築基準法42条2項に基づく特定行政庁の告示により，同条1項の道路とみなされる道路（2項道路）の指定は，それが一括指定の方法でされた場合

であっても，個別の土地についてその本来的な効果として具体的な私権制限を発生させるものであり，個人の権利義務に対して直接影響を与えるものということができる。 　　　　　　　　　　　　　　　　　　　　　　　（H28-19-2）

　一括指定である以上，個別具体的な国民を相手としているわけではないのではないかという点が1つの問題として挙げられます。判例は，たとえ一括指定の方法でなされたとしても，その効果自体は個々の道に及び，当該土地の所有者は制限を受けることを理由に，処分性を肯定しています（最判平14.1.17）。したがって，本問は正しいです。

❹▶ 都市計画区域内において工業地域を指定する決定が告示されて生じる効果は，当該地域内の不特定多数の者に対する一般的抽象的な権利制限にすぎず，このような効果を生じるということだけから直ちに当該地域内の個人に対する具体的な権利侵害を伴う処分があったものとして，これに対する抗告訴訟の提起を認めることはできない。 　　　　　　　　（H28-19-5）

　工業地域の指定（いわゆる用途地域指定）は，法令の制定などと同様に，いまだ不特定多数に対する一般的・抽象的な概念であることを理由に，判例は，処分性を否定しています（最判昭57.4.22）。したがって，本問は正しいです。

❺▶ 市町村の施行に係る土地区画整理事業計画の決定は，施行地区内の宅地所有者等の法的地位に変動をもたらすものであって，抗告訴訟の対象とするに足りる法的効果を有するものということができ，実効的な権利救済を図るという観点から見ても，これを対象とした抗告訴訟の提起を認めるのが合理的である。 　　　　　　　　　　　　　　　　　　　　　　　（H28-19-4）

　こちらも計画なのですが，判例は，土地区画整理事業が計画された段階で，その後の換地処分が当然予定されることなどを理由に，処分性を肯定しています（最大判平20.9.10）。したがって，本問は正しいです。
　処分性については，個々の事案と結論をしっかりと把握していくことも重要ですが，処分性を簡単に類型化しておき，そのうえで，判例の傾向から考えていくと，覚えやすくなります。

　　　　　　　　　　　　　　　　到達度チェック ▶▶▶

2 原告適格・狭義の訴えの利益

解法の
鉄則
その2

① 原告適格についての判例を整理する
  → 法律上保護された利益についての考え方をマスターする
② 狭義の訴えの利益についての判例を整理する
  → 訴える必要性の観点から検討する
  → ただし書を検討する

今度は，原告適格について見ていきます。原告適格の判例も，処分性と同様に数多くあるため，ある程度類型化して整理しておき，すぐに知識を引き出せるようにしておいてください。まずは，次の条文を読んでみてください。

第9条1項

　処分の取消しの訴え及び裁決の取消しの訴え（以下「取消訴訟」という。）は，当該処分又は裁決の取消しを求めるにつき法律上の利益を有する者（処分又は裁決の効果が期間の経過その他の理由によりなくなつた後においてもなお処分又は裁決の取消しによつて回復すべき法律上の利益を有する者を含む。）に限り，提起することができる。

上記の条文では，原告適格は，「法律上の利益を有する者」に認められるとされています。とすれば，原告適格は，処分の相手方との関係では，特に問題にはなりません。処分の相手方に法律上の利益が認められないということは考えにくいからです。これを二面関係（行政と処分の相手方との関係）と定義しておきましょう。これに対して，利害関係人が訴えを提起する場合，当該訴えを起こす者に原告適格が認められるのかが大きな問題となります。これを三面関係（行政と処分の相手方及び利害関係人の関係）と定義しておきましょう。以上のことを整理すると次の図（8-8）のようになります。原告適格の判例は，この図を思い浮かべていくと効率よく学習することができます。

● 8-8　原告適格に関する判例の構造

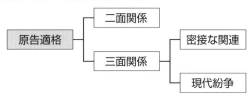

8-8を前提に，問題を使いながら知識整理をしていきましょう。このテーマは，小手先の解法ではなく，基本から丁寧に論理構造を追いかけていくべきです。

設問10

❶▶ 保健所長がした食品衛生法に基づく飲食店の営業許可について，近隣の飲食店営業者が営業上の利益を害されるとして取消訴訟を提起した場合，裁判所は，どのような理由で，どのような判決をすることとなるか。40字程度で記述しなさい。なお，字数には，句読点も含む。　　　　(H 18－44)

本問では，処分の直接の相手方ではない，近隣の飲食営業者が営業上の利益を害されるとして取消訴訟を提起しようとしています。つまり，三面関係の問題ですね。この点については，法律上の利益を有するかどうかを丁寧に検討する必要があります。行政事件訴訟法は，**法律上の利益**を有する者に限り原告適格を認めています。取消訴訟の主たる目的は権利・利益の侵害から国民を救済することにあり，救済されるべき利益を有しない者に出訴する資格を与える必要はないからです。

具体的には，処分の根拠となる法令が，一般的公益の保護にとどまらず，個々人の個別的利益も保護されているかどうかを検討していくのです。個々人の個別的利益を保護していると考えられれば，原告適格を有するということになります。

近隣の飲食営業者が主張している利益は，自身の売上げに関する営業上の利益ですよね。これが食品衛生法上，保護された利益に該当するかどうかということを検討するのです。

第9条2項

　裁判所は，処分又は裁決の相手方以外の者について前項に規定する法律上の利益の有無を判断するに当たつては，当該処分又は裁決の根拠となる法令の規定の文言のみによることなく，当該法令の趣旨及び目的並びに当該処分において考慮されるべき利益の内容及び性質を考慮するものとする。この場合において，当該法令の趣旨及び目的を考慮するに当たつては，当該法令と目的を共通にする関係法令があるときはその趣旨及び目的をも参酌するものとし，当該利益の内容及び性質を考慮するに当たつては，当該処分又は裁決がその根拠となる法令に違反してされた場合に害されることとなる利益の内容及び性質並びにこれが害される態様及び程度をも勘案するものとする。

食品衛生法1条
　この法律は，食品の安全性の確保のために公衆衛生の見地から必要な規制その他の措置を講ずることにより，飲食に起因する衛生上の危害の発生を防止し，もつて国民の健康の保護を図ることを目的とする。

　行政事件訴訟法9条2項では，法律上の利益を有する者について，どのように解釈すべきか，詳細に規定しています。

　これを前提に，今回は食品衛生法1条を読んでみましょう。食品衛生法の目的とするところは，食事をする人の健康という一般的公益を保護することを目的としているのであり，近隣の飲食店営業者の営業上の利益を保護しているわけではありませんね。実際は，個々の法規や関連法規まで検討していくことになりますが，今回は目的条文だけでもなんとなくイメージはつかめると思います。

　とすれば，近隣の飲食店営業者は法律上保護される利益を有する者とはいえず，原告適格があるとはいえません。したがって，本問では，原告は，法律上の利益を有せず，原告適格を欠くという理由で，却下判決をすることになります。

　原告適格の判断のポイントは，以上のように，法律が保護している利益が，公益の保護にとどまるものか，それとも，個々人の個別的な利益まで保護する趣旨なのか，を軸として判断するという点です。

　この構造が理解できると，次の❷，❸，❹の問いの共通項が発見できるはずです。

❷▶ 定期航空運送事業に対する規制に関する法体系は，飛行場周辺の環境上の利益を一般的公益として保護しようとするものにとどまるものであり，運送事業免許に係る路線を航行する航空機の騒音によって社会通念上著しい障害を受けることになる者であっても，免許取消訴訟を提起する原告適格は認められない。
(H 26 - 17 - ウ)

❸▶ 森林法に基づく林地開発許可処分について，当該処分を定めた規定は，土砂の流出や水害による被害が直接的に及ぶことが想定される開発区域に近接する一定範囲に居住する住民の生命，身体の安全に加えて，周辺土地の所有権等の財産権を個々人の個別的利益として保護する趣旨を含むものと解釈されることから，周辺土地上に立木を所有する者は，林地開発許可処分取消訴訟の原告適格を有する。
(国Ⅱ H 14)

❹▶ 都市計画法に基づく開発許可処分について，当該処分を定めた規定は，がけ崩れによる被害が直接的に及ぶことが想定される一定範囲の地域の住民の生命，身体の安全を保護する趣旨を含むものと解釈されることから，開発区域内外を問わず，がけ崩れによる生命，身体に直接的被害が及ぶことが予想される地域の住民は，開発許可処分取消訴訟の原告適格を有する。

(国ⅡH14)

❷，❸，❹は，いずれも公益にとどまるか，それとも個別的利益まで保護しているのか，を問題にしていますよね。全体的な判例の流れは，特定された範囲における問題であることや生命・身体・健康への被害の性質を勘案すると，個別的利益が認められるという方向にあります。したがって，❷と❸は誤り，❹は正しい，と判断することができます。

これに対して，影響を受ける者の範囲が不明確である場合には，原告適格を否定するという方向で考えていきます。次の問題を読んでみてください。

❺▶ (旧)地方鉄道法に定める料金改定の認可処分に関する規定の趣旨は，もっぱら，公共の利益を確保することにあるのであって，当該地方鉄道の利用者の個別的な権利利益を保護することにあるのではないから，通勤定期券を利用して当該鉄道で通勤する者であっても，当該認可処分によって自己の権利利益を侵害され又は必然的に侵害されるおそれのある者に当たるということはできず，認可処分の取消しを求める原告適格は認められない。

(H26-17-オ)

判例は，(旧)地方鉄道法に定める料金改定の認可処分に関する規定の趣旨は「もっぱら公共の利益を確保することにあるのであって，当該地方鉄道の利用者の個別的な権利利益を保護することにあるのではなく，他に同条が当該地方鉄道の利用者の個別的な権利利益を保護することを目的として認可権の行使に制約を課していると解すべき根拠はない。そうすると，たとえ上告人らが鉄道株式会社の路線の周辺に居住する者であって通勤定期券を購入するなどしたうえ，日常同社が運行している特別急行旅客列車を利用しているとしても，上告人らは，本件特別急行料金の改定(変更)の認可処分によって自己の権利利益を侵害され又は必然的に侵害されるおそれのある者に当たるということができず，右認可処分の取消しを求める原告適格を有しないというべきである」としています(最判平元.4.13)。したがって，本問は正しいです。

次に，狭義の訴えの利益について検討していきます。狭義の訴えの利益とは，処分を取り消すことによって原告が現実に受ける法律上の利益のことです。訴訟をするには，時間もお金もかかります。必要がないなら訴訟はしないほうが原告にとっても被告にとってもいいことです。そのため，無駄な訴訟は，訴えの利益がないとして却下されてしまいます。

さて，今お話しした**無駄な訴訟**が，狭義の訴えの利益の判例を理解する大きなキーワードになります。

設問11

❶➤ 保安林指定解除処分の取消しを求める利益は，洪水の危険を解消するために代替施設が設置されたとしても失われない。 （H20-17-2）

保安林は，そもそも渇水や洪水からの危険を防止するためのものです。とすれば，「洪水の危険を解消するための代替施設が設置された」ならば，これ以上訴訟を続けるのは無駄ですね。したがって，本問は誤りです。

❷➤ 市立保育所の廃止条例の制定行為の取消しを求める利益は，原告らに係る保育の実施期間がすべて満了したとしても失われない。 （H26-18-2）

保育の実施期間が満了している以上，これ以上保育所廃止条例を争っても意味がありません。したがって，本問は誤りです。

❸➤ 再入国の許可申請に対する不許可処分について取消訴訟を提起した外国人は，本邦を出国した場合，当該処分の取消しを求める利益を失う。 （H20-17-4）

判例は，再入国の許可申請に対する不許可処分について取消訴訟を提起した外国人が，本邦を出国した場合には，当該外国人が有していた在留資格が消滅することにより，不許可処分が取り消されても，この在留資格で再入国することはできなくなる以上，訴えの利益は失われるとしています（最判平10.4.10）。したがって，本問は正しいです。このように，狭義の訴えの利益が問われた場合には，これ以上訴訟を続ける意味があるのかを軸にして考えましょう。

次に，一見すると訴える必要性が失われていると思われるものの，例外的にその必要性が肯定されるケースを疑っていきます。

設問12

　免職された国家公務員が，免職処分の取消訴訟を提起したところ，当該訴訟の係属中に，公職の選挙に立候補者として届出をした。この場合，法律上国家公務員の職を辞したものとみなされるため，仮に当該免職処分が取り消されたとしても，同人が国家公務員たる身分を回復することはないから，当該免職処分の取消しを求める訴えの利益は消滅する。　　　　　　　　　（オリジナル）

　判例は，免職された公務員が，免職処分の取消訴訟係属中に公職の候補者として届出をしたときは公務員としての職を辞したものとみなされ，公務員の地位の回復を求めることはできないが，公務員として有するはずであった給料請求権その他の権利・利益を回復する訴えの利益は認められるとしています（最大判昭40.4.28）。したがって，本問は誤りです。

設問13

　Aが建築基準法に基づく建築確認を得て自己の所有地に建物を建設し始めたところ，隣接地に居住するBは，当該建築確認の取消しを求めて取消訴訟を提起すると共に，執行停止を申し立てた。執行停止の申立てが却下されたことからAが建設を続けた結果，訴訟係属中に建物が完成し，検査済証が交付された。最高裁判所の判例によると，この場合，①建築確認の法的効果がどのようなものであるため，②工事完了がBの訴えの訴訟要件にどのような影響を与え，③どのような判決が下されることになるか。40字程度で記述しなさい。

　　　　　　　　　　　　　　　　　　　　　　　　　　　　　　（H25-44）

　訴えの利益に関する重要判例は，記述式問題でも出題されています。判例は，建築確認の法的効果は，適法に建築行為を行わせる効果のみであり，建築確認にかかる工事が完了した場合においては，建築確認の取消しを求める訴えの利益は失われるとしました（最判昭59.10.26）。なお，③の「どのような判決が下されることになるか」については，次項の「3．訴訟の終了」で確認しましょう。まずは，訴訟全体の流れをつかむことが大切です。

設問14

　Xは，Y県内で開発行為を行うことを計画し，Y県知事に都市計画法に基づく開発許可を申請した。しかし，知事は，この開発行為によりがけ崩れの危険があるなど，同法所定の許可要件を充たさないとして，申請を拒否する処分をした。これを不服としたXは，Y県開発審査会に審査請求をしたが，同審査会も拒否処分を妥当として審査請求を棄却する裁決をした。このため，Xは，申請拒否処分と棄却裁決の両方につき取消訴訟を提起した。このうち，裁決取消訴訟の被告はどこか。また，こうした裁決取消訴訟においては，一般に，どのような主張が許され，こうした原則を何と呼ぶか。40字程度で記述しなさい。

(H27-44)

　本問は，訴訟の要件や手続に関する問題ですが，判例知識ではなく，条文知識を問うものです。

　行政事件訴訟法11条1項2号により，本問の被告は，Y県開発審査会の所属するY県となります。次に，10条2項は，「処分の取消しの訴えとその処分についての審査請求を棄却した裁決の取消しの訴えとを提起することができる場合には，裁決の取消しの訴えにおいては，処分の違法を理由として取消しを求めることができない。」と規定していることから，裁決取消訴訟においては，裁決固有の瑕疵のみを主張することが許されます。

　このように，行政事件訴訟法では，条文さえ知っていれば容易に解答することができる問題も数多く出題されています。判例同様，基本的な条文についても，しっかりと押さえておきましょう。

③　仮の救済

解法の鉄則その3
① 各要件・効果を正確に記憶する
② 内閣総理大臣の異議に関する視点を押さえる

　仮の救済については，執行停止・仮の義務付け・仮の差止めの要件・効果がよく比較されます。また，各制度の要件・効果を混ぜて聞くことで混乱させる問題も出題されます。

　まずは，次ページの表（8-9）のように知識を整理しておきましょう。

● 8-9 執行停止・仮の義務付け・仮の差止めの整理

	執行停止	仮の義務付け	仮の差止め
要件	① 訴えの提起があること ② 処分，処分の執行，手続の続行により生ずる重大な損害を避けるため緊急の必要があること ③ 本案について理由がないとみえるときでないこと ※ 公共の福祉に重大な影響を及ぼすおそれがあるとき，又は本案について理由がないとみえるときは，することができない（25条4項）	① 訴えの提起があること ② 処分又は裁決がなされない（なされる）ことにより生ずる償うことができない損害を避けるため，緊急の必要があること ③ 本案について理由があるとみえること ※ 公共の福祉に重大な影響を及ぼすおそれがあるときは，することができない（37条の5第3項）	
効果	処分の効力，処分の執行，手続の続行の全部又は一部の停止をすることができる（25条2項）	訴訟の終了を待たずに処分又は裁決があったのと同様の状態を暫定的に創出する	訴訟の終了を待たずに処分又は裁決をしてはならない状態を暫定的に創出する

それでは，8-9を前提に問題を読んでいきましょう。

設問15

❶▶ 執行停止の決定は，償うことができない損害を避けるための緊急の必要がある場合でなければ，することができない。 （R1-17-3）

❷▶ 仮の差止めは，処分がされることにより重大な損害を生ずるおそれがあり，かつ，その損害を避けるため他に適当な方法がないときに限り，申立てることができる。 （H29-19-3改）

　これらの問題は，いずれも要件をすり替えて出題しています。執行停止の要件が「重大な損害を避けるために緊急の必要がある場合」であり，仮の差止めの要件が「償うことのできない損害を避けるため緊急の必要がある場合」です。したがって，いずれも誤りです。この部分は，記述式でもそのまま問われる可能性があるため，正確に押さえておきましょう。

❶▶ 執行停止は，本案について理由がないとみえるときはすることができないのに対して，仮の義務付けおよび仮の差止めは，本案について理由があるとみえるときでなければすることができない。　　　　　　　　（H21-17-4）

❷▶ 執行停止の決定は，本案について理由があるとみえる場合でなければ，することができない。　　　　　　　　　　　　　　　　　　　　（R1-17-4）

　これらの問題も，要件を混ぜた形で問われています。執行停止は，「本案について理由がないとみえるとき」でないことが要件とされています。つまり，少なくとも負け筋ではないといえればよいということですね。これに対して，仮の義務付け・仮の差止めは「本案について理由があるとみえるとき」であることが要件とされています。つまり，勝ち筋でなければならないということです。したがって，　設問16　の❶は正しく，❷は誤りです。

　まずは，要件をしっかりと記憶しておくことで，上記のような問題に対応できるようにしていきましょう。全体的には，仮の義務付け・仮の差止めの要件が執行停止に比べて厳しくなるというイメージをもっておけば混乱しないはずです。

　ちなみに，なぜ仮の義務付け・仮の差止めのほうが要件が厳しくなるのかといえば，それは効果の違いにあるといわれています。

設問17

　申請に対する拒否処分に対して執行停止を申し立て，それが認められた場合，当該申請が認められたのと同じ状態をもたらすことになるので，その限りにおいて当該処分について仮の義務付けが認められたのと変わりがない。

　　　　　　　　　　　　　　　　　　　　　　　　　　　　（H21-17-3）

　執行停止は，その名のとおり執行を停止するだけですから，当該申請が認められたのと同じ状態にはなりません。これに対して，仮の義務付けは，その名のとおり仮に処分が義務づけられるため，申請が認められたのと同じ効果があります。例えば，高校の入学の申請書類を提出したAが，身体的な障害があることから高校の単位をすべて取得することが困難であることを理由に，学校側から当該申請を拒否されたとします。この場合，執行停止が認められても，Aは，学校に入学することはできません。申請拒否処分の効力が停止するだけだからです。これに対し，仮の義務付けが認められた場合，Aは，仮に学校に入学することがで

きます。仮の義務付けの効果により，仮に申請が認められた状態になるからです。

このように，仮の義務付け・仮の差止めのほうが，効果が強力であることも押さえておくとよいでしょう。

最後は，内閣総理大臣の異議制度についてです。

内閣総理大臣の異議制度は，条文も多く面倒なところなのですが，要は，内閣総理大臣の異議に対しては，裁判所は全面的に従う形になり，その濫用の危険は国会がブレーキをかける。これを視点にして問題を解いていくとよいでしょう。

設問18

❶▶ 内閣総理大臣の異議は，裁判所による執行停止決定の後に述べなければならず，決定を妨げるために決定以前に述べることは許されない。

（H23-17-1）

❷▶ 内閣総理大臣の異議が執行停止決定に対して述べられたときは，その理由の当否について裁判所に審査権限はなく，裁判所は，必ず決定を取り消さなければならない。

（H23-17-3）

問題文が複雑なように見えますが，上記の視点から考えて，裁判所が内閣総理大臣の異議に全面的に従うような結論になっていれば正しいと判断すればいいわけです。とすれば，❶は誤り，❷は正しいということになります。この解法手順は知っておくと非常に便利です。

設問19

内閣総理大臣が異議を述べたときは，国会に承認を求めなければならず，これが国会によって否決された場合には，異議を取り消さなければならない。

（H23-17-4）

このように，内閣総理大臣の異議制度に対して，裁判所は，全面的に従うことになるため，その濫用を防ぐ必要があります。そこで，法は，内閣総理大臣は，やむを得ない場合でなければ，異議を述べてはならず，また，異議を述べたときは，次の常会において国会にこれを報告しなければならないとしています（27条6項）。本問は，国会に承認を求めなければならないとする点で誤りです。

③ 訴 訟 の 終 了

① 判決の種類

解法の
鉄則
その1

> 判決の種類の意義を確認
> ・請求に理由ありなら，「認容」判決
> ・請求に理由なしなら，「棄却」判決
> ・「公益上の必要性」ときたら，「事情」判決（棄却判決の一種）
> ・訴訟要件等を欠くときたら，「却下」判決

　それでは，行政事件訴訟の終了を学んでいきましょう。訴訟の終了は，とにかく定義が命です。解法の鉄則を参照して，ポイントをしっかりと把握し，問題を読んでいくようにしてください。本試験でよく問われるのは，事情判決です。そのため，本章でも事情判決をしっかりと整理していくことにします。

設問20

❶▶ 事情判決は，処分の違法を認める判決であるから，請求認容の判決である。
(H 20−18−1)

　事情判決（31条1項）は，棄却判決の一種です。したがって，本問は誤りです。この問題がもう少し深く問われたのが，次の問題です。

❷▶ 事情判決は，処分取消しの請求を棄却する判決であるが，その判決理由において，処分が違法であることが宣言される。
(H 27−16−1)

　事情判決は，棄却判決の一種であるとする点は正しいのですが，この場合，判決の「主文」において，処分が違法であることを宣言することになります（31条1項後段）。したがって，本問は誤りです。

❸▶ 事情判決においては，公共の利益に著しい影響を与えるため，処分の取消しは認められないものの，この判決によって，損害の賠償や防止の措置が命じられる。
(H 27−16−2)

❶と❷で検討したとおり，事情判決は棄却判決の一種ですから，本問のような損害の賠償や防止の措置が命じられるというわけではありません。以上の点が把握できていれば，次の記述式問題についても，難なく解答できるはずです。

設問21

　Y組合の施行する土地区画整理事業の事業地内に土地を所有していたXは，Yの換地処分によって，従前の土地に換えて新たな土地を指定された。しかし，Xは，新たに指定された土地が従前の土地に比べて狭すぎるため，換地処分は土地区画整理法に違反すると主張して，Yを被告として，換地処分の取消訴訟を提起した。審理の結果，裁判所は，Xの主張のとおり，換地処分は違法であるとの結論に達した。しかし，審理中に，問題の土地区画整理事業による造成工事は既に完了し，新たな土地所有者らによる建物の建設も終了するなど，Xに従前の土地を返還するのは極めて困難な状況となっている。この場合，裁判所による判決は，どのような内容の主文となり，また，このような判決は何と呼ばれるか。40字程度で記述しなさい。　　　　　　　　　　　　（H 22 - 44）

　問題文が非常に長いですが，色文字のところに着眼点を置けば，**違法 → 請求認容判決をすべき → もっとも，公の利益に著しい障害が生じるおそれ → 請求棄却判決の一種である事情判決をすべき場面である**と考えられるはずです。したがって，本問の場合，「原告の請求を棄却するとともに換地処分の違法を宣言する主文となり，事情判決と呼ばれる。」（42字）と解答すべきです。
　最後に，判決の種類の典型的なひっかけ問題を把握しておきましょう。

設問22

❶▶ 不作為の違法確認訴訟自体には出訴期間の定めはないが，その訴訟係属中に，行政庁が何らかの処分を行った場合，当該訴訟は訴えの利益がなくなり棄却される。　　　　　　　　　　　　　　　　　　　　（H 20 - 16 - 5改）

　訴訟要件を欠くとされた場合，**却下判決**をすべきであり，**棄却判決**ではありません。したがって，本問は誤りです。このことは，記述式でも問われたことがあるのですが，**棄却判決**としてしまっている受験生も多かったです。

❷▶ 保健所長がした食品衛生法に基づく飲食店の営業許可について，近隣の飲食店営業者が営業上の利益を害されるとして取消訴訟を提起した場合，裁

判所は，どのような理由で，どのような判決をすることとなるか。40字程度
で記述しなさい。なお，字数には，句読点も含む。　　　　　　　（H18-44）

　すでに◯◯で検討した問題ですが，判決の種類の観点からもう一度読んでみま
す。本問では，取消訴訟を提起した近隣の飲食店業者は法律上の利益を有しない
と考えられるので，原告適格がありません。したがって，裁判所は，訴えを不適
法として却下判決をすることになります。この点を，棄却としないように意識し
てください。

② 判決の効力

**解法の
鉄則
その2**

判決の効力の意義を確認

・紛争の蒸し返しの防止ときたら，「既判力」

・行政側で改めて取り消す必要があるかと問われた
　ら，「形成力」

・判決の内容に従って行政が行動する必要がある
　か問われたら，「拘束力」

・訴訟の当事者以外の者との関係が問われたら，
　「第三者効」

　次に，判決の効力について考えていきます。ここもある程度注意すべきポイン
トが明確なので，その点を意識しながら問題を読んでいくようにしてください。

設問23

　処分をした行政庁は，判決確定の後，判決の拘束力により，訴訟で争われた
不利益処分を職権で取り消さなければならない。　　　　　　　（H22-18-ア）

　典型的なひっかけ問題です。判決には，形成力があるので，行政の側で取り消
すまでもなく，不利益処分はなかった状態になりますから，本問は誤りです。

設問24

　Xは，外務大臣に対して旅券の発給を申請したが拒否処分をうけたため，取
消訴訟を提起した。これについて，裁判所は，旅券法により義務づけられた理

由の提示が不充分であるとして，請求を認容する判決をなし，これが確定した。この場合，行政事件訴訟法によれば，外務大臣は，判決のどのような効力により，どのような対応を義務づけられるか。40字程度で記述しなさい。　　（H21-44）

外務大臣は，取消判決の拘束力により，判決の趣旨に従い，改めて，Xの旅券の発給の申請に対する処分を義務づけられることになります（行政事件訴訟法33条2項）。**判決の内容に拘束される＝行政はその対応が義務づけられる**ということですから，本問から確実に拘束力を思い出せるようにしたいところです。

さて，拘束力には消極的な側面もあります。拘束力により，行政庁は，取り消された処分と同一事情のもとでは，同一理由，同一内容の処分を行うことができないというものです。逆にいえば，同一事情でなかったり，同一理由でない場合には，判決の内容に従った処分をする必要もないということになります。

設問25
判決後に新たな処分理由が発生した場合，処分をした行政庁は，これを根拠として，判決の拘束力と関わりなく，原告に対しより厳しい内容の不利益処分を行うことができる。　　（H22-18-イ）

判決後に新たな処分理由が発生しているのですから，同一事情というわけではありません。したがって，拘束力にかかわりなく，より厳しい内容の不利益処分を行うことも可能です。

設問26
申請を拒否する処分が判決により取り消された場合，その処分をした行政庁は，当然に申請を認める処分をしなければならない。　　（H30-17-3）

先ほどの記述式問題を解いてから本問を読むと，なんとなく正しい気がしますよね。しかし，判決の拘束力というのは，あくまでも同一事情のもとで，同一理由，同一内容の処分を行うことができなくなるという効力のことです。したがって，本問のように**当然に**申請を認める処分をしなければならないのかといえば，そういうわけではありません。何か別の理由があり，それによって，再び申請の拒否処分をすることもあり得るということです。したがって，本問は誤りです。

以上のように，判決の拘束力が問われた際には，同一事情・同一理由・同一内容の3フレーズを思い出して解くと，問題が解きやすくなるでしょう。

総合問題に 挑戦

問題 次のア〜オの訴えのうち，抗告訴訟にあたるものの組合せはどれか。

ア 建築基準法に基づき私法人たる指定確認検査機関が行った建築確認拒否処分の取消しを求める申請者の訴え。

イ 土地収用法に基づく都道府県収用委員会による収用裁決において示された補償額の増額を求める土地所有者の訴え。

ウ 土地収用法に基づく都道府県収用委員会による収用裁決の無効を前提とした所有権の確認を求める土地所有者の訴え。

エ 核原料物質，核燃料物質及び原子炉の規制に関する法律に基づき許可を得ている原子炉施設の運転の差止めを運転者に対して求める周辺住民の訴え。

オ 住民基本台帳法に基づき，行政機関が住民票における氏名の記載を削除することの差止めを求める当該住民の訴え。

1 ア・イ　　**2** ア・オ　　**3** イ・ウ　　**4** ウ・エ　　**5** エ・オ

(H 22 - 16)

　抗告訴訟とは，行政庁の公権力の行使に関する不服の訴訟をいう（行政事件訴訟法3条1項）。具体的には，処分の取消訴訟（同条2項），裁決の取消訴訟（同条3項），無効等確認訴訟（同条4項），不作為の違法確認訴訟（同条5項），義務付け訴訟（同条6項），差止訴訟（同条7項）が法定されている。

ア　抗告訴訟にあたる

　　本記述では処分を行ったものが，私法人たる指定確認検査機関であるが，処分の取消訴訟にいう「行政庁」とは，通常の行政機関に限らず，法律で公権力の行使の権限を与えられていれば，私法人もこれに含まれる。したがって，本記述の訴えは，処分の取消訴訟であることから（3条2項），抗告訴訟にあたる。

イ　抗告訴訟にあたらない

　　　本記述の訴えは，形式的当事者訴訟にあたる。形式的当事者訴訟とは，当事者間の法律関係を確認し又は形成する処分又は裁決に関する訴訟で法令の規定によりその法律関係の当事者の一方を被告とするものをいう（4条前段）。そして，本記述の訴えは，収用裁決の補償額に関する訴訟で，土地収用法133条3項の規定により当事者の一方を被告とするものである。

ウ　抗告訴訟にあたらない

　　　本記述の訴えは，争点訴訟にあたる。争点訴訟とは，私法上の法律関係に関する訴訟において，処分若しくは裁決の存否又はその効力の有無が争われている場合をいう（45条1項）。

エ　抗告訴訟にあたらない

　　　本記述の訴えは，民事訴訟である。判例は，原子炉施設の運転の差止めを運転者に対して求める訴えが民事訴訟にあたることを前提としている（最判平4.9.22）。

オ　抗告訴訟にあたる

　　　本記述の訴えは，差止訴訟であることから，抗告訴訟にあたる。差止訴訟とは，行政庁が一定の処分または裁決をすべきでないにかかわらずこれがされようとしている場合において，行政庁がその処分または裁決をしてはならない旨を命ずることを求める訴訟をいう（3条7項）。

　　以上により，抗告訴訟にあたるものの組合せはア・オであり，正解は **2** となる。

到達度チェック ▶▶▶

行政法の過去問題

　「行政法の過去問題は何年分やればいいですか」――このような質問を非常に多く受けます。

　過去問題を何年分検討するかについては，原則として**2008（平成20）年以降に出題されたもののうち，直近の過去問題を除いたすべて**と考えておいてください。時間があれば，2007（平成19）年度以前の問題まで遡っても構いませんが，時間的に厳しいと思います。

　2008年度よりも前に出題されており，以降出題がない問題が出たら怖い――こんなイメージを持つ方も多いと思いますが，例えば，2019（令和元）年度の本試験問題を肢別に分解し，過去問題と照合をしてみると，2007年度以前のみに出題された知識はなんと3肢しか問われていません。しかも，ここを知らなくても解答には影響ありませんでしたし，通常のテキストにも記載があるような基本の内容でした。このことから，行政法は2008年度以降の過去問題を演習することで，ある程度網羅できてしまうことがわかります。

　過去問題をしっかり解けるようになると，毎年19問中10問以上は取れてしまうわけですから，必ずやるようにしましょう。

● 科目ごとの過去問題のみで正答できる問題数

科 目 ＼ 過去問題	2015 （平成27） 年度	2016 （平成28） 年度	2017 （平成29） 年度	2018 （平成30） 年度	2019 （令和元） 年度
基礎法学	0／2	0／2	1／2	1／2	0／2
憲　法	2／5	1／5	2／5	1／5	2／5
行政法	11／19	11／19	13／19	11／19	11／19
民　法	0／9	3／9	2／9	2／9	1／9
商　法	2／5	1／5	2／5	2／5	2／5
合　計	15／40	16／40	20／40	17／40	16／40

行政法

第 5 編

国家賠償法

9. 国家賠償法

→ 総合テキスト **Chapter 8**，総合問題集 **Chapter 5** 問題 **52** 〜 **55**

> ## イントロダクション
> ・・・・・・・・・・・・・・・・・・・・・・・・・・・・・・・・・
> 　国家賠償法は，過去問の再出題率が最も高いテーマです。そのため，過去問を繰り返し演習し正答率を100%にするとともに，未出の重要判例や最新判例をさらっと押さえておくという対策が最も効果的です。本章では，過去問を演習する際に，気をつけるべきポイントを中心に解説していきます。

1 国家賠償法関連の判例

解法の鉄則 その1

① **過去問の事案と結論を押さえる**
② **抽象的な論点・事案の両方からの出題に備える**

　それでは，国家賠償法の過去問題をマスターするに際して，重要なポイントを明示していきます。まずは，過去問題がどの程度重なって出題されているのかを検証しましょう。

設問1

❶▶ 所得金額を過大に認定して行われた所得税の更正は，直ちに国家賠償法1条1項の適用上違法の評価を受けることとなるが，税務署長が資料を収集し，これに基づき課税要件事実を認定，判断する上において，職務上通常尽くすべき注意義務を尽くすことなく漫然と更正をしたと認め得るような事情がある場合に限り，過失があるとの評価を受けることとなる。

(H30-20-エ)

❷▶ 税務署長が行った所得税の更正が，所得金額を過大に認定したものであるとして取消訴訟で取り消されたとしても，当該税務署長が資料を収集し，これに基づき課税要件事実を認定，判断する上において，職務上通常尽くすべき注意義務を尽くしていた場合は，国家賠償法1条1項の適用上違法とはされない。

(H25-20-イ)

いかがでしょうか。初めの部分については、ほとんど同じ問題文ですよね。ちなみに、判例は、「税務署長のする所得税の更正は、所得金額を過大に認定していたとしても、そのことから直ちに国家賠償法1条1項にいう違法があったとの評価を受けるものではなく、税務署長が資料を収集し、これに基づき課税要件事実を認定、判断する上において、職務上通常尽くすべき注意義務を尽くすことなく漫然と更正をしたと認め得るような事情がある場合に限り」、国家賠償法1条1項にいう違法があったとの評価を受けるとしています（最判平5.3.11）。したがって、❶は誤りです。これを正解肢にしたのが❷です。ほかにも、同じようなレベルで重なって出題されています。

設問2

❶▶ 都道府県の警察官が制服制帽を着用して職務行為を装い強盗した場合、被害者に対し当該都道府県が国家賠償責任を負うことがある。

(H23-20-エ)

❷▶ 非番の警察官が、もっぱら自己の利をはかる目的で、職務を装って通行人から金品を奪おうとし、ついには、同人を撃って死亡させるに至った場合、当該警察官は主観的に権限行使の意思をもってしたわけではないから、国家賠償法1条1項の適用は否定される。

(H27-19-1)

❶では単に「強盗」としていましたが、❷ではこの部分をもう少し詳しく「金品を奪おうとし、ついには、同人を撃って死亡させるに至った場合」というようにしています。とはいえ、いずれも同様のことを聞いているな、ということはすぐに判断できるでしょうから、❶が正しく、❷が誤りであることがすぐに見抜けます。

以上のように、国家賠償法の攻略法は、過去問と重なっている部分をいかに把握し、それを見抜けるかにかかっています。

もっとも、問題と解答だけをひたすら覚えていっても対応できないこともあります。次の問題を読んでみてください。

❸▶ 公務員が主観的には職務権限行使の意思を有しなかったとしても、客観的に職務行為の外形を備える行為であれば、国家賠償法第1条の職務を行うについてという要件をみたし、損害が発生している場合には、国または公共団体は損害賠償責任を負担する。

(H16-11-3)

いかがでしょうか。ちょっと見たことない問題だな，と思われるかもしれませんが，「公務員が主観的には職務権限行使の意思を有していなかったとしても」，という点は，❶や❷でいうところの「装う」ということですよね。さらに，「客観的に職務行為の外形を備える行為」という部分についても，職務を装うということです。そうすると，本問は，❶，❷を事案ではなく，論点的に聞いているということになります。国家賠償法の問題では，出題済みの判例を，論点として抽象的に聞いてくることがよくあるので，ここに対応できるようにしっかりと準備しておきましょう。

もう1つ具体例を紹介しておきます。

設問3

❶▶ 宅地建物取引業法に基づき免許を更新された業者が不正行為により個々の取引関係者に対して被害を負わせたとしても，当該免許制度は業者の人格・資質等を一般的に保証するものとはにわかに解しがたく，免許権者が更新を拒否しなかったことは，被害を受けた者との関係において直ちに国家賠償法1条1項の適用上違法となるものではない。　　　　　　　　（H21-20-1）

本問は，判例の知識を具体的な事案を通して聞いています。判例は，本問と同様の場合に，宅地建物取引業法上の免許制度の目的について宅建業者の人格・資質等を一般的に保証するものとはにわかに解しがたいとし，免許権者たる知事等の免許の更新それ自体は，法所定の免許基準に適合しない場合であっても，被害を受けた個々の取引関係者との関係において直ちに国家賠償法1条1項の違法な行為にあたるものではないとしています（最判平元.11.24）。したがって，本問は正しいです。

この問題を，次のように変化させて出題されても対応できるでしょうか。

---

❷▶ 国・公共団体の機関は，規制権限の行使・不行使に対する判断をする裁量的な権限を一般的に有しているが，国民の生命・身体に直接の危害が発生するおそれがある場合には，規制権限の不行使が国家賠償法上責任あるものとして認められる場合がある。　　　　　　　　（H17-3-ア）

---

❶は，非常に長い事案が引用されていますが，要は行政が本来規制権限を行使すべきところ，それを発動しなかったのであれば，それは国家賠償責任を負うのではないかということが論点なのです。❷は，事例ではなく，❶の事案を論点的

に聞いてきている問題ということになります。そうすると，規制権限の不行使は国家賠償責任の対象になること自体はあるため，本問は正しいということになります。このように，具体的な事案の論点化のみ，国家賠償法の判例は気をつけて学習するようにしてください。

到達度チェック ▶▶▶

2 国家賠償法関連の条文

解法の
鉄則
その2

① 1条で注意すべきこと
- ・責任を負うのは，「国又は公共団体」である
- ・国家「賠償」になっていることを確認
- ・公務員に「故意」又は「重過失」があれば，求償可
- ・民法と異なり，免責規定がない

② 2条で注意すべきこと
- ・1条と異なり，「無過失」責任である（不可抗力の場合は責任を負わない）
- ・他に損害の原因について責任がある者に，求償可

③ 3条で注意すべきこと
- ・「費用負担団体」，「管理団体」のいずれにも請求可
- ・内部的に求償可

④ 4条で注意すべきこと
- ・国家賠償法に規定がない限り，民法の不法行為法を前提に考える
- ・失火責任法の規定も適用される

⑤ 6条で注意すべきこと
- ・「外国人」が「被害者」
- ・相互に保証があるときのみ，適用

　ここ数年，国家賠償法の条文知識が細かく問われています。そのため，国家賠償法の判例のみならず，条文知識についても一通り押さえておくようにしておきましょう。ここでは，主に条文問題における出題ポイントを 解法の鉄則その2 に示したので，これを把握していきたいと思います。

設問4

❶▶ １条１項に基づく国家賠償請求については，国または公共団体が賠償の責に任ずるのであって，公務員が行政機関としての地位において賠償の責任を負うものではなく，また公務員個人もその責任を負うものではないから，行政機関を相手方とする訴えは不適法であり，公務員個人を相手方とする請求には理由がない。 (H 26 − 19 − ア)

　国家賠償法は，国または公共団体が責任を負うのですから，公務員個人が損害賠償を請求されるというわけではありません。したがって，本問は正しいです。

❷▶ 何人も，公務員の不法行為により，損害を受けたときは，法律の定めるところにより，国又は公共団体に，その補償を求めることができる。 (H 17 − 3 − 4)

　本問は，憲法の条文からの出題です。公務員の不法行為により，損害を受けた → 国家賠償の問題であると論点想起をして，補償ではなく賠償であると判断できるようになりましょう。したがって，本問は誤りです。

❸▶ A県内のB市立中学校に在籍する生徒Xは，A県が給与を負担する同校の教師Yによる監督が十分でなかったため，体育の授業中に負傷した。B市がXに対して国家賠償をした場合には，B市は，Yに故意が認められなければ，Yに求償することはできない。 (H 28 − 20 − 3)

　「求償」というキーワードに反応しましょう。「求償」は，故意または重過失がある場合にすることができます。本問は，故意が認められる場合に限定していることから，誤りであると判断できます。

❹▶ 国家賠償法第１条の賠償責任については，国又は公共団体は，公務員の選任及び監督に過失がなかったことを立証すれば，賠償責任を免れる。 (H 11 − 38 − 3)

　国家賠償法には，民法と異なり，免責規定がありません。したがって，本問は誤りです。１条関連は，このような設問が典型例になりますので，問題を読んだら，上記のことを真っ先に疑うようにしてください。

設問5

❶▶ 国家賠償法2条は，無過失責任を定めたものであるが，無過失責任と結果責任とは異なるので，不可抗力ないし損害の回避可能性のない場合については，損害賠償責任を負うものとは解されない。　　　　　（H23-19-2）

　国家賠償法2条は，無過失責任です。もっとも，不可抗力の場合にまでは責任を負わないと考えられています。したがって，本問は正しいです。故意・過失に関する知識は，1条の場合と混乱してしまうことが多いので注意してください。

❷▶ 公の営造物の設置又は管理に瑕疵があったため他人に損害が生じた場合，国又は公共団体は，他にその損害の原因について責めに任ずべき者がいないときに限り，賠償責任を負う。　　　　　　　　　　（H9-37-2改）

　この場合でも，国または公共団体は賠償責任を負います。もっとも，他に損害の原因について責任がある者がいれば，その者に求償することができます。本問は誤りです。
　本問は，賠償責任の話と求償の話をしっかりと分けて考えることができているかを問うものです。

設問6

　A県内のB市立中学校に在籍する生徒Xは，A県が給与を負担する同校の教師Yによる監督が十分でなかったため，体育の授業中に負傷した。Yの給与をA県が負担していても，Xは，A県に国家賠償を求めることはできず，B市に求めるべきこととなる。　　　　　　　　　　　　（H28-20-1）

　「給与をA県が負担」という部分がキーワードです。費用負担団体（A県）と管理団体（B市）が異なっている場合，いずれに対しても国家賠償を求めることができましたよね。したがって，本問は誤りです。

設問7

　国家賠償法4条に定める「民法の規定」には失火責任法も含まれるが，消防署職員の消火活動上の失火による国家賠償責任については，消防署職員が消火活動の専門家であることから，失火責任法の適用はない。　　（H24-20-1）

火を見たら失火責任法。これが鉄則です。国家賠償法においても，失火責任法は適用されるため，本問は誤りです。

設問8

❶▶ 外国人が被害者である場合，国家賠償法が，同法につき相互の保証があるときに限り適用されるとしているのは，公権力の行使に関する1条の責任についてのみであるから，2条の責任については，相互の保証がなくとも，被害者である外国人に対して国家賠償責任が生じる。 （H23-19-3）

外国人ときたら，すぐに相互保証主義を疑います。相互保証主義は，1条責任・2条責任を問わず，適用されます。したがって，本問は誤りです。

---

❷▶ A県内のB市立中学校に在籍する生徒Xは，A県が給与を負担する同校の教師Yによる監督が十分でなかったため，体育の授業中に負傷した。Xが外国籍である場合には，その国が当該国の国民に対して国家賠償を認めている場合にのみ，Xは，B市に国家賠償を求めることができる。

（H28-20-2）

本問はひっかけ問題です。「Xが外国籍」というキーワードから相互保証主義を思い出します。そして，相互保証主義とは，その国が「日本国民に対して」国家賠償を認めている場合に，日本でも当該外国民に対して国家賠償を認めようというものです。したがって，本問は誤りです。この問題では，知識をより丁寧に思い出すことが要求されています。

総合問題に 挑戦

問題 A県に居住するXは，折からの豪雨により増水した河川Bの水流が堤防を越えて自宅敷地内に流れ込み，自宅家屋が床上浸水の被害を受けたことから，国家賠償法に基づく損害賠償を請求することとした。なお，この水害は，河川Bの堤防の高さが十分でなかったことと，河川Bの上流に位置する多目的ダムCにおいて，A県職員のDが誤った放流操作（ダムに溜まっている水を河川に流すこと）を行ったことの二つが合わさって起きたものである。また，河川BとダムCはA県が河川管理者として管理しているが，その費用の2分の1は国が負担している。この事例に関する次の記述のうち，正しいものの組合せはどれか。

ア 本件では，公の営造物たる河川の設置管理の瑕疵が問題となっており，Xが国家賠償法2条に基づく損害賠償を請求することができる以上，Dの放流操作に違法・過失があるとして国家賠償法1条に基づき損害賠償を請求することはできない。

イ 本件では，公の営造物たる河川の設置管理の瑕疵とDの違法な放流操作が問題となっていることから，Xは国家賠償法2条に基づく損害賠償を請求することもできるし，国家賠償法1条に基づき損害賠償を請求することもできる。

ウ 本件では，河川Bの管理費用を国も負担しているが，管理権者はA県であることから，Xが国家賠償法2条に基づき損害賠償を請求する際には，A県を被告としなければならず，国を被告とすることはできない。

エ 本件では，河川Bの管理費用を国も負担していることから，管理権者がA県であるとしても，Xが国家賠償法2条に基づき損害賠償を請求する際には，A県を被告とすることも国を被告とすることもできる。

オ 本件で，原告の請求が認容され，A県が国家賠償法2条に基づき賠償金の全額を支払った場合には，他にその損害を賠償する責任を有する者がいれば，その者に対して求償することができる。

カ 本件で，原告の請求が認容され，A県が国家賠償法2条に基づき賠償金の全額を支払った場合には，河川管理者がA県である以上，他にその損害を賠償する責任を有する者がいるとしても，その者に対して求償することはできない。

1 ア・ウ・オ　**2** ア・ウ・カ　**3** ア・エ・カ
4 イ・エ・オ　**5** イ・エ・カ

(H 27－20)

ア　国家賠償法2条1項は「道路，河川その他の公の営造物の設置又は管理に瑕
✗　疵があつたために他人に損害を生じたときは，国又は公共団体は，これを賠償する責に任ずる。」と規定している。本件では，河川Bの堤防の高さが十分でなかったという公の営造物たる河川の設置管理の瑕疵があるから，Xは同条に基づく損害賠償を請求することができる。また，1条1項は「国又は公共団体の公権力の行使に当る公務員が，その職務を行うについて，故意又は過失によつて違法に他人に損害を加えたときは，国又は公共団体が，これを賠償する責に任ずる。」と規定している。本件では，A県職員Dの放流操作に違法・過失があるから，Xは同条に基づき損害賠償を請求することができる。同法においては，1条と2条の適用に関していずれかの条文が排他的に適用されるとする規定はなく，それぞれの条文が適用される場合があると解されているから，本件では，Xは2条に基づく損害賠償請求及び1条に基づく損害賠償請求をすることができる。

イ　本件では，Xは2条に基づく損害賠償を請求することができ，1条に基づく
○　損害賠償を請求することもできる（記述アの解説参照）。

ウ　3条1項は「前2条の規定によつて国又は公共団体が損害を賠償する責に任
✗　ずる場合において，公務員の選任若しくは監督又は公の営造物の設置若しくは管理に当る者と公務員の俸給，給与その他の費用又は公の営造物の設置若しくは管理の費用を負担する者とが異なるときは，費用を負担する者もまた，その損害を賠償する責に任ずる。」と規定している。本件では，河川BとダムCを管理しているA県のみならず，河川BとダムCの管理費用を負担

している国も損害を賠償する責任を負うから，Xが2条に基づき損害賠償を請求する際には，A県を被告とすることも国を被告とすることもできる。

エ　本件では，Xが2条に基づき損害賠償を請求する際には，A県を被告とする
○　ことも国を被告とすることもできる（記述ウの解説参照）。

オ　2条2項は，「前項の場合において，他に損害の原因について責に任ずべき
○　者があるときは，国又は公共団体は，これに対して求償権を有する。」と規定している。したがって，A県は，他にその損害を賠償する責任を有する者に対して求償することができる。

カ　本件では，賠償金の全額を支払ったA県は，他にその損害を賠償する責任を
✕　有する者に対して求償することができる（記述オの解説参照）。

以上により，正しいものの組合せはイ・エ・オであり，正解は **4** となる。

到達度チェック ▶▶▶

行政法

第 6 編

地方自治法

10. 地方自治法

⇒ 総合テキスト **Chapter 10 ～ 13**, 総合問題集 **Chapter 6・7・8** 問題 **62** ～ **65**・
Chapter 9 問題 **66 67 70**・10

> ・・・・・・・・・・・・・・・・ イントロダクション ・・・・・・・・・・・・・・・・
>
> 　地方自治法は範囲がとても広いため, 過去問の傾向をしっかりと捉えな
> がら, 効率よく学習していく必要があります。本章でも, 本試験頻出のテー
> マをピックアップしていきます。この中で, 各テーマにおける知識整理の仕
> 方を学んでいってください。
> 　地方自治法は暗記が大切といわれます。確かに, そのとおりなのですが,
> 「暗記の仕方」にこだわるようにしてください。

① 地方公共団体の種類

地方公共団体の種類

解法の鉄則

① 地方公共団体の種類を明確に思い出す

② 「指定都市」,「中核市」という用語を想起する

→ 上記の2つは, 人口要件によって区分されている
ことを想起する

→ 指定手続のキーワードは「政令」であったことを想起する

※ 中核市の指定手続は, 市議会の議決 → 都道府
県の同意 → 市からの申し出 → 総務大臣が政令
案を立案 → 政令によって指定というパターン認識

③ 事務配分について

都道府県 → 指定都市 → 中核市という順番をパター
ン認識

④ 行政区の設置義務の要否を想起する

→ あわせて, 特別区との比較を想起する

　地方自治法は, 一見すると何を問われているのかがわからないという設問が非
常に多いです。そのため, 問題を解く際にも, 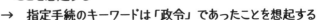 解法の鉄則 に従って知識そのも

のをあてはめていくイメージを持っておいてください。

　まず，地方公共団体の種類が問われたら，有無をいわずに次の表（10-1）を思い出すようにしてください。

● 10-1　地方公共団体の整理

普通地方公共団体	都道府県		市町村を包括する広域的な地方公共団体
普通地方公共団体	市町村		住民の日常生活に必要な公共役務を提供する基礎的な地方公共団体
特別地方公共団体	特別区		市町村と同様の性格を持ち，基礎的な地方公共団体と位置づけられ，原則として市に関する規定が適用される（283条） 　→　東京都23区のこと
特別地方公共団体	地方公共団体の組合	一部事務組合	複数の地方公共団体が，その事務の一部を共同して処理するために設けられるもの
特別地方公共団体	地方公共団体の組合	広域連合	広域計画を作成して必要な連絡調整や事務処理を行う組合
特別地方公共団体	財産区		市町村及び特別区の一部地区が保有していた財産又は公の施設について，その地区住民が排他的に利用すること等ができるようにするために，その地区に財産又は公の施設の権利主体としての地位を認めた特別地方公共団体

設問1

❶▶ 特別区は，かつては特別地方公共団体の一種とされていたが，地方自治法の改正により，現在は，市町村などと同様の普通地方公共団体とされており，その区長も，公選されている。　　　　　　　　　　　　（H30－22－1）

　特別区は，特別地方公共団体です。したがって，本問は誤りです。

❷▶ 地方公共団体の組合は，普通地方公共団体だけで構成されている場合は，普通地方公共団体として扱われる。　　　　　　　　　　　　　　（H16－17－ウ）

　組合は，特別地方公共団体です。したがって，本問は誤りです。表（10-1）を正確に思い出して，そのままあてはめていくことが重要ですね。

　次に，市についてもう少し深く見ていきます。市については，指定都市・中核

10　地方自治法　｜　351

市が頻出論点です。そのため，当該論点が問われた際には，次の表（10-2）を
思い出すようにしてください。

● 10-2　指定都市と中核市の比較

	指定都市	中核市
指定要件	人口50万人以上	人口20万人以上
指定手続	政令によって指定	① 総務大臣が，市からの指定を求める申出(市議会の議決，都道府県の同意が必要)を経て政令案を立案する ② その後，政令によって指定される
事務配分の特例	都道府県が処理する事務のうち， ① 民生行政 ② 保健衛生 ③ 都市計画 に関する事務等を処理する	指定都市が処理することができる事務のうち，政令で定めるものを処理できる
都道府県の関与	都道府県知事の許可等の処分や指示等を要しない	都道府県知事の指示等を要しない → 指定都市とは異なり，許可等に関する特例はない
行政区	設置義務がある	設置できない

設問2

❶▶ 指定都市の数が増加したことにともない，指定都市の中でも特に規模の
大きな都市については，特に中核市として指定し，より大きな権限を認めて
いる。　　　　　　　　　　　　　　　　　　　　　　　　　（H 22 − 22 − 3 改）

　まずは，全体構造をしっかりと把握していってください。指定都市と中核市で
は，指定都市のほうが大きい都市です。そのため，「指定都市の中でも特に規模
の大きな都市については」という部分がおかしいのではないかと思えますよね。
地方自治法は，細かい知識ではなく，このような大きな視点から問われることも
多いため，注意をしておいてください。

❷▶ 指定都市は，地方自治法において列挙された事務のうち，都道府県が法
律またはこれに基づく政令の定めるところにより処理することとされている

ものの全部または一部で政令で定めるものを処理することができる。

(H22-22-5)

　「事務」，「処理」という言葉から，事務処理の配分の特例について問われていることがわかります。そして，事務処理の配分の特例は，一定のものについて**都道府県が処理する事務 → 指定都市が処理**（地方自治法252条の19第1項），**指定都市が処理する事務 → 中核市が処理**（252条の22第1項）することができる場合のことでした。本問は**都道府県 → 指定都市**のパターンであるため，正しいと判断できます。この設問に少し変化を加えてみましょう。

❸▷ 中核市は，地方自治法において列挙された事務のうち，都道府県が**法律またはこれに基づく政令の定めるところにより処理することとされているもの**の全部または一部で政令で定めるものを処理することができる。

(H22-22-5改)

　中核市は，**指定都市**が処理することができる事務のうち，政令で定めるものを処理できるとされています。したがって，本問は誤りです。このような視点で問題を読めるようにしていくとよいですね。

❹▷ 中核市は，指定都市と同様，市長の権限に属する事務を分掌させるため，条例でその区域を分けて区を設けることができる。　　　(H22-22-1)

　「指定都市」に設ける「区」というところから，すぐさま**行政区**のことであると問題文を変換できるようにしたいところです。行政区は，指定都市では設置義務がありますが，中核市では設置することができません。したがって，本問は誤りです。この点は，次のようにも問われています。

❺▷ 指定都市が市長の権限に属する事務を分掌させるために条例で設ける区を，**特別区**という。　　　(H20-25-2)

　「指定都市」に設ける「区」ですから，これは行政区です。したがって，本問は誤りです。
　ここで行政区，特別区という話が出てきたので，最後に特別区と行政区の比較

をしておきましょう。この論点も頻出であるため，問われた際には，以下の表（10-3）の内容をしっかりと思い出して解答するようにしてください。

● 10-3　特別区と行政区の比較

	特別区	行政区
どこにあるか	都にある （道府県においても設置可能）	指定都市にある
地方公共団体か否か	地方公共団体である （特別地方公共団体）	地方公共団体ではない （単なる区域割）
機　能	市町村とほぼ同じ	市の行政事務処理の便宜を図るものにすぎない
議　会	直接選挙で選ばれた議員によって構成される	な　し
区　長	直接選挙で選ばれる	市長の任命による

設問3

❶▷ 特別区は，独立の法人格を有する地方公共団体である点においては，指定都市に置かれる区と相違はないが，議会や公選の区長を有すること，さらには条例制定権限を有する点で後者とは異なる。　　　　　（H 30 - 22 - 2）

「指定都市に置かれる区」といわれたら，すぐに行政区と頭の中で変換できるようにしておきましょう。行政区は，行政の事務処理上の便宜を図るものにすぎず，法人格を有するわけではありません。これに対して，特別区は法人格を有し，市町村と同じ機能を果たす地方公共団体です。

❷▷ 指定都市は，必要と認めるときは，条例で，区の議会を置くことができる。　　　　　（H 22 - 22 - 4）

❶の内容がヒントになります。指定都市に置かれる行政区には法人格がないのですから，議会を置くこともできません。

到達度チェック ▶▶▶

　ここでは，条文そのものの知識を問う問題を想定して，普段からどのように学習しておけばいいのかを整理しておきます。

　まず，条文は次のようになっていますよね。

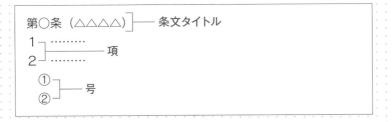

第○条　（△△△△）├── 条文タイトル
1 ………
2 ………├── 項
① ├── 号
②

　条文を読むときには，必ず，**条文のタイトル**に目を向けてください。いきなり本文を読んでしまう方が多いですが，それではせっかくの条文をアウトプットする機会を失ってしまいます。

　まずは，**条文のタイトル**を見て，その条文にはどんなことが書いてあったのかを想起していきましょう。このとき，すべてを想起するのは不可能ですから，次の「5W1H」を意識して思い出すようにしてみてください。つまり，Who（誰が），When（いつ），Where（どこで），What（何を），Why（なぜ），How（どうやって）です。

　これをヒントに，なるべく内容を再現していきましょう。日頃からこのように条文をしっかりと思い出そうと努力しておけば，架空の条文にもだまされなくなるはずです。最初は大変だと思いますが，慣れるまでとにかく訓練です。行政手続法と憲法の条文知識だけでも，確実に4問は出題されるわけですから，この学習は欠かせません。

② 住 民 の 権 利

1 直接請求

解法の鉄則その1

① **請求権者の確認**
  → 選挙権を有する住民であるか否か
  → 連署の要件が満たされているか
② **対象の確認**
  → 条例の制定・改廃請求の範囲に注意
③ **請求先が適切か確認**
④ **請求後の対応が合っているか確認**

　それでは，地方公共団体の住民の権利について検討していきましょう。まずは，直接請求についてです。ここは，検討すべき事項があらかじめ定まっているため，上の **解法の鉄則その1** を参照しながら，丁寧に確認していきましょう。

● 10-4　直接請求の整理

要　件	種　類	請求先	請求後の対応
有権者の50分の1以上の連署	条例の制定・改廃請求（74条）*1	長	長は20日以内に議会を招集し，付議*2。結果を代表者に通知し公表
	事務の監査請求（75条）*3	監査委員	監査後，結果を公表
有権者の3分の1以上の連署*4	議会の解散請求（76条〜79条）	選挙管理委員会	選挙人の投票 ↓ 過半数の同意 ↓ 解散・失職
	議員の解職請求（80条，82条〜84条）		
	長の解職請求（81条〜84条）		
	役員の解職請求（86条〜88条）*5	長	議会において3分の2以上の議員が出席し，4分の3以上の同意

＊1　地方税の賦課徴収，分担金・使用料・手数料の徴収に関する条例については，請求できない。

＊2　議会は，条例案を修正して議決することができる。

＊3　すべての事務が，請求の対象となる。

＊4　直接請求制度をより利用しやすくするため，2012（平成24）年の法改正により，有権者の3分の1以上という署名数要件は，算定の基礎となる有権者総数が40万から80万の部分については6分の1，80万を超える部分については8分の1とそれぞれ緩和されている。

＊5　対象となる役員には，副知事，副市町村長，指定都市の総合区長，選挙管理委員，監査委員，公安委員会の委員がある。

設問4

❶▶ 日本国民たる普通地方公共団体の住民は，地方自治法の定めにより，条例の制定又は改廃を請求する権利を有するが，日本国籍を有しない者であっても，そこに住所を有していれば，こうした権利を有する。（H25-24-2）

　まずは，請求権者を確認してください。直接請求の請求権者は，**選挙権を有する住民**（地方自治法74条1項）です。日本国籍を有しない者は，選挙権がありませんので，直接請求をすることはできないのです。したがって，本問は誤りです。

❷▶ 日本国民たる普通地方公共団体の住民は，地方自治法の定めにより，有権者の3分の1以上の連署をもって条例の制定又は改廃を請求する権利を有するが，日本国籍を有しない者は，そこに住所を有していたとしても，こうした権利を有しない。（H25-24-2改）

　❶を改題しました。後半は正しく改題されています。もっとも，条例の制定・改廃請求は有権者の**50分の1**以上の連署で足ります。したがって，本問は誤りです。まずは，❶，❷を通して，請求権者の確認の仕方を学んでおいてください。

　これが終わったら，次に請求の対象の確認です。ここでは，次の2つの論点をチェックしにいくと抜け漏れがなくなります。

設問5

❶▶ 選挙権を有する者は，一定の者の連署によって，条例の制定及び改廃の請求をすることができるが，その対象となる条例の内容については，明文の制約はない。（H26-23-2）

条例制定改廃請求権の対象から，「地方税の賦課徴収，分担金・使用料・手数

料の徴収に関する条例」は除かれています（74条１項かっこ書）。したがって，本問は誤りです。

❷▶ 事務監査請求の対象は，行政の違法または不当な財務会計上の行為に限られる。
(オリジナル)

事務監査請求の対象には，特に制限が設けられていません（75条１項参照）。したがって，本問は誤りです。この点は，住民監査請求の対象と混乱してしまうところですから，意識的に確認しておく必要があります。

請求対象を確認したら，次に，請求先が適切か否かを検討してください。請求先は，次の表（10-5）のように大きく３パターンに分かれます。

● 10-5　直接請求の請求先

条例の制定改廃請求，役員の解職請求	地方公共団体の長
事務の監査請求	監査委員
議会の解散請求，議員・長の解職請求	選挙管理委員会

10-5のような整理を前提に問題を検討していきます。

設問6

❶▶ 条例の制定改廃の請求は，普通地方公共団体の長に対して行われ，議会に対して付議される。
(H 19 – 22 – 4)

条例の制定改廃請求は，普通地方公共団体の長に対して行われます。したがって，本問は正しいです。

❷▶ 条例の制定改廃の請求は，議会に対して直接行われ，議決を経ることとなる。
(H 19 – 22 – 4改)

❶の解説のとおり，本問は誤りです。このように，請求内容と請求先が一致しているかどうかを確認することを忘れないようにしてください。

最後に，請求後の対応の仕方が合っているかを確認して終了です。

設問7

❶▶ 議会の解散請求は選挙管理委員会に対してなされ，これを受けた選挙管理委員会は意見を付して議会へ送付し，議会の過半数で可決されれば解散することとなる。 　　　　　　　　　　　　　　　　　　　（オリジナル）

　まず，議会の解散請求の請求先が「選挙管理委員会」で合っているかの確認をしっかりとするようにしてください。そのうえで，請求後の対応が合っているかどうか確認です。議会の解散請求は，選挙人の投票に付され（76条3項），この投票で過半数の同意があれば，議会は解散します（78条）。議会の過半数で可決するわけではありません。したがって，本問は誤りです。

❷▶ 首長等の解職を求める直接請求は，あくまでも解職請求権の行使を議会に求めるものであり，直接請求が成立した場合においても，首長を解職するか否かの最終判断は議会が行う。 　　　　　　　　　　　（H18−23−4）

　❶の解法が身についていれば，特段難しくない問題です。長の解職請求は，選挙管理委員会に対してなされます（81条1項）。ここはいいですよね。その後，解職請求に基づき行われる選挙人の投票において過半数の同意があったときは，その職を失うことになります（83条）。こちらも，請求後の対応は，**選挙人の投票に付す**のであり，議会が対応するわけではありません。したがって，本問は誤りです。

❸▶ 条例の制定改廃を求める直接請求が成立した場合，首長は住民投票を行って過半数の同意が得られれば，議会の同意を経ることなく条例を公布することができる。 　　　　　　　　　　　　　　　　　　　（H18−23−3）

　今度は，条例の制定改廃請求がなされた場合の対応ですね。当該直接請求は，長に対してなされ，長は意見を付して議会に付議することになります（74条3項）。住民投票が行われるわけではありません。
　以上，チェックポイントさえ把握してしまえば，直接請求の論点はしっかりと得点できるようになりますので，ぜひ参考にしてみてください。

到達度チェック ▶▶▶

② 事務の監査請求・住民監査請求・住民訴訟

解法の鉄則 その2

① **請求権者**
  - 住民であればよい
  - 選挙権は要件とされていない（事務の監査請求を除く）
  - 住民監査請求前置主義を疑っておく
② **請求先**
  - 監査委員もしくは裁判所
③ **対象行為**
  - 事務の監査請求は制限なし
  - 住民監査請求は，違法または不当な財務会計上の行為
  - 住民訴訟は，違法な財務会計上の行為（4類型）
④ **請求期限**
  - 事務の監査請求は期間制限なし
  - 住民監査請求・住民訴訟には期間制限あり

次に，事務の監査請求・住民監査請求・住民訴訟について検討していきます。こちらも，直接請求と同様に解答のポイントを確認していく要領で解いていくようにしてください。まずは，次ページの表（10-6）で知識を整理しておきましょう。

この表（10-6）を参考に，**設問8** を通して，着眼点を確認していきましょう。

設問8

❶▷ 住民監査請求をすることができる者は，当該地方公共団体の住民のみに限られているが，事務監査請求については，当該事務の執行に特別の利害関係を有する者であれば，当該地方公共団体の住民以外でもすることができることとされている。 (H 25−21−1)

解法の鉄則その1 でも学習したとおり，まずは請求権者の確認をしっかりと行いましょう。住民監査請求は，住民が請求することができ，事務の監査請求は，選挙権を有する住民が請求することができます。したがって，本問は誤りです。それでは，本問に変化を加えて，出題のポイントをつかんでみましょう。

● 10-6　事務の監査請求・住民監査請求・住民訴訟の比較

	事務の監査請求 （75条）	住民監査請求 （242条）	住民訴訟 （242条の2）
誰　が	選挙権を有する者の総数の50分の1以上の者の連署	住民各自	住民各自 （住民監査請求前置）
誰　に	監査委員	監査委員	（地方）裁判所
対象となる行為	違法・不当な事務 →　財務会計上の行為に限らない	違法・不当な財務会計上の行為	違法な財務会計上の行為 →　4類型に限定*
請求期限	な　し	違法又は不当な財務会計上の行為のあった日から1年を経過する前まで	監査の結果・勧告から30日以内 措置にかかる通知があってから30日以内

＊　住民訴訟の4類型とは次のものを指す。
①　差止めの請求
②　取消しまたは無効確認の請求
③　怠る事実の違法確認請求
④　当該職員または当該行為もしくは怠る事実にかかる相手方に損害賠償または不当利得返還の請求をすることを当該普通地方公共団体の執行機関または職員に対して求める請求

❷▶ 住民監査請求をすることができる者は，当該地方公共団体の選挙権を有する住民のみに限られており，事務監査請求についても，当該地方公共団体の選挙権を有する住民でなければすることができない。　（H25-21-1改）

　事務監査請求の請求権者は正しいです。もっとも，住民監査請求の請求権者は**住民**であればそれで足り，選挙権を有することまでは要求されていません。したがって，本問は誤りです。

❸▶ 自ら住民監査請求を行っていない住民であっても，当該普通地方公共団体の他の住民が住民監査請求を行っていれば，住民訴訟を提起することができる。　（H22-24-ア）

　住民訴訟を提起できるのは，**住民監査請求をした住民**です。これを住民監査請求前置主義といいます。したがって，本問は誤りです。この基本論点が様々な角度から問われてくるため，注意が必要です。それでは，応用問題を見てみましょう。

行政法 第6編 地方自治法

❹▶ 住民監査請求においては，監査の結果に不服のある請求者は，住民訴訟を提起することができることとされているが，事務監査請求においては，監査の結果に不服のある請求者は，監査結果の取消しの訴えを提起できることとされている。 (H25-21-5)

　前段は正しいです。しかし，住民訴訟を提起する資格がある者は，**住民監査請求をした住民**です。事務監査の監査結果の取消しの訴えを認める規定はありません。したがって，後段は誤りです。このように，基本知識を正確に認識しておき，そのままあてはめていくことで，解答を導き出すことを忘れないようにしてください。

　次に，請求先の確認をしていきます。

設問9

❶▶ 地方公共団体の長の行為についての住民監査請求は，長に対してすべきこととなるが，長は，監査委員の意見を聴いて，監査結果を通知すべきこととされている。 (H21-24-3)

　住民監査請求は，**監査委員**に対してします。したがって，本問は誤りです。

❷▶ 地方公共団体の事務の監査請求は，長に対してすべきこととなるが，長は，監査委員の意見を聴いて，監査結果を通知すべきこととされている。 (H21-24-3改)

　住民監査請求を，**事務の監査請求**に改題しました。こちらも，請求先は**監査委員**ですから，誤りです。問われる内容が変わっても，見るべきポイントは同じなのです。

❸▶ 住民訴訟は，当該普通地方公共団体の事務所の所在地を管轄する高等裁判所に提起することとされている。 (H22-24-エ)

　住民訴訟は，裁判所に提起するという点は正しいのですが，**地方裁判所**に提起すべきですから誤りです。なお，このような問題を出したのは，次のような高等裁判所に関する知識を必要とする問題があるからと考えられます。

❹▶ A市長は，自治事務に関する国の関与に不服があるときは，地方裁判所に対し，当該関与を行った国の行政庁を被告として，その取消しを求める抗告訴訟を提起することができる。 （H24-21-1）

国の関与に不服がある場合には，**高等裁判所**に対し，当該審査の申出の相手方となった国の行政庁を被告として，訴えをもって当該審査の申出にかかる違法な国の関与の取消または当該審査の申出にかかる国の不作為の違法の確認を求めることができます（地方自治法251条の5第1項，3項，行政事件訴訟法6条）。この知識と混同していると間違えてしまうため，問われるポイントを把握したうえで，しっかりと記憶するようにしてください。このポイントは，次の問題でも出題されています。

❺▶ 各大臣は，その所管する法律に係る都道府県知事の法定受託事務の執行が法令の規定に違反する場合，当該都道府県知事に対して，期限を定めて，当該違反を是正すべきことを勧告し，さらに，指示することができるが，当該都道府県知事が期限までに当該事項を行わないときは，地方裁判所に対し，訴えをもって，当該事項を行うべきことを命ずる旨の裁判を請求することができる。 （H28-23-オ）

本問も，❹と同様に，**高等裁判所**に提起することになるため（地方自治法245条の8第3項），誤りです。長い問題文であったとしても，知識をしっかりと使うことにより，素早く解答を出せるように訓練していきましょう。

今度は，請求の対象について検討していきます。こちらも，住民訴訟の論点を混ぜて，混乱させようとする出題が多いですから，きちんと整理をして問題に臨むようにしてください。まずは，基本の確認です。

設問10

❶▶ 住民監査請求の対象は，公金の支出などの地方公共団体の職員等の作為に限られ，公金の賦課徴収を怠るなどの不作為は，対象とならない。 （H21-24-2）

住民監査請求の対象は，**違法もしくは不当な財務会計上の行為または怠る事実**です。不作為も含まれますので，誤りです。

❷ ▶ 住民訴訟の対象には，違法な財務会計上の行為は含まれるが，その不当
性までも争うことはできない。 (オリジナル)

　住民訴訟の対象は，**違法な財務会計上の行為または怠る事実**です。したがっ
て，本問は正しいです。このように，まずは住民監査請求と住民訴訟の典型的な
知識を確認するようにしてください。さらに，次のような問題に惑わされないよ
うに注意が必要です。

❸ ▶ 住民監査請求によって請求できる内容は，当該行為の差止めなど，法定
された４類型に限定されている。 (H21−24−4)

　そのような規定はありません。法定された４類型に限定されるのは，住民訴訟
です。この内容と，他の概念をさらに混ぜた出題が過去にあります。

❹ ▶ 住民監査請求においては，その請求方式は，当該行為の一部または全部
の差止の請求などの４種類に限定されており，それ以外の請求方式は認めら
れていないが，事務監査請求については，このような請求方式の制限はない。
(H25−21−4)

　後段は，正しいです。もっとも，住民監査請求については，❸で説明したとお
り誤りです。このように，以前出題した知識と他の知識をドッキングさせて混乱
を誘うのは，本試験の常とう手段ですから，しっかりと知識整理をしておいてく
ださい。以上の点を解法として整理すると次の**10-7**のようになります。

● 10-7　請求対象の横断整理

事務の監査請求	・対象行為に制限は設けられていない
住民監査請求	・違法性のみならず，不当性の判断も対象である ・不作為も含まれる
住民訴訟	・違法性のみが対象である ・不作為も含まれる ・法定された４類型に限定される

　住民訴訟の４類型（表**10-6**＊参照）は，行政事件訴訟法の抗告訴訟の類型
と似ているため，覚えやすいとは思いますが，次のようなひっかけ問題だけ注意
を払うようにしておいてください。

❺▶ 住民訴訟において，住民は地方公共団体に代位して，損害を与えた職員等に直接損害賠償または不当利得返還請求をなすことができる。

(H 18 - 24 - 3)

　住民訴訟では，当該職員または相手方に，損害賠償または不当利得返還の請求をすることを，地方公共団体の執行機関または職員に対し求める請求ができるのであり，本問のように**代位して直接**請求することはできません。損害賠償請求や不当利得返還請求は，ひっかけ問題を作りやすいため，本問の知識は最後に検討するとよいでしょう。

　なお，近年登場してきたひっかけ方には注意を要します。

設問11

　都道府県の自治事務と法定受託事務は，いずれも事務の監査請求および住民監査請求の対象となることがある。　　　　　　　(H 30 - 24 - 5)

　事務の監査請求と住民監査請求の対象については，今まで学習してきたとおりです。本問のような自治事務と法定受託事務について，対象となるか否かということは全く学習したことがないはずです。

　最近，このように**考えたことがない視点**から問題が問われることがあるのです。このような場合，自分が学習してきたことのない視点の分け方だな，ということは，そんな分け方はしないんじゃないかな，と考えておくとよいでしょう。考えたことがない視点から出題されているということは，おそらくそういう視点で分けられていないからであると考えたほうが正解になることが多いです。したがって，本問は正しいということになります。

　最後に，請求期限の検討をして終了です。ここも，単純に**10-8**のように3パターンに知識を整理しておけばそれで十分です。

● 10-8　請求期限の横断整理

事務の監査請求	・期間制限なし
住民監査請求	・違法または不当な財務会計上の行為のあった日から1年を経過する前まで ※　ただし，正当な理由がある場合にはこの限りでない
住民訴訟	・監査の結果・勧告から30日以内 ・措置にかかる通知があってから30日以内

設問12

　住民監査請求については，対象となる行為があった日または終わった日から一定期間を経過したときは，正当な理由がある場合を除き，これをすることができないこととされているが，事務監査請求については，このような請求期間の制限はない。
(H25-21-2)

　事務監査請求には，請求期限がありません。この知識がポイントです。そして，住民監査請求についても表10-8に照らし，正しく記載されています。したがって，本問は正しいです。

③　議 会 と 長 の 関 係

① 付再議権

解法の鉄則その1	① 一般的か特別的か（任意的か義務的か）
	② 一般的な場合の再議の要件と効果は
	③ 特別的な場合の類型・再議の要件と効果は

　議会と長の関係は，本試験において頻出のテーマです。このテーマは，これから学習する①付再議権，②長の不信任議決，③専決処分が繰り返し問われるため，当該論点をしっかりと整理して本試験に臨むようにしてください（表10-9参照）。

　それでは，付再議権についてです。ここも似たような概念が多いですから，検討すべき事項をしっかりと確定し，問題をしっかりと検討できるようにしていきましょう。まず，着眼点を置くべきは，一般的な付再議か特別的な付再議かです。次の **設問13** を読んでみてください。

設問13

❶▶ 議会において法令により負担する経費を削除しまたは減額する議決をしたときは，その経費及びこれに伴う収入について，長は再議に付さなければならない。
(H24-23-5改)

　本問の場合，特別的な再議ですから，長は再議に付す必要があります（地方自

● 10-9　付再議権の整理

	項　目	付再議の要否	再議の要件	再議において同じ議決がなされた場合の効果
一般的	①　議会の議決事件	任意	出席議員の過半数*	再議決が確定する
特別的	②　違法な議決・選挙	義務	出席議員の過半数	知事・総務大臣への審査申立て
	③　法令負担経費・義務に属する経費等の削除・減額			長は，減額された経費を予算に計上して支出できる
	④　非常災害復旧費等の削除・減額			長の不信任議決とみなすことができる

＊　条例の制定，改廃及び予算の議決については，出席議員の3分の2以上

治法177条1項1号）。したがって，本問は正しいです。それでは，本問に変化を加えて，ポイントを把握していきます。

> ❷▶ 議会において法令により負担する経費を削除しまたは減額する議決をしたときは，その経費及びこれに伴う収入について，長は再議に付すことができる。　　　　　　　　　　　　　　　　　　　　　　　　（H24-23-5改）

❶で説明したとおり，本問は特別的な再議です。この場合，再議に付さなければなりません。したがって，本問は誤りです。

設問14

> ❶▶ 議会においてある条例の改正に関する議決をしたときは，その条例の改正について，長は再議に付すことができる。　　　　　　　　（H24-23-5改）

　今度は，議決された内容に変化を加えました。条例の改正は議会の一般的な議決事項です。これは，一般的な付再議です。この場合，長が再議に付すかどうかは任意的でしたよね。したがって，本問は正しいです。

> ❷▶ 議会において非常災害復旧費の減額する議決をしたときは，その減額について，長は再議に付さなければならない。　　　　　　　　（H24-23-5改）

行政法

第6編　地方自治法

このように，任意的か義務的かを問う問題について，まずはきちんと判定できるようになりましょう。本問は特別的な付再議権のパターンですから（177条1項2号），正しいですね。

今度は，違う知識とドッキングさせて惑わすパターンに慣れていきましょう。

> ❸▶ 議会の議決が法令に違反すると認められるときは，長は専決処分により，議決を適法なものとするための是正措置をとることができる。
>
> （H 24 - 23 - 4）

一見すると，正しいとも思えます。しかし，本問のように「議会の議決が法令に違反すると認められるとき」は，長は**再議に付す**べきであり，専決処分をするわけではありません（176条4項）。したがって，本問は誤りです。本問の難しさは，専決処分という典型的な知識と付再議権をあわせて出題することで，なんとなく正しいと思わされてしまう点にあります。行政法はこのような出題が多いですから，**場面と適用される制度**の把握と整理をしっかりとすることが重要です。次の問題も読んでみてください。

> ❹▶ 議会の議決がその権限を超え，または法令もしくは会議規則に違反すると認めるとき，長は，高等裁判所に当該議決の取消しを求めて出訴しなければならない。 （H 19 - 23 - 2）

本問もなんとなく聞いたことがあるような内容を後段に載せています。しかし，本問の場面は，**再議に付す**場面でありますから，高等裁判所に議決の取消しを求めて出訴するわけではありません。したがって，本問は誤りです。どこかで聞いたことがある知識と混ぜることで，混乱を誘う問題には確実に対処できるようになってください。

> ❺▶ 議会の議決がその権限を超え，または法令もしくは会議規則に違反すると認めるとき，長は，再議に付さなければならない。 （H 19 - 23 - 2改）

❹は，本来❺のような問題であったはずです。本問は正しいですよね。❹の場合，これが違う知識とドッキングされ，ややこしくされてしまっているわけです。出題のパターンをしっかりと知ることで，ひっかけ問題には流されなくなります。ほかに考えられる出題は次のようなものです。

議会において法令により負担する経費を削除しまたは減額する議決をし，その経費及びこれに伴う収入について，長が再議に付したとき，なお議会が同様の議決をした場合は，長は，自己への不信任議決とみなすことができる。

（H 24 － 23 － 5 改）

今度は，再議に付した後の対応が問われています。ここは，次の表（10-10）のように4パターンに整理しておきましょう。

● 10-10　再議において同じ議決がなされた場合の効果

	項　目	再議において同じ議決がなされた場合の効果
一般的	① 議会の議決事件	再議決が確定する
特別的	② 違法な議決・選挙	知事・総務大臣への審査申立て
	③ 法令負担経費・義務に属する経費等の削除・減額	長は，減額された経費を予算に計上して支出できる
	④ 非常災害復旧費等の削除・減額	長の不信任議決とみなすことができる

表10-10からわかるように，本問は誤りです。再議において同じ議決がなされた場合の効果はまだあまり出題実績がないところですから，しっかりと整理をしておいてください。

到達度チェック ▶▶▶

2 長の不信任議決

解法の鉄則その2
① 基本的には憲法の規定と同様
② 2回の不信任議決があるという点が特徴的

次に，長の不信任議決の流れを追いかけていきましょう。ここは，基本的に憲法で学習する内容と変わりがありません。例えば，次の 設問16 を読んでみてください。

設問16

❶▶ 議会において地方公共団体の長に対する不信任議決が行われたときは，地方公共団体の長は，内閣同様，10日以内に解散権を行使しない限り，その職を失う。　　　　　　　　　　　　　　　　　（H13-18-1）

❷▶ 地方公共団体の長は，議会の不信任議決を受けて解散権を行使することができるが，内閣と異なり，信任決議案の否決の場合の解散ということはない。　　　　　　　　　　　　　　　　　　　　　　　　（H13-18-2）

　本問はいずれも正しいです。❶は，憲法と同様の取扱いです（憲法69条，地方自治法178条1項，2項）。

　出題のポイントは，憲法の取扱いとの比較にあります。それでは，地方自治法上の不信任議決の流れについて整理していきましょう。

● 10-11　不信任議決の流れ

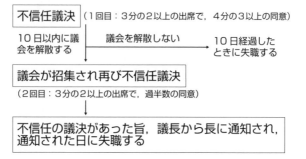

　これを前提に問題を読んでいきます。

設問17

　地方公共団体の長は，解散権行使に基づく議会議員の選挙の後，議会が招集されたときは，内閣同様，直ちに辞職しなければならない。　（H13-18-3）

　地方公共団体の長は，直ちに職を失うわけではなく，議会において再び不信任の議決があった場合に職を失います（地方自治法178条2項）。また，内閣は，総選挙後，初めて国会の召集があったときに総辞職します（憲法70条）。したがって，本問は誤りです。

③ 専決処分

解法の
鉄則
その3
① 専決処分ができる場合とは
② 専決処分の手続とは

❸の最後として、専決処分に関する論点を整理していきましょう。

専決処分については、上の **解法の鉄則その3** にあるように、①できる場合、②手続、が繰り返し問われていますので、ここをしっかり把握しておけば十分です。それでは、問題を通して確認していきましょう。まずは、前提の確認をしっかりしておいてください。

設問18

❶▶ 執行機関としての長、委員会及び委員は、一定の場合、議会において議決すべき事件について専決処分を行うことができる。　　（H 23 − 22 − 5）

専決処分は<u>長</u>がなすものです。委員会及び委員ができるとする規定はありません。こういうところにひっかからないように注意をしましょう。

❷▶ 地方公共団体の長は、内閣と異なり、議会において議決すべき事件を議決しないときは、その議決すべき事件につき決定することができる専決処分権を持つ。　　（H 13 − 18 − 5）

そのとおりです。憲法との違いを把握するようにしておいてください。

設問19

❶▶ 議会の権限に属する軽易な事項で、その議決により特に指定したものは、長において専決処分にすることができる。　　（H 24 − 23 − 1）

本問は、専決処分ができる場合について問われています。この点は、次ページの表（10-12）のようにまとめておき、しっかりと記憶をするようにしましょう。

本問は、議会の委任による専決処分のパターンです。したがって、本問は正しいと判断できます。

● 10-12　専決処分ができる場合

長の専決処分	①　議会が成立しないとき ②　会議を開くことができないとき ③　議会の議決すべき事件について特に緊急を要するため議会を招集する時間的余裕がないことが明らかであると認めるとき ④　議会が議決すべき事件を議決しないとき 　→　副知事，副市町村長及び指定都市の総合区長の選任は対象から除外されている(179条1項ただし書)
議会の委任による専決処分	議会の権限に属する軽易な事項で，その議決により特に指定したものは，普通地方公共団体の長において，これを専決処分とすることができる(180条1項)

❷▶ 議会の議決すべき事件について特に緊急を要するため議会を招集する時間的余裕がないことが明らかであると認めるときは，長において専決処分にすることができる。　　　　　　　　　　　　　　　　　　　　　　（H 24 – 23 – 1 改）

　本問も，専決処分をすることができる場面です。したがって，正しいと判断できます。

❸▶ 議会の議決すべき事件について議会の議決を待っていると償うことのできない損害が発生するおそれがある場合には，長において専決処分にすることができる。　　　　　　　　　　　　　　　　　　　　　　（H 24 – 23 – 1 改）

　もっともらしい記述ですが，このような場面に専決処分をすることができるとする規定はありません。「償うことのできない損害」という文言は，行政事件訴訟法の仮の差止めや仮の義務付けから拝借してきた表現です。このように，似たような文言が使われている場合でも，きちんと判定することができるのが本物の実力です。

❹▶ 議会において非常災害復旧費を減額する議決をしたときは，その減額に関係なく，長は専決処分をすることができる。　　　　　　（H 24 – 23 – 5 改）

　本問は，付再議権の行使の場面です。専決処分の場面ではありません。既存の制度とあわせて誤りとする出題のパターンに，少しずつ慣れてきたでしょうか。この辺りの感覚がわかってくると，問題文のどこを中心に読んでいけばいいのか

が自然とわかってくるはずです。

設問20

❶▶ 議会の議決すべき事件について特に緊急を要するため議会を招集する時間的余裕がないことが明らかであると認めるときには，長において専決処分にすることができるが，長は，専決処分をした後，次の会議においてこれを議会に報告し，その承認を求めなければならない。　　　（H 24 - 23 - 1 改）

　問題を改題して，専決処分の手続まで問うものにしました。本問は，地方自治法179条1項，3項のとおりですから正しいです。この点については，次の問題と比較しておけば，解法としては十分です。

❷▶ 議会の権限に属する軽易な事項で，その議決により特に指定したものは，長において専決処分にすることができるが，長は，専決処分をした後，次の会議においてこれを議会に報告し，その承認を求めなければならない。
（H 24 - 23 - 1 改）

　議会の委任による専決処分の場合は，議会の承認までは必要でなく，これを議会に報告すれば足ります（180条2項）。したがって，本問は誤りです。

到達度チェック ▶▶▶

④ 地方公共団体の権能

❶ 自治事務と法定受託事務

解法の
鉄則
その1
> ① 自治事務と法定受託事務の定義を確認
> ② 自治事務と法定受託事務に関する国の関与の態様を確認
> ③ 自治事務も法定受託事務も,「地方公共団体の事務」であるという視点から考える

　地方公共団体の権能について，まずは**地方公共団体の事務**というテーマを検討していきましょう。このテーマは複雑な条文知識が問われてしまう可能性もあるため，解法をしっかりと使いこなし，着眼点を固めるようにしましょう。まずは，定義そのものが合っているかを確認していきます。

設問21

❶▶ 地方自治法に定める「自治事務」とは，地方公共団体が処理する事務のうち，法定受託事務以外のものをいう。　　　　　　　　　　（H 21 - 21 - 1）

　そのとおりです（地方自治法2条8項）。この知識を使いこなすと，次のような長文問題にも対応できます。

❷▶ 自治事務とは，自らの条例またはこれに基づく規則により都道府県，市町村または特別区が処理することとした事務であり，都道府県，市町村および特別区は，当該条例または規則に違反してその事務を処理してはならない。
　　　　　　　　　　　　　　　　　　　　　　　　　　　　　　（H 28 - 23 - ア）

　自治事務は，法定受託事務以外のものです。本問のような限定はありません。したがって，本問は誤りです。

❸▶ 自治体の処理する事務のうち，自治事務に関しては法律で内容的な定めを設けることはできず，このような定めは法定受託事務に限定される。
　　　　　　　　　　　　　　　　　　　　　　　　　　　　　　（H 19 - 21 - 1）

自治事務は，様々な性質を有する事務の総称であり，法律において内容的な定めまで設けられているものも含まれます。このように，自治事務の定義から問題を読んでいくという視点を忘れないようにしてください。

● 10-13　自治事務と法定受託事務の比較

	自治事務	法定受託事務
意　義	地方公共団体が処理する事務のうち，法定受託事務以外のもの*1	国等が本来果たすべき役割にかかるものであって，国等においてその適正な処理を特に確保する必要があるものとして，法律，または政令により，特に地方公共団体にその処理が委託される事務*2
具体例	都市計画の決定，飲食店営業の許可，病院・薬局の開設許可等	国政選挙，旅券の交付，国道の管理，戸籍事務等
議会の関与	①両事務に関する書類及び計算書を検閲できる ②監査委員に対して両事務に関する監査を求め，その結果の報告を請求できる ③当該地方公共団体の公益に関する事件につき意見書を国会，または関係行政庁に提出することができる	
議決事項の追加*3	条例で広く議決事項を追加できる	国の安全に関することその他の事由により議会の議決すべきものとすることが適当でないものとして政令で定めるものを除き，条例で議決事項を追加できる
条例制定権	あ　り	
国等に対する行政不服審査	原則として，行政不服審査法に基づく審査請求はできない	原則として，行政不服審査法に基づく審査請求ができる

＊1　国は，普通地方公共団体が自治事務として処理している事務と同一内容の事務であっても，法令の定めるところにより国の事務として直轄的に処理することができる。なお，この場合には，原則として当該普通地方公共団体に対し通知をしなければならない。

＊2　法定受託事務のうち，国から地方公共団体に委託される事務を第1号法定受託事務，都道府県から市町村に委託される事務を第2号法定受託事務という。なお，主務大臣は，法定受託事務の処理をするにあたり，よるべき基準を定めることができる。

＊3　議会の議決事項は，原則として地方自治法96条1項の列挙事由に限られる。

次に，地方公共団体の事務に関する国の関与の態様を確認していきます。まずは，一般論からいきましょう。

設問22

❶▶ 都道府県による法定受託事務の執行については，国の大臣は，一般的な指揮監督の権限を有するが，自治事務については，法定された関与のみが認められる。 (H18-21-4)

法定受託事務（2条9項）も地方公共団体の事務であることから，国は，法定受託事務について一般的・包括的な指揮監督権を有しません。国は，法律やこれに基づく政令の規定を根拠にしている場合に限って，関与等を行うことができます（245条の2参照）。したがって，本問は誤りです。まずは，この一般原則をしっかりと確認してください。そのうえで，次の問題を読んでいきましょう。

❷▶ 都道府県による法定受託事務の執行については，国の大臣による代執行の手続があるが，自治事務の執行については，こうした手続はない。 (H18-21-5)

本問では，法定受託事務と自治事務について，国の関与の態様が具体的に問われています。この点については，**10-14**のようにまとめておくとよいでしょう。

● 10-14　国の関与の態様の整理

	自治事務	法定受託事務
国の関与の態様	① 助言または勧告 ② 資料の提出の要求 ③ 協 議 ④ 是正の要求*	① 助言または勧告 ② 資料の提出の要求 ③ 協 議 ④ 同 意 ⑤ 許可・認可・承認 ⑥ 指 示 ⑦ 代執行

* 第2号法定受託事務については，是正の要求をすることもできる。

代執行という関与の仕方は，法定受託事務において認められるものであり，自治事務には認められていないと考えられています。この関与の態様は，長文形式で出題されたこともありますが，冷静に対処するようにしてください。

❸▶ 各大臣は，その担任する事務に関し，都道府県の自治事務の処理が法令の規定に違反していると認めるとき，または著しく適正を欠き，かつ，明らかに公益を害していると認めるときは，当該都道府県に対し，当該自治事務の処理について違反の是正または改善のため必要な措置を講ずべきことを求めることができる。 (H 28 - 23 - ウ)

　問題文が長いですが，要は，自治事務の処理において，国の側から是正の要求をすることができるか否かが問われているわけです。したがって，本問は正しいと判断できます（245条の5第1項）。

❹▶ 各大臣は，その所管する法律またはこれに基づく政令に係る都道府県の法定受託事務の処理が法令の規定に違反していると認めるとき，または著しく適正を欠き，かつ，明らかに公益を害していると認めるときは，当該都道府県に対し，当該法定受託事務の処理について違反の是正または改善のため講ずべき措置に関し，必要な指示をすることができる。 (H 28 - 23 - エ)

　今度は，法定受託事務のケースです。法定受託事務においては，国の側から指示をすることが可能です（245条の7第1項）。したがって，本問は正しいと判断できます。
　自治事務と法定受託事務をしっかりと分けたうえで，知識整理をするようにしましょう。

到達度チェック ▶▶▶

2 条例の制定

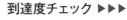
解法の鉄則 その2

① 罰則について疑いをかけること
　→ 条例・規則で規定できるものを疑っていく
② 上乗せ条例・横出し条例の思考過程を整理する

　🔎の最後に，条例について検討していきましょう。このテーマでも同じことが違う角度から何回も問われていますので，基本的な知識を身につけ，問題文に適用できるように訓練していきましょう。
　条例について，まず着眼点を置くべきは罰則に関する問題です。次の問題を読

んでみてください。

設問23

　A市においては，地域の生活環境の整備を図るために，繁華街での路上喫煙を禁止し，違反者には最高20万円の罰金もしくは最高5万円の過料のいずれかを科することを定めた条例を制定した。条例に懲役刑を科する旨の規定を置くことは許されていないことから，仮に本条例が違反者に対して懲役を科するものであれば，違法無効になる。 （H 25 - 22 - 4）

　本問では，条例において制定できる罰則の範囲が問われています。ここは重要なポイントなので，しっかりと記憶してください。条例では，2年以下の懲役もしくは禁錮，100万円以下の罰金，拘留，科料もしくは没収の刑または5万円以下の過料を科する旨の規定を設けることができます（14条3項）。懲役を科すことも可能ですから，本問は誤りです。このように，条例にはあらかじめ設けることができる罰則が地方自治法上規定されているのです。この理解から，次の問題が解けるようになるはずです。

設問24

　普通地方公共団体は，法令に特別の定めがあるものを除くほか，その条例中に，条例に違反した者に対し，刑罰を科す旨の規定を設けることができるが，法律の委任に基づかない条例を定める場合には，設けることができない。

（H 27 - 23 - 2）

　法律の委任に基づかない条例を定める場合においても，刑罰を科す旨の規定を設けることができると考えられています。明文上，単に「条例」とされており，委任の有無で分けられていないからです。 **設問23** ， **設問24** さえしっかりとやっておけば，後は同じことが繰り返し問われています。

設問25

❶▶ 普通地方公共団体は，法令に特別の定めがあるものを除くほか，その条例中に，条例に違反した者に対し，刑罰を科す旨の規定を設けることができるが，刑罰の種類は，罰金及び科料に限られ，懲役や禁錮は，設けることができない。 （H 27 - 23 - 3）

❷▶ 普通地方公共団体は，法令に特別の定めがあるものを除くほか，その条例中に，条例に違反した者に対し，刑罰を科す旨の規定を設けることができるが，過料を科す旨の規定は，設けることができない。　　（H 27－23－4）

　条例には，懲役・禁錮，過料を科すことも可能です。これだけ問われているわけですから，真っ先に疑いたい点の１つですよね。これと関連して，よく問われるのが，次（10-15）の知識です。

● 10-15　条例と規則の比較

	条　例	規　則
意　義	地方公共団体が定立する自主法	長が定立する自主法
制定権の範囲	① 　地方公共団体の事務に関する事項であること ② 　法令に違反しないこと ③ 　上乗せ規制，横出し規制も可能	
罰　則	① 　２年以下の懲役または禁錮 ② 　100万円以下の罰金 ③ 　拘留，科料 ④ 　没収 ⑤ 　５万円以下の過料	５万円以下の過料
科罰手続	刑事訴訟法（国のルール）に基づく	規則（地方のルール）に基づく
制定手続	① 　条例案の提出権は，議員と長の双方にある ② 　議決は，原則として多数決で決する ③ 　議決があったときは，その日から３日以内に議会の議長がこれを長に送付 ④ 　長は，送付を受けた場合は，その日から20日以内にこれを公布しなければならない* ⑤ 　原則として，公布の日から起算して10日を経過した日から施行	① 　議会の議決を経ずに，公布・施行 ② 　公布手続，施行期日などは，条例の場合と同様
両者の関係	原則：それぞれが独自の管轄領域を持ち，相互対等な関係にある 例外：競合領域では，条例が規則に優位する	

＊ 　ただし，再議その他の措置を講じた場合，長の公布を要しない。

　長の定める規則により科することができるのは，5万円以下の過料のみであり，罰金を科すことはできません（15条2項）。このように，条例と長の定める規則についての比較が典型的な問題です。この知識は次のように形を変えて問われています。

　5万円以下の過料を科すことはできますが，刑罰を科すことはできません。したがって，本問は正しいです。
　条例の最後として，法律と条例の関係性（条例の制定権の限界）について見ていきましょう。この点については，徳島市公安条例事件という有名な判例があります。まずは，この判旨を読んでみてください。

● 徳島市公安条例事件（最大判昭50.9.10）

　　地方自治法14条1項は，普通地方公共団体は法令に違反しない限りにおいて同法2条2項の事務に関し条例を制定することができる，と規定しているから，普通地方公共団体の制定する条例が国の法令に違反する場合には効力を有しないことは明らかであるが，条例が国の法令に違反するかどうかは，両者の対象事項と規定文言を対比するのみでなく，それぞれの趣旨，目的，内容及び効果を比較し，両者の間に矛盾抵触があるかどうかによってこれを決しなければならない。例えば，ある事項について国の法令中にこれを規律する明文の規定がない場合でも，当該法令全体からみて，右規定の欠如が特に当該事項についていかなる規制をも施すことなく放置すべきものとする趣旨であると解されるときは，これについて規律を設ける条例の規定は国の法令に違反することとなり得るし，逆に，特定事項についてこれを規律する国の法令と条例とが併存する場合でも，後者が前者とは別の目的に基づく規律を意図するものであり，その適用によって前者の規定の意図する目的と効果を何ら阻害することがないと

きや，両者が同一の目的に出たものであっても，国の法令が必ずしもその規定によって全国的に一律に同一内容の規制を施す趣旨でなく，それぞれの普通地方公共団体において，その地方の実情に応じて，別段の規制を施すことを容認する趣旨であると解されるときは，国の法令と条例との間にはなんらの矛盾抵触はなく，条例が国の法令に違反する問題は生じえないのである。

かなり難しい論点なので，具体的な問題を使っていきながら，考え方を整理していきましょう。まずは，前提の確認をしてください。

設問26

❶▶ 地方公共団体の制定する条例が法令に矛盾抵触した場合，当該条例は効力を生じない。
(オリジナル)

この問題と判例を照合させていきます。

地方自治法14条1項は，普通地方公共団体は法令に違反しない限りにおいて同法2条2項の事務に関し条例を制定することができる，と規定しているから，普通地方公共団体の制定する条例が国の法令に違反する場合には効力を有しないことは明らかであるが，条例が国の法令に違反するかどうかは，両者の対象事項と規定文言を対比するのみでなく，それぞれの趣旨，目的，内容及び効果を比較し，両者の間に矛盾抵触があるかどうかによってこれを決しなければならない。

これが前提です。条例が国の法令に違反する（矛盾抵触する）場合には，効力を有しないことが明らかであるとされています。したがって，本問は正しいと判断することができます。

さて，判例では，条例が国の法令と矛盾抵触するか否かを，それぞれの趣旨，目的，内容及び効果を比較し，両者の間に矛盾抵触があるかどうかによってこれを決しなければならないとしています。ここの理解が本試験では問われるのです。それでは，場合分けをしながらしっかりと理解していきましょう。

❷▶ 条例によって地方公共の安寧と秩序を維持する規制を行うことは許されるが，国の法令による規制とその目的が同一であったり，部分的に共通するような規制を行うことは許されない。
(H18−22−5)

まずは，国の法令と同様の規定が条例にも存在する場合です。この点に関し，判例と照合してみましょう。

> 特定事項についてこれを規律する国の法令と条例とが併存する場合でも，後者が前者とは別の目的に基づく規律を意図するものであり，その適用によって前者の規定の意図する目的と効果を何ら阻害することがないときや，両者が同一の目的に出たものであっても，国の法令が必ずしもその規定によって全国的に一律に同一内容の規制を施す趣旨でなく，それぞれの普通地方公共団体において，その地方の実情に応じて，別段の規制を施すことを容認する趣旨であると解されるときは，国の法令と条例との間にはなんらの矛盾抵触はなく，条例が国の法令に違反する問題は生じえないのである。

この判旨は，次の**10-16**のように分解することができます。

● **10-16　国の法令に条例と同様の明文規定がある場合**

同一の目的	国の法令が必ずしもその規定によって全国的に一律に同一内容の規制を施す趣旨でなく，それぞれの普通地方公共団体において，その地方の実情に応じて，別段の規制を施すことを容認する趣旨であると解されるとき →　条例の制定は可
別の目的	条例の適用によって国の法令の規定の意図する目的と効果を何ら阻害することがないとき →　条例の制定は可

ここで問題❷に戻ります。本問は，「目的が同一」とありますから，上記のように，「地方の実情に応じて，別段の規制を施すことを容認する趣旨」であれば，条例の制定は可能であることになります。したがって，本問は誤りです。

> ❸ ➤ 条例によって地方公共の安寧と秩序を維持する規制を行うことは許されるが，国の法令による規制とその目的が異なった規制を行うことは許されない。
> （H18-22-5改）

「条例の適用によって国の法令の規定の意図する目的と効果を何ら阻害することがないとき」であれば，条例を制定し規制することもできます。したがって，本問は誤りです。

❹▶ 条例によって地方公共の安寧と秩序を維持する規制を行うことは許され，国の法令による規制とその目的が異なった規制を行うことも常に，許される。
(H18-22-5改)

国の法令の規定の意図する目的と効果を阻害するのであれば，条例を制定し規制することはできません。したがって，本問は誤りです。

❺▶ 条例によって地方公共の安寧と秩序を維持する規制を行うことは許されるが，国の法令による規制がない場合には，条例によって規制をすることは許されない。
(H18-22-5改)

今度は，国の法令の規定がない場合です。こちらも判旨を分解してみましょう。

---

① 国の法令全体から見て，当該規定の欠如が特に当該事項についていかなる規制をも施すことなく放置すべきものとする趣旨であると解されるとき
　→ 条例を制定することが違反となり得る（条例の制定は不可）
② 国の法令全体から見て，当該規定の欠如が特に当該事項についていかなる規制をも施すことなく放置すべきものとする趣旨であると解されないとき
　→ 条例を制定することが適法になり得る（条例の制定は可）

この理解からすると，国の法令による規制がなかった場合でも，法令全体から見て，当該規定の欠如が特に当該事項についていかなる規制をも施すことなく放置すべきものとする趣旨であると解されるときは，条例による規制が許されません。逆に，そのような趣旨であると考えられなければ，条例による規制は許され得ることになります。本問では，この2つの結論を分けることなく，一律に「許されない」としている点が誤りです。

❻▶ 条例によって地方公共の安寧と秩序を維持する規制を行うことは許され，国の法令による規制がない場合には，条例によって規制をすることも許される場合がある。
(H18-22-5改)

本問は，2つの可能性を考え，「許される場合がある」としています。したがって，本問は正しいです。

過去問題ではまだ厳しく問われていない論点ですが、判旨を繰り返し読んで習熟し、過去問及びその改題を参照して、100%の理解を目指してください。

補足問題

設問27

　A市は、同市内に市民会館を設置しているが、その運営は民間事業者である株式会社Bに委ねられており、利用者の申請に対する利用の許可なども、Bによってなされている。住民の福利を増進するためその利用に供するために設置される市民会館などを地方自治法は何と呼び、また、その設置などに関する事項は、特別の定めがなければ、どの機関によりどのような形式で決定されるか。さらに、同法によれば、その運営に当たるBのような団体は、何と呼ばれるか。40字程度で記述しなさい。　　　　　　　　　　　　　　　　　(H26-44)

　本問は、地方自治法244条1項かっこ書の「公の施設」に関する問題であり、条例を主たるテーマとするものではありませんが、法令の形式として「条例」と解答することが求められています。そして、地方自治法では本問のBのように、市から公の施設の管理を委ねられた法人等の団体を「指定管理者」と定義づけています。地方自治法の条文を読むときには、どの事項について、どの機関が、どのような形式で決定することになっているかを少し意識してみるとよいでしょう。それによって、上述の「国の法令と条例との関係」はもちろん、国と地方の関係や、地方公共団体の長と議会の関係といった、地方自治法の重要なポイントを押さえていくことができます。

総合問題に 挑戦

問題 普通地方公共団体の条例に関する次の記述のうち，法令に照らし，誤っているものはどれか。

1　地方公共団体は，住民がこぞって記念することが定着している日で，休日とすることについて広く国民の理解が得られるようなものは，条例で，当該地方公共団体独自の休日として定めることができる。

2　地方公共団体は，法律の委任に基づく条例の場合だけでなく，自主条例の場合においても，一定の範囲内で懲役を科する旨の規定を設けることができる。

3　地方公共団体は，それぞれの議会の議員の定数を条例で定めるが，議員の任期について条例で定めることはできない。

4　地方公共団体は，公の施設の設置目的を効果的に達成するため必要があると認めるときは，当該公の施設の管理を指定管理者に行わせる旨の条例を制定することができる。

5　地方公共団体は，その権限に属する事務を分掌させる必要があると認めるときは，条例で，その区域を分けて特別区を設けることができる。

(H 28-22)

1 地方自治法4条の2第3項前段は，「……当該地方公共団体において特別な
〇 歴史的，社会的意義を有し，住民がこぞつて記念することが定着している日
で，当該地方公共団体の休日とすることについて広く国民の理解を得られる
ようなものは，第1項の地方公共団体の休日として定めることができる。」
と規定している。

2 14条3項は，「普通地方公共団体は，法令に特別の定めがあるものを除くほ
〇 か，その条例中に，条例に違反した者に対し，2年以下の懲役若しくは禁
錮，100万円以下の罰金，拘留，科料若しくは没収の刑又は5万円以下の過
料を科する旨の規定を設けることができる。」と規定している。

3 90条1項は，「都道府県の議会の議員の定数は，条例で定める。」と規定
〇 し，91条1項は，「市町村の議会の議員の定数は，条例で定める。」と規定
し，93条1項は，「普通地方公共団体の議会の議員の任期は，4年とする。」
と規定している。

4 244条の2第3項は，「普通地方公共団体は，公の施設の設置の目的を効果
〇 的に達成するため必要があると認めるときは，条例の定めるところにより，
法人その他の団体であつて当該普通地方公共団体が指定するもの（……『指
定管理者』という。）に，当該公の施設の管理を行わせることができる。」と
規定している。

5 地方自治法において，地方公共団体がその権限に属する事務を分掌させる必
✕ 要があると認めるときに条例でその区域を分けて特別区を設けることができ
るとする規定はない。

以上により，誤っているものは肢5であり，正解は5となる。

到達度チェック ▶▶▶

記述式対策

記述式対策

┌───┐

・・・・・・・・・・・・・ イントロダクション ・・・・・・・・・・・・・

　記述式問題に対して，特有の対策が必要だろうと思っている受験生が多いですが，基本的に，記述式問題のためだけの学習は不要です。なぜならば，問題文をしっかりと読み，論点を抽出し，当該論点の内容を正確に思い出すという工程は，択一式の問題を解くときと何ら変わりがないからです。

　そのため，記述式問題に必要な知識や解法手順は，本書で学習してきた問題文のキーワードに適切に反応できるように，繰り返し訓練してみてください。

　もっとも，択一式は，与えられた問題に対して正誤を判定すればよいだけですが，記述式は，能動的に解答することが求められます。そのため，出題者の誘導に従い，適切な解答を書くように心掛けましょう。

　本章では，記述式の過去問題の中でも，今後の参考となるような出題や学習の方向性がわかる問題を中心に検討していきます。

└───┘

① 民　法

解法の鉄則その1

① 単純な知識問題は択一式対策と全く同様
② 問題文から見て不要な記述はしない
③ 問題文からヒントを見つける

　民法の記述式問題においても，（何の捻りもなく）知っていることをそのまま書かせる問題は出題されます。

　例えば，次のような問題を読んでみてください。

設問1

　次の【設問】を読み，【答え】の中の〔　　〕に適切な文章を40字程度で記述して，設問に関する解答を完成させなさい。

【設問】

　XはA所有の甲建物を購入したが未だ移転登記は行っていない。現在甲建物

にはAからこの建物を借り受けたYが居住しているが，A・Y間の賃貸借契約は既に解除されている。XはYに対して建物の明け渡しを求めることができるか。

【答え】

XはYに対して登記なくして自らが所有者であることを主張し，明け渡しを求めることができる。民法177条の規定によれば「不動産に関する物権の得喪及び変更は，不動産登記法その他の登記に関する法律の定めるところに従いその登記をしなければ，第三者に対抗することができない。」とあるところ，判例によれば，同規定中の〔　　　　　　〕をいうものと解されている。ところが本件事案では，Yについて，これに該当するとは認められないからである。

(H21-46)

本問では，民法177条の「第三者」の意義がそのまま問われています。日ごろから，暗記偏重ではなく，きちんと「第三者」の意義にあてはめて理解をするような学習をしていれば比較的容易に解答することができたはずです。

「第三者とは，当事者もしくは包括承継人以外で，かつ登記の欠缺を主張する正当な利益を有する者」（44字）と解答すればよいでしょう。

設問2

人の生命または身体を害しない不法行為による損害賠償請求権は，被害者またはその法定代理人が，いつの時点から何年間行使しないときに消滅するかについて，民法が規定する2つの場合を，40字程度で記述しなさい。

(H29-46改)

本問も，不法行為に基づく損害賠償請求の消滅時効の期間をそのまま問う問題です。このような問題が数年に1問程度出題されているため，ここは落とさないようにしましょう。このような問題に対しては，択一式の勉強をする際に，きちんと根拠を説明できるようにしていく学習が極めて有効です。

「損害及び加害者を知った時から3年間，又は不法行為の時から20年間，行使しないとき。」（41字）と解答すればよいでしょう（724条）。

なお，不法行為に基づく損害賠償請求の消滅時効期間については，民法の改正により例外規定が設けられました。すなわち，人の生命または身体を侵害した場合については，損害及び加害者を知った時から「5年間」と消滅時効の期間が伸びていることには注意を要します（724条の2）。

● 1-1　人の生命・身体を侵害した場合の消滅時効期間

	不法行為	債務不履行
原　則	主観的起算点から3年 客観的起算点から20年 （724条）	主観的起算点から5年 客観的起算点から10年 （166条1項）
生命・身体侵害 の場合	主観的起算点から5年 客観的起算点から20年 （167条，724条の2）	

　単純知識問題は，確実に点を稼ぎたいです。しかし，次の問題のように比較的細かい事項を問うものについては，受験生全体の出来が非常に悪くなりました。択一式の学習においてもほとんど触れないような知識について聞かれると，全体の出来はとても悪くなるということです。

設問3

　金銭債務の不履行については，履行不能や不完全履行の観念を入れる余地はなく履行遅滞のみが問題となると考えられているところ，民法は，「金銭の給付を目的とする債務の不履行については，その損害賠償の額は，債務者が遅滞の責任を負った最初の時点における法定利率によって定める。ただし，約定利率が法定利率を超えるときは，約定利率による。」と規定している（419条1項）。それでは，この点のほか，金銭債務の特則二つを，「金銭債務の不履行の損害賠償については，」に続けて，40字程度で記述しなさい。
　なお，「金銭債務の不履行の損害賠償については，」は，字数に算入しない。

（H 19 - 46改）

　問われていること自体は単純で，金銭債務にはどのような特徴があるか。その特則を書けというだけです。しかし，この知識はとても細かい部分であり，当時の受験生もほとんど学習をしていないところでした。
　解答としては，「（金銭債務の不履行の損害賠償については，）債権者は，損害の証明をする必要がなく，債務者は，不可抗力をもって抗弁とすることができない。」（45字）となるのですが，ここまで完璧に答案を書くことは困難でしょう。

設問4

　権原の性質上，占有者に所有の意思のない他主占有が，自主占有に変わる場合として2つの場合がある。民法の規定によると，ひとつは，他主占有者が自

己に占有させた者に対して所有の意思があることを表示した場合である。もう
ひとつはどのような場合か，40字程度で記述しなさい。　　　　　（H 27 – 45）

　本問も問われていること自体は，単純です。他主占有が自主占有へと移行する
場合を答えてくださいというものですね。一般的な受験生が，他主占有・自主占
有の区別を意識して勉強はしています。例えば，時効取得において，他主占有で
は所有権を取得することができないとか，占有者の費用償還請求や損害賠償義務
に違いが生じたりなどです。こういう部分は比較的よく勉強しているのですが，
それでは他主占有が自主占有へと移行する場合を挙げてくださいと問われると，
ほとんどの受験生が手出しできないはずです。実際，解答速報段階において，こ
の問題に対して解答することができたのは，わずか10%前後しかいませんでし
た。90%近くの受験生は，白紙もしくは全く違う解答を書いてしまっていたの
です。

　解答としては，「他主占有者が新たな権原によりさらに所有の意思をもって占
有を始める場合」（34字）とすればよいのですが，ほとんどの方が書けていま
せんでした。

　なお，2007（平成19）年度及び2015（平成27）年度は，いずれも択一式
のみの平均点がとても高かった年です。つまり，択一式の難易度が比較的低く，
そこで点数を稼ぐことが容易であった年であるということです。

　したがって，もし本試験においてかなり細かい知識を問うような出題がされた
場合，そこで粘るのではなく，これは，択一式でも学習の範疇外のところだ。こ
こで無理はしないほうが良い。どうせみんなできないんだから，適当に書いて次
にいってしまえ。勝負は択一式になりそうだ，と割り切ってしまうことも重要に
なります。

　次に，問題文の誘導にしっかりと乗るという点について考えていきましょう。
問題文の誘導や指示には解答のヒントが散りばめられていますから，これを常に
念頭に置いて解答をするようにしてください。

設問5

　画家Aは，BからAの絵画（以下「本件絵画」といい，評価額は500万円～
600万円であるとする。）を購入したい旨の申込みがあったため，500万円で売
却することにした。ところが，A・B間で同売買契約（本問では，「本件契約」
とする。）を締結したときに，Bは，成年被後見人であったことが判明したため

（成年後見人はCであり，その状況は現在も変わらない。），Aは，本件契約が維持されるか否かについて懸念していたところ，Dから本件絵画を気に入っているため600万円ですぐにでも購入したい旨の申込みがあった。Aは，本件契約が維持されない場合には，本件絵画をDに売却したいと思っている。Aが本件絵画をDに売却する前提として，<u>Aは，誰に対し，1か月以上の期間を定めてどのような催告をし，その期間内にどのような結果を得る必要があるか。</u>なお，AおよびDは，制限行為能力者ではない。

「Aは，」に続け，下線部分につき40字程度で記述しなさい。記述に当たっては，「本件契約」を入れることとし，他方，「1か月以上の期間を定めて」および「その期間内に」の記述は省略すること。　　　　　　　　　　　　　　　(H30-45)

　本問のテーマは，問題文からすると「制限行為能力者と取引をした相手方の催告」ということになるでしょう。

　このテーマ自体は，択一式の過去問においても出題例があるため，しっかりと知識を整理されていたことでしょう。

● 1-2　制限行為能力者と取引をした相手方の催告

催告の相手方	確答がない場合の効果
行為能力者となった者，法定代理人，保佐人，同意権を有する補助人	原則として，追認したものとみなされる(20条1項，2項)
被保佐人，同意権付与の審判を受けた被補助人	取り消したものとみなされる(20条4項)
未成年者，成年被後見人	催告は無効

　もっとも，本問は，上記の知識をそのままあてはめてもうまく解答することができません。少し考えてみましょう。

　まず，Aが本件絵画をDに売却するためには，本件契約が取り消されたことになる必要があります。本件契約が有効なままだとすると，AはBのものを勝手に売却してしまうことになり，本件絵画の所有権を移転することができず，場合によっては債務不履行責任を追及される可能性があるからです。

　そこで，Aは，BまたはCに対して，本件契約を追認するかどうかの催告をするわけですね。ここまでは，上記の知識を知っていればすぐに納得できる話です。

　それでは，上記の知識に則して検討してみましょう。

まず，Aは，Bに対して催告をするという選択をしてはいけません。成年被後見人であるBに催告をしても，無効だからです。

　したがって，Aは，Cに対して催告をすべきであるということになります。そして，Cから何も反応がなければ，本件契約は追認されたものとみなされる。そうです。ここです。単純に上記の知識をあてはめると，「あれ？　Cに対して催告をして，確答がなければ，本件契約は追認したものとみなされるよな。追認したものとみなされると，Aは，Dに売却することができなくなるぞ。おかしいな。」というように，よくわからない疑問が出てしまいます。

　ここで，問題文の誘導に丁寧に乗ることが重要です。問題文では，「Aは，……その期間内にどのような結果を得る必要があるか」とされています。そうです。「どのような結果を得る必要」があるのかと問われているのですから，少なくとも，「Cから確答がなかった」という結果は避けたいわけです。とすれば，Aは，「Cから本件契約を追認しない」という回答を得るしかないということになります。

　したがって，本問は，「（Aは，）Cに対し，本件契約を追認するかどうかを確答すべき旨の催告をし，追認しない旨の確答を得る。」（44字）と解答すべきです。本問は，択一式で学習した知識をそのままあてはめると，うまく解答を導くことができません。そのため，問題文をしっかりと読んで，その誘導に乗ることが求められます。

記述式対策

設問6

　Aは，Bに対し，Cの代理人であると偽り，Bとの間でCを売主とする売買契約（以下，「本件契約」という。）を締結した。ところが，CはAの存在を知らなかったが，このたびBがA・B間で締結された本件契約に基づいてCに対して履行を求めてきたので，Cは，Bからその経緯を聞き，はじめてAの存在を知るに至った。他方，Bは，本件契約の締結時に，AをCの代理人であると信じ，また，そのように信じたことについて過失はなかった。Bは，本件契約を取り消さずに，本件契約に基づいて，Aに対して何らかの請求をしようと考えている。このような状況で，AがCの代理人であることを証明することができないときに，Bは，Aに対して，<u>どのような要件の下で（どのようなことがなかったときにおいて），どのような請求をすることができるか</u>。「Bは，Aに対して，」に続けて，下線部について，40字程度で記述しなさい（「Bは，Aに対して，」は，40字程度の字数には入らない）。

（H 25 - 45）

本問についても，問題文の誘導に従って考えていかないと適切な解答を導くことができません。

　まず，ＡはＣから何ら代理権限も与えられていないにもかかわらず，Ｃの代理人としてＢと取引行為をしています。この行為は無権代理行為であり，原則として，Ｃに契約の効果は帰属しません（113条1項）。

　この場合に，ＢがＡに対して取り得る手段は，①取消権を行使するか，②無権代理人への責任追及をするかのいずれかです。まず，ここで表見代理の検討をしてはいけません。表見代理は，ＢがＣに対して請求するものです。本問は，「Ａに対して」請求する内容を問われているため，表見代理の検討は不適当だということです。このように，問題文の指示にしっかりと従うようにすることが重要です。

　また，本事例では，Ｂは，「本件契約を取り消さずに，本件契約に基づいて，Ａに対して何らかの請求をしようと考えている」とされているため，取消権の行使も記述すべきでないということになります。このような指示も見落とさないようにしっかりと問題文を読むようにしましょう。

　問題文の指示に従う限り，本問は，無権代理人への責任追及を記述すべきことが要求されているようです。そこで，当該責任追及の要件を検討してみましょう。

---

① 代理人が代理権の存在を証明することができないこと
② 本人が追認をなさないこと
③ 相手方が取消権を行使していないこと
④ 相手方が，原則として代理権のないことについて善意無過失であること
⑤ 無権代理人が行為能力の制限を受けていないこと

　これを要件として，**履行又は損害賠償**の請求をすることができるわけですね。

　さて，このまま要件をすべて記述しようとすると，明らかに40字の範囲を超えてしまいます。そこで，問題文の指示に従い，記述すべき内容を絞っていきます。

　本問では，要件①，③，④については，すでに問題文に言及されています。要件①は「ＡがＣの代理人であることを証明することができないとき」，要件③は「Ｂは，本件契約を取り消さずに，本件契約に基づいて，Ａに対して何らかの請求をしようと考えている」，要件④は「Ｂは，本件契約の締結時に，ＡをＣの代理人であると信じ，また，そのように信じたことについて過失はなかった」という点を確認しておきましょう。

そこで，本問では，要件②及び要件⑤を記述すべきだということになります。したがって，本問は，「（Bは，Aに対して，）Cの追認がなく，Aが行為能力の制限を受けていなければ，履行又は損害賠償を請求できる。」（42字）と解答すべきです。

設問7

作家Yに雇用されている秘書Aは，Y名義で5万円以下のYの日用品を購入する権限しか付与されていなかったが，Yに無断でXからYのために50万円相当の事務機器を購入した。しかし，Xは，Aに事務機器を購入する権限があるものと信じて取引をし，Yに代金の支払いを請求したところ，Yはその支払いを拒絶した。このようなYの支払い拒絶を不当と考えたXは，Yに対して，支払いの請求，およびそれに代わる請求について検討した。この場合において，Xは，どのような根拠に基づき，いかなる請求をすればよいか。「Xは，Yに対して，」に続けて，考えられる請求内容を二つ，40字程度で記述しなさい。

（H 23 - 46）

本問は，暗記を重視した学習をしていた受験生にはかなり難しい問題であるといえます。まず，問題文の「Y名義で5万円以下のYの日用品を購入する権限しか付与されていなかった」という部分や，「Yに無断でXからYのために50万円相当の事務機器を購入」という部分，さらに「Xは，Aに事務機器を購入する権限があるものと信じて取引」という部分から，（権限外の）表見代理の主張をすることが適切であることは，多くの受験生が判断できていました。これは典型的な例なので，思いつくことができた受験生が多かったようです。

しかし，本問では考えられる請求内容が「二つ」求められています。1つは表見代理だとして，もう1つが思い浮かばない。このような受験生が多かったはずです。

それでは，本問に対しては，どのように考えるべきだったのでしょうか。

この場合，民法全体の構造を頭に入れておく必要があります。

民法が人に対する権利として想定しているのは，**債権**です。そのため，債権の発生原因という根本的な部分から考えることで，本問のように「請求内容が思い浮かばない」という事態を避けることができるのです。

● 1-3 債権の発生原因

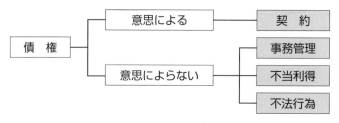

債権の発生原因は，大きく４つに大別されます。

この図（1-3）のように整理しておくとよいでしょう。

まず，本問では，契約上の問題として，表見代理の主張をすることが考えられます。これは，先ほどのとおりです。もっとも，これは典型的な表見代理の例だろうな，と捉えるのはあまり良い思考過程ではありません。これだと，その場しのぎの解答になってしまうことが多いからです。正しい思考過程は，本問はＹに対する請求を考えるのだから，債権の発生原因から丁寧に考えてみよう。まずは，意思による場合。これは契約に基づく請求だよな。本問では，Ｘ・Ｙ間には，Ａを代理人として契約関係がある。とすれば，契約上の問題点を指摘すればいいんだよな。あ，代理人の代理権の範囲を超えているから，表見代理の問題か。というように，順を追って考えられるようにしましょう。

それでは，今度は意思によらない場合を検討します。

まずは，事務管理です。事務管理とは，法律上の義務がないにもかかわらず，他人の事務を管理することをいいます。本問では，このような場面ではありませんから，除外します。

次に，不当利得です。不当利得は，法律上の原因がないにもかかわらず，他人が利得をしており，自己に損失が発生している場合に，その返還を請求することができるものです。本問では，少なくともＸ・Ｙ間には契約という法律上の原因がありますから，不当利得は少し違う気がしますよね。そのため，これも除外します。

すると，残るのが不法行為に基づく損害賠償請求です。これは，あり得る話です。しかも，秘書Ａは，作家Ｙに雇用されていますから，使用者責任を問うという点にも気づくことができるでしょうか。不法行為の章の解法の鉄則で学習したとおり，不法行為は，特殊不法行為から検討するのがポイントでしたよね。

以上より，「（Ｘは，Ｙに対して，）表見代理の成立を理由に代金支払請求か，使用者責任に基づき損害賠償を請求する。」（38字）と解答すべきことになります。

請求の根拠や内容を問われた場合には，大きな構造から考えていくことが非常に重要です。本問はそのような考え方を教えてくれる良問であるといえるでしょう。

❷ 行政法

解法の鉄則その2
① 行政法上の制度・名称・定義などを押さえる
② 問題文の事実を利用する
③ 各行為の効力を押さえる

行政法の記述式の問題に関しては，制度等の名称を書くことが求められる場合が多いので，名称をきっちり押さえるとともに，その要件・効力・手続などもあわせて押さえておきましょう。

設問8

Xは，Y県内に産業廃棄物処理施設の設置を計画し，「廃棄物の処理及び清掃に関する法律」に基づき，Y県知事に対して設置許可を申請した。しかし，Y県知事は，同法所定の要件を満たさないとして，申請に対し拒否処分をした。これを不服としたXは，施設の設置を可能とするため，これに対する訴訟の提起を検討している。Xは，誰を被告として，いかなる種類の訴訟を提起すべきか。40字程度で記述しなさい。 (H20-44)

本問では，①誰を被告として，②いかなる種類の訴訟を提起すべきかの記述が求められています。一見すると，難しいように思えますが，細かな訴訟要件が問われているわけではないので，択一式の知識で解くことができる問題です。

まず，②のいかなる訴訟を提起すべきかという点について考えてみましょう。ここは，第4編8章1節①の **設問2** (p.310) で検討しましたね。施設の設置を可能にしたいXとしては，単に拒否処分を取り消すだけでは足りません。そこで，設置許可の義務付け訴訟を提起すべきことになります（行政事件訴訟法3条6項2号，37条の3第1項2号）。この場合，すでになされている拒否処分に対しては，取消訴訟を提起しなければなりません（37条の3第3項2号）。

では，いかなる訴訟を提起すべきかがわかったところで，①の被告は誰にすべきかという点について考えてみましょう。おそらく，問題文中の登場人物から見て，Y県かY県知事だろうとの予測はつくと思います。そして，抗告訴訟では国

または公共団体が原則として被告となることもあわせて思い出してください（11条1項）。義務付けの訴えも，11条を準用していますので（38条1項），被告はY県となるわけです。

　以上より，「Y県を被告として，拒否処分の取消訴訟と設置許可の義務付け訴訟とを併合して提起する。」（41字）と記述すべきことになります。

設問9

　Xは，A県B市内において，農地を所有し，その土地において農業を営んできた。しかし，高齢のため農作業が困難となり，後継者もいないため，農地を太陽光発電施設として利用することを決めた。そのために必要な農地法4条1項所定のA県知事による農地転用許可を得るため，その経由機関とされているB市農業委員会の担当者と相談したところ，「B市内においては，太陽光発電のための農地転用は認められない。」として，申請用紙の交付を拒否された。そこで，Xは，インターネットから入手した申請用紙に必要事項を記入してA県知事宛ての農地転用許可の申請書を作成し，必要な添付書類とともにB市農業委員会に郵送した。ところが，これらの書類は，「この申請書は受理できません。」とするB市農業委員会の担当者名の通知を添えて返送されてきた。この場合，農地転用許可を得るため，Xは，いかなる被告に対し，どのような訴訟を提起すべきか。40字程度で記述しなさい。

（参照条文）
農地法
　（農地の転用の制限）
第4条　農地を農地以外のものにする者は，都道府県知事（中略）の許可を受けなければならない。(以下略)
2　前項の許可を受けようとする者は，農林水産省令で定めるところにより，農林水産省令で定める事項を記載した申請書を，農業委員会を経由して，都道府県知事等に提出しなければならない。
3　農業委員会は，前項の規定により申請書の提出があったときは，農林水産省令で定める期間内に，当該申請書に意見を付して，都道府県知事等に送付しなければならない。
　　　　　　　　　　　　　　　　　　　　　　　　　　　　　　（H 30 - 44）

設問8 とよく似た事案ですが，漫然と解答すると間違えてしまいます。

　Xは，A県B市内にある自己所有の農地について，農地転用許可を得るため，B市農業委員会を経由してA県知事に申請書を提出しようとしたところ，B市農業委員会は，農地転用許可の申請書を受け付けず，これをXに返送しています。

これを漫然と読むと，「あぁ，要は，ＸがＢ市農業委員会に農地転用許可の申請書を出したら拒否されたってことね。この場合，農地転用許可を得るためには義務付け訴訟を提起すればいい。それで，農地転用許可申請を拒否されたのだから，拒否処分の取消訴訟と併合させて提起すればいいんだよね。過去問にも似たようなのがあった気がするな。」というような思考過程に陥ってしまいます。

訴訟類型は，やはり丁寧に検討すべきです。適当に考えてはいけません。

まず，義務付け訴訟にはどのような類型が考えられるでしょうか。本問はそこから検討すべきです。

● 1-4　義務付け訴訟の類型

本問は，申請を前提とした訴訟ですから，申請型義務付け訴訟であることは問題ないですよね。ここから，拒否型なのか，それとも不作為型なのかを丁寧に検討するようにしましょう。その際，参照条文があれば必ず読むようにしましょう。参照条文は，決して適当に掲載されているわけではありません。問題を解くうえで必要なものだからこそ掲載されているわけです。逆にいえば，参照条文を見ないで解答が出てしまっているとすると，何か重要なことを見落としている危険性があります。

農地法４条１項によれば，農地転用の許可権限があるのは都道府県知事であるとされています。とすれば，Ａ県知事が本件の農地転用許可について何ら行動をしていない以上，これは不作為の状態であると認定をしなければなりません。Ｂ市農業委員会に許可権限がない以上，Ｘは，「申請を受け付けません」と言われたところで，拒否されたわけではないのです。

なお，誰を被告とすべきかは，行政事件訴訟においては，全般的に「行政主体主義」が採用されていました。そのため，本問では，「Ａ県知事」ではなく，「Ａ県」を被告とすることになります。

以上より，本問は，「Ａ県を被告として，不作為の違法確認の訴えと農地転用許可の義務付けの訴えを併合提起する。」（43字）と解答すべきです。

A所有の雑居ビルは，消防法上の防火対象物であるが，非常口が設けられていないなど，消防法等の法令で定められた防火施設に不備があり，危険な状態にある。しかし，その地域を管轄する消防署の署長Yは，Aに対して改善するよう行政指導を繰り返すのみで，消防法5条1項所定の必要な措置をなすべき旨の命令(「命令」という。)をすることなく，放置している。こうした場合，行政手続法によれば，Yに対して，どのような者が，どのような行動をとることができるか。また，これに対して，Yは，どのような対応をとるべきこととされているか。40字程度で記述しなさい。

(参照条文)

消防法

第5条第1項　消防長又は消防署長は，防火対象物の位置，構造，設備又は管理の状況について，火災の予防に危険であると認める場合，消火，避難その他の消防の活動に支障になると認める場合，火災が発生したならば人命に危険であると認める場合その他火災の予防上必要があると認める場合には，権限を有する関係者(略)に対し，当該防火対象物の改修，移転，除去，工事の停止又は中止その他の必要な措置をなすべきことを命ずることができる。(以下略)
(R 1 - 44)

　2006 (平成18) 年以降，記述式における行政手続法からの出題は，これで2回目です。いずれの問題においても，行政手続法の記述式問題は，5W1Hを意識して対策を立てておくとよいでしょう。特に，誰が (Who)，何をする (What) が重要なので，これを中心に条文の読み込みをしておくとよいです。

　行政手続法において，市民が求めることができる内容としては，2つ規定されています。

(行政指導の中止等の求め)

第36条の2

1　法令に違反する行為の是正を求める行政指導(その根拠となる規定が法律に置かれているものに限る。)の相手方は，当該行政指導が当該法律に規定する要件に適合しないと思料するときは，当該行政指導をした行政機関に対し，その旨を申し出て，当該行政指導の中止その他必要な措置をとることを求めることができる。ただし，当該行政指導がその相手方について弁明その他意見陳述のための手続を経てされたものであるときは，この限りでない。

第4章の2 処分等の求め
第36条の3
1 何人も，法令に違反する事実がある場合において，その是正のためにされるべき処分又は行政指導（その根拠となる規定が法律に置かれているものに限る。）がされていないと思料するときは，当該処分をする権限を有する行政庁又は当該行政指導をする権限を有する行政機関に対し，その旨を申し出て，当該処分又は行政指導をすることを求めることができる。
3 当該行政庁又は行政機関は，第1項の規定による申出があったときは，必要な調査を行い，その結果に基づき必要があると認めるときは，当該処分又は行政指導をしなければならない。

　本問は，消防署長Ｙが，Ａに対して消防法5条1項所定の命令をなすべきであると考えられるにもかかわらず，これをせず放置しているというのですから，必要な処分がされていないということが認定できます。したがって，行政手続法36条の3第1項に基づいて，**何人も**，処分等の求めをすることができます。

　これに対し，行政庁は，必要な調査を行い，必要があれば処分等をしなければなりません。

　したがって，「何人も命令を求めることができ，Ｙは必要な調査を行い必要と認めたときは命令をすべきである。」（44字）と解答すべきです。

　なお，本問では，行政手続法上の措置が問われているにもかかわらず，訴訟提起を検討してしまっている受験生が多かったです。行政手続法は事前の手続であるのに対し，行政事件訴訟法は事後救済の制度です。両者は作用する場面が全く異なるため，注意が必要です。

● 1-5　事前・事後の整理

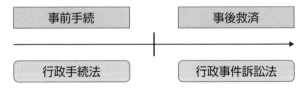

■ 編者紹介

伊藤塾（いとうじゅく）
　毎年，行政書士，司法書士，司法試験など法律科目のある資格試験や公務員試験の合格者を多数輩出している受験指導校。社会に貢献できる人材育成を目指し，司法試験の合格実績のみならず，合格後を見据えた受験指導には定評がある。1995年5月3日憲法記念日に，法人名を「株式会社 法学館」とし設立。憲法の心と真髄をあまねく伝えること，また，一人一票を実現し，日本を真の民主主義国家にするための活動を行っている。
（一人一票実現国民会議　https://www2.ippyo.org/）

平林 勉（ひらばやし・つとむ）**専任講師**
　2008年　行政書士試験合格
　2010年3月　横浜国立大学大学院 国際社会科学研究科修了
　2013年3月　高等学校教諭一種免許（公民），中学校教諭一種免許（社会）取得
　2017年　司法書士試験合格
　2019年　宅地建物取引士試験合格
　2011年より伊藤塾行政書士試験対策講座の初学者向け及び中上級者向けの講義を担当。
「体系と思考を重視」し，本質論から導かれる解法メソッドは，再現性と実践性が高く多くの受験生から支持を受け，毎年多数の合格者を輩出している。教育者としての一面も持ち合わせ，カウンセリング予約が取れないほど，直接の指導を求める受験生が後を絶たない。

伊藤塾　〒150-0031　東京都渋谷区桜丘町17-5　https://www.itojuku.co.jp/

うかる！ 行政書士 民法・行政法 解法スキル完全マスター 第2版

　2017年8月23日　1版1刷
　2020年8月21日　2版1刷
　2022年6月7日　　　4刷

編　者　平林 勉／伊藤塾
　　　　©Tsutomu Hirabayashi, Ito-Juku, 2020
発行者　國分正哉
発　行　株式会社日経BP
　　　　日本経済新聞出版
発　売　株式会社日経BPマーケティング
　　　　〒105-8308　東京都港区虎ノ門4-3-12
装　丁　斉藤 よしのぶ
組　版　朝日メディアインターナショナル
印刷・製本　三松堂
ISBN978-4-532-41527-3
Printed in Japan